トリノの奇跡

「縮小都市」の産業構造転換と再生

脱工業化都市研究会 編著
大石尚子　岡部明子　尾野寛明　清水裕之　白石克孝
松永桂子　矢作弘　和田夏子　マグダ・ボルゾーニ

藤原書店

歴史と街並み

①トリノの市街地。遠景にはアルプスが望める。

②ポー川を挟み左岸が旧市街、右岸は高級住宅が点在する丘陵地に接している。

トリノに君臨したサヴォイア家の宮殿、聖堂が旧市街、そして郊外に点在している。③スペルガ聖堂（上）と④ストピニージ宮殿（左）。

⑤イタリア、フランスの高級ブランド店が軒を並べるローマ通りは、新駅から発し、バロック建築が美しいスカイラインを描く。

⑦市内をめぐる回廊と教会。

⑥トリノは映画産業の拠点だった時代がある。IT技術を駆使する映像産業で新しい都市産業の復興を目指している。写真はシナゴーグを映画博物館に転換した、トリノを代表する高層建物。

人々の暮らし

⑧イタリアの都市には、旧市街に市場があるが、トリノにはヨーロッパ最大規模の市場「ポルタ・パラッツォ」がある。

⑨バールで「エスプレッソを一杯」は、日々の暮らしの重要なひとコマになっている。

⑩トリノはユネスコの「The World Book Capital」。街のあちらこちらに露店の書店が並ぶ。

⑪イベントの連催がトリノの活性化につながっている。夏の音楽祭では、野外カフェが広場を埋め尽くす。

⑫トリノの新しい中央駅になるスーザ駅は、流線形ガラス張りのモダニズム建築。

⑬トリノの中央駅「新駅」には、長距離夜行列車に乗ってイタリア南部から移民労働者が到着した。

⑭レトロな路面電車とモダンな低床式のLRT（軽量軌道交通）が市内を縦横に走っている。

⑮トリノ大学 Luigi Einaudi キャンパス。

⑯工場をトリノ工科大学のキャンパスに転換し、動態保存している。

⑰トリノ工科大学のインキュベーションセンター（I3P）。

⑱フィアットのリンゴット工場は、ショッピングモール、ホテルなどが入る複合施設に用途転換された。レンゾ・ピアノが設計デザインを担当した。

⑲リンゴットへ渡る橋には、2006年冬季オリンピックの記念アーチが架かる。

⑳リンゴット工場の時代には、完成車は屋上からこの螺旋路を下って運び出された。

㉑スピナ・セントラル・プロジェクトでは、市域を二分して走っていた鉄路を埋設し、その跡地の大規模再開発を行なった（写真はスピナ3）。

㉒煤煙型産業が衰退し、旧市街の周縁部には、工場や倉庫の廃墟が散在している。

㉓工場をスーパーマーケットの「イータリー(Eataly)」に転用利用している。地下の酒類販売コーナーでは、ワインを量り売りしている。

㉔チョコレートと並び、ショッピング、ナイトライフがトリノ自慢に挙げられている(トリノ空港の壁面広告)。

㉕中庭をカフェに転換した(新駅前)。

㉗駐車場を路上レストランに転換利用するバールルナイゼーション風景。

㉖旧市街には、高級住宅が連騰している地区がある。

トリノの奇跡　目次

第Ⅱ部　フィアット時代の「産業資源」を生かす

〈口絵写真撮影〉
清水裕之＝①③⑫⑭⑮⑱⑲㉑
矢作弘＝②④⑤⑥⑦⑧⑨⑩⑪⑬⑯⑳㉒㉓㉔㉕㉖㉗
和田夏子＝⑰

トリノの奇跡——「縮小都市」の産業構造転換と再生

トリノ市街図
ステューラ川
バリエラ・ディ・ミラノ地区
ドーラ公園
ドーラ川
レジーナ・マルゲリータ大通り
ポルタ・パラッツォ
パラッツォ・レアーレ
サン・マウリツィオ大通り
ガリバルディ通り
スーザ駅
パラッツォ・マダマ
ヴィットリオ・エマヌエーレ二世大通り
新駅
トリノ工科大学
レ・ウンベルト大通り
ガリレオ・フェッラーリス大通り
クロチェッタ地区
サン・サルヴァリオ地区
ヴァレンティーノ城
ポー川
ブラマンテ大通り
リンゴット
ミラフィオーリ
サンゴーネ川

はじめに

矢作 弘

ポストフォーディズム都市

報告書『都市の物語（Tale of Cities）――実践家のための都市再生案内』（London School of Economics and Political Science, 2009）は、ポスト工業化時代の、ヨーロッパ七都市（シェフィールド＝英国、ベルファスト＝英国、ブレーメン＝ドイツ、ビルバオ＝スペイン、サン・テティエンヌ＝フランス、トリノ＝イタリア、ライプチヒ＝ドイツ）の盛衰、そしてその再生について語っている。その際、以下の共通軸で七都市の二〇世紀都市史を括っている。

重厚長大型産業の成長に伴走して都市が拡張し、戦時景気に沸いた。しかし、二〇世紀後半になると産業構造の転換、及び産業立地のグローバル化に直面して衰退。そして世紀末を迎えたころから、産業活動と都市構造の両方でポストフォーディズムの新たな相貌を示すようになった。

換言すれば、「フォーディズムからポストフォーディズムへ」「その変容が都市空間に端的に表出している七都市」ということになる。

トリノでは、一九世紀後半に、市域を南北に貫く鉄道が開発された。二〇世紀になると、フィアットのワン・カンパニー・タウン化が急進展し、鉄道の両側に自動車工場、その部品工場、製鉄所などが連棟するようになった。労働者向けに陳腐な集合住宅も建ち並び、街は灰色になった。市域は真っ二つに分断され、トリノは、プロトタイプの「フォーディズム型都市構造」になった。ルイス・マンフォードは、フォーディズム都市の風景序列を「工業都市は工場、鉄道、貧民街で構成され、他の都市機能はそれに従ってつくられる」「工場が都市有機体の中核になる」と描いている。トリノは、その描写をまるごと具現していた。

それぞれの都市を訪ね歩いた経験からの印象だが、フォーディズムが都市構造に典型的に具現化した後、ポスト工業化時代を迎え、可視的、建築的なポストフォーディズムの風景を創出する都市再開発で際立っているのは、七都市の中でも特にトリノである。

トリノは、イタリア北西部に位置している。東西に走るスイスアルプスが曲がって南下するところに位置し、晴れた日には総延長三〇〇kmのアルプス連峰の雄姿を眺めることができる。旧市街を歩くと街角ごとに、連棟するバロック様式ビルの先に、冠雪したアルプス連峰を見ることができる。フィアットがまだ元気だったころは、冬の朝、霧とスモッグが街に漂い、アルプスを遠望することは叶わなかった。それが最近は、ふっと霧が晴れた朝、散歩や出勤時にアルプスを眺望できるようになったのは、煤煙工場が閉鎖され、ポストフォーディズム都市になったおかげである。

一八六一年にイタリア統一の最初の首都になった。しかし、三年後に首都はフィレンツェ、そしてローマに移転し、その時代にトリノは政治的失墜を経験した。その後、フィアットが自動車産業を創業し、その業容の拡大と伴走してイタリア最大の産業都市にのし上がった。戦前は、ムッソリーニ・ファシスト政権と癒着してフィアットは財閥の地歩を固めた。戦後も、マーシャルプラン需要を満喫して経営の多角化に邁進した。「フィアットのワン・カンパニー・タウン」になったトリノは、国内外から移民労働者を受け入れ、右肩上がりで都市規模を拡大してきた。トリノ、ミラノ、ジェノバを結ぶ地域は、イタリア経済を牽引するゴールデントライアングルになった。

しかし、二〇世紀後半になるとフィアットは往時の活力を維持できなくなった。ヨーロッパの市場統合の進展、グローバル競争の激化などがフィアットの経営には強い向かい風になった。生産の縮退、雇用削減、工場閉鎖が常態化し、いよいよトリノは縮小都市になった。トリノの人口は一九七〇年代半ばには一二〇万人に達したが、その後は人口減少を続け、現在は九五万人（トリノ都市圏人口は四五〇万人）。イタリア第四の都市である。

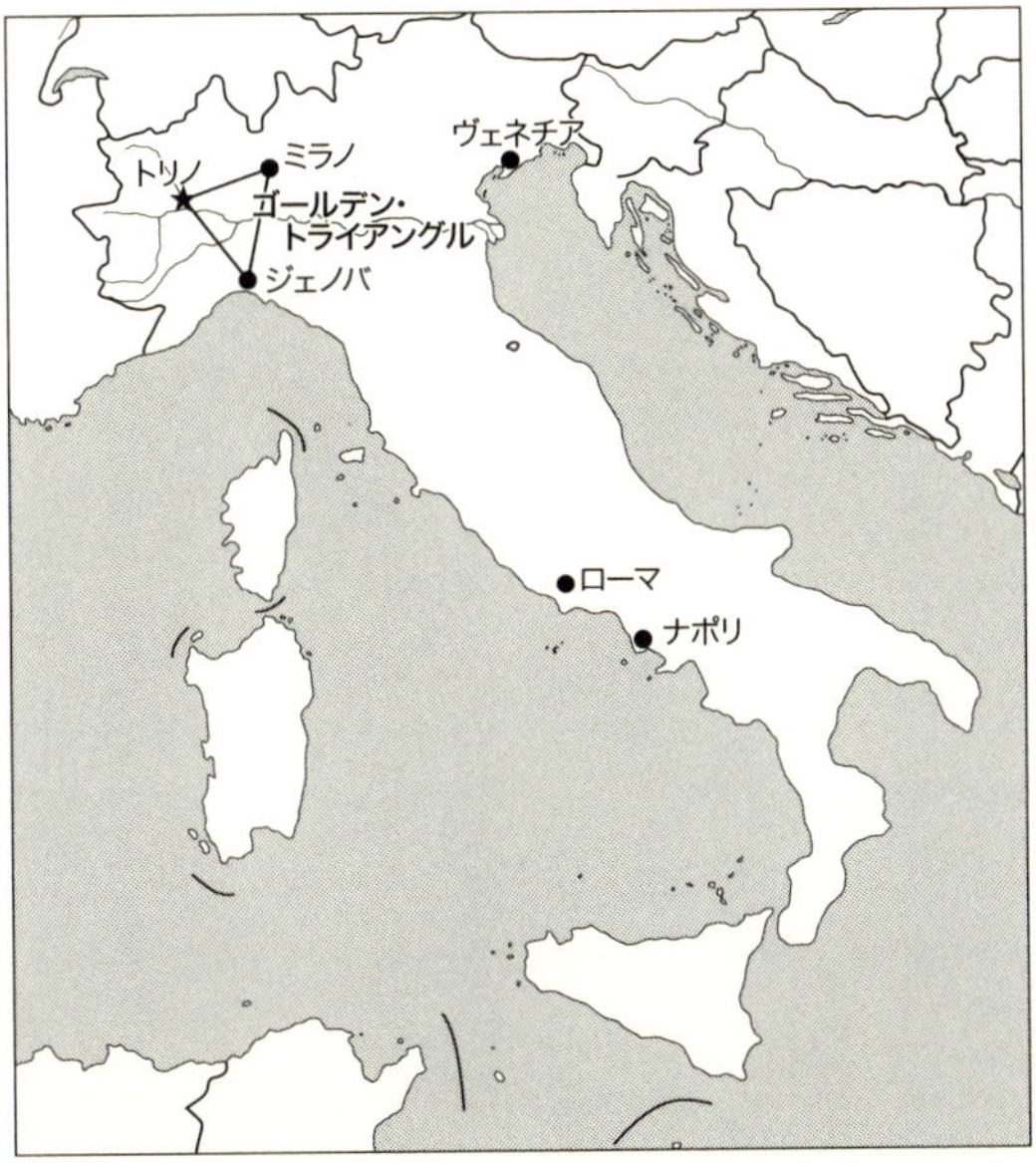

トリノはイタリア北部のゴールデントライアングルに位置している。

縮小都市研究

世界の都市（人口一〇万人以上）の四分の一が人口を減らしている。縮小都市が二一世紀都市の基本的パターンの一類型になる。これまでの都市研究・都市政策は、都市が成長・発展することを自明・当為とし、（1）さらなる成長の条件、（2）あるいは成長を抑制・管理するための研究、及び政策展開であった。その意味で都市研究・都市政策は、パラダイムの転換を求められている。

一般的に縮小都市は、「広範囲で人口の減少に直面し、危機的状況を発症しながら経済社会構造の転換を迫られている人口高密度都市」（K. Pallagst et. [2007], *The Future of Shrinking Cities*）と定義されている。都市縮小の要因は、（1）グローバリゼーション下の産業構造の転換、（2）居住空間、都市機能の郊外化、（3）出生率の低下、などである。この傾向は、フォーディズム型の旧産業都市で顕著である。

「縮小都市」が先進諸国に共通する現象であることが都市計画・地理学分野で指摘されて以来（P. Oswalt [2006], *Shrinking Cities*, Langer & Endlicher eds. [2007], *Shrinking Cities* 等）、空間計画、過剰住宅、都市財政、高齢化する地域社会などに関する個別分野で、「都市縮小」に注目する研究が国内外で発表されるようになった。しかし、縮小過程全体を学際的に理解し、どのような都市社会システム（ガバナンス）が崩壊し、それを代替する新たな、弾力性のある都市社会システムが形成されようとしているのか——についての研究は少ない。本研究の特徴の一つは、社会科学（行政学、経済学、社会学、都市政治）、自然科学（建築、環境計画、空間計画）の異分野からメンバーを募り、研究組織を立ち上げたことである。

ここで「都市社会システム」は、都市政府を含む、内外の官学民ステークホルダー（利害関係者）が育む関係性を指している。本研究では、旧産業都市の縮小が長期間続くことを前提に、（1）縮小都市が直面する危機を分析し、（2）持続可能な縮小都市の「かたち」を描くことを目指した。「持続可能性」は、「環境負荷を軽減しつつ、一定レベルの『生活の質』を継続的に再生産できること」を指し、「かたち」は、単に建築・都市計画上の空間に止まらず、人びとの「働き方・暮らし方」を含む経済・文化・社会的な諸活動の総体を意味している。

当研究会の一部のメンバーは、「縮小都市デトロイト」の研究を続けてきた（「科研」二〇一一―一三年度）。デトロイトは過去半世紀に人口を半減させ、生産基盤を喪失、デトロイト市政府は二〇一三年七月、財政破綻を宣言した。しかし、一方で新しい世紀を迎えたころから「都市再生の胎動」を感知するようになった。このデトロイト研究を通し、（1）同じモーターシティの縮小都市トリノが一九九〇年代以降、急速に再生し、人口も増加に転じた、（2）トリノ市政府が都市戦略プラン（I期二〇〇〇―一〇年、現在II期目）を構築し、指導力を発揮、内外のステークホルダーと協働する都市社会システムを効果的に機能させている――事実を知った。EU（欧州連合）の構造基金政策も、トリノ政府の再生戦略を資金面から効果的に支援している。

トリノは二〇〇〇年以降、人口が増加に転じ、脱フィアット（ワン・カンパニー・タウン）色を鮮明にしながら経済社会の構造転換を促進し、「トリノの奇跡」と称賛されている（A. Winkler [2007], *Turin City Report*）。その構造政策は、（1）市政府が戦略プランを策定して大学や企業、NPOを先導し、（2）資金面では、EUの構造資金を活用したものである。戦略プランは、ステークホルダーの参加と協働を基本思想に据えている。トリノでは、「都市政府が都市再生の水先案内役」「EUが資金面で推進力」になり、他のステークホルダーと協働する都市社会システムが機能している。

本研究では、縮小都市に関し下記の理論仮説に立脚し、現地調査を重ねた。

（a）縮小都市では、人口のみならず、資本投下も減少する（disinvestment）。

（b）人口の流入、民間・公共投資を復活することが政策課題になるが、一方で縮小を前提して都市の持続可能性を追求しなければならなくなる。

（c）こうした人口動態、経済環境の変化は構造的な危機を生み出し、縮小都市にハード・ソフトの「空き」を生み出している（*The Financial Times*, 2013/9/12：特集「米国の Vacants to value」等）。

（d）この「空き」を都市再生の資源に転換・活用する都市社会システムは、それぞれの都市の歴史的、地理的、社会的な固有性を反映したものになる。

都市縮小を調査研究するのに際し、縮小を否定的に捉えず、「受容」するところから出発することにした。成長・開発優先時代の都市が作り出した「負の遺産」＝「空き」を、都市再生のために「有用な資源」と捉え直すところに、パラダイムの転換がある。すなわち、都市縮小を、持続可能な都市の「かたち」に転換活用するチャンス（創造的縮退）と考える理論仮説に、本研究の特色がある。

トリノ近代史

最後に、トリノの近代史を簡単にまとめておく。

ポー川が旧市街と丘陵地に挟まれて流れている。旧市街は様式建築が軒高を揃えた街路で構成されている。丘陵には、高級住宅が点在している。

一六世紀以来、サヴォイア公国、サルデーニャ王国の首都だった。王室ではフランス語が頻繁に使われていた。装飾から食事までフランス文化の影響を受けた都市である。旧市街には、石造り回廊が一八kmの長さで走っており、雨や雪に濡れることなくまち歩きをすることができる。また、バロック、アールヌーボー、新古典主義の、素晴らしい装飾建築が散在している。アヴェニューはプラタナスの並木道がとても美しい。夏には、カフェが深い緑陰の下にテーブルと椅子を広げる。朝刊を読む古老、犬の散歩の途中に立ち寄る熟年女性……。滞在中、そこに陣取ってエスプレッソを注文し、のんびり長居するのは最高の贅沢だった。

王室が収集した美術工芸品を展示する美術館、カイロの美術館に次ぐコレクションを誇るエジプト博物館など、美術・博物館が市内に四〇弱ある。観光ガイドのベストセラー『ロンリープラネット』は、「イタリアで最も美しい都市の一つです。その華麗さはパリに比肩されます。サヴォイア家は豪華なバロック都市を造営し、そこをヨーロッパ、北アフリカから収集した財宝で埋め尽くしました」と紹介している。

一九世紀後半に政治的失墜を経験したトリノは、産業都市として勃興し、発展することになった。産業博覧会や国際見本市を連催して産業振興に努める一方、有為な人材の発掘と育成、及び技術開発の核になる拠点としてトリノ工科大学（一九〇六年）を設立した。同じ時期に映画や出版、新聞などが起業し、トリノからそう遠くない都市圏内都市では、オリベッティが創業した。特に出版事業では、第一次大戦後、トリノが雑誌都市として名声を得、ファシスト政権に対峙する政治的左派の拠点になった。現在も市内にとても多くの書店がある。回廊に露店式の書店が立ち並ぶ風景は、その当時に由来している。トリノはユネスコの「The World Book Capital」に選定されている。

フィアットが創業したのは、一八九九年。創業の地はサン・サルヴァリオ（San Salvario）。フィアットは Fabbrica Italiana di Automobili Torino（トリノのイタリア自動車工場）の頭文字（ＦＩＡＴ）から取って付けられた社名である。その後のフィアットの成長は、トリノとの間で「フィアットによいことはトリノによく、トリノによいことはフィアットによい」という蜜月関係を構築することになった。二〇世紀のトリノは、フィアットと命運を共にしてきた。

二〇世紀前半に、フィアットは市周縁部のリンゴット（フォードのハイランド工場に学ぶ）、ミラフィオリ（フォードのディアボーン工場に学ぶ。敷地一〇〇万m²）にフォーディズムの近代自動車工場を建設した。工場の第一次郊外化だった。これに牽引され、工場に近いところに労働者団地が開発された。ムッソリーニのファシスト時代には、政権と癒着して軍需を満喫した。戦禍は深刻だったが、戦後復興期にマーシャルプランの四〇％弱を受注するなど、戦後もフィアットと政権の蜜月が続いた。そして小型車「フィアット500」をヒットさせ、「奇跡の高度成長」期に経営規模を拡大してグローバル企業になった。同時に鉄道車両、航空機、金融・保険、メディア、各種サービスビジネスまで業容を広げ、強大なコングロマリットになった。

トリノでは、「街角を曲がるとピザ店があるように、きっとフィアットに関連したビジネスに出合う」と言われてきた。政治、経済、そして文化やスポーツ活動の分野でもフィアットの影響力は絶大だった。一九五〇年代には、市内の労働者の八〇％以上がフィアット、及びその関連企業で働いていた。戦後のフィアットの急成長を支えたのは国内移民労働者、特にイタリア南部からの移民だった。しかし、急増する移民に都市政策は追いつかず、フィアットが住宅、学校、病院、そして健康保険制度まで世話をするという状況が続いた。社会インフラの整備が遅延し、旧市街の周縁部では過密、そして社会的病理現象が表出するようになった。元々イタリア南部に偏見を持っていたトリノっ子は、新住民（イタリア南部からの国内移民労働者とその家族）に反発し、市内各地区で社会的分断が深刻になった。

一九七〇年代半ば以降、グローバル化とヨーロッパ市場の統合が進展し、フィアットは次第に競争力を失った。賃金カット、解雇……それに反対するストライキが続発。さらに都市騒乱が発生するなど、トリノ全体で社会状況が悪化した。トリノの人口が一二〇万人に達し、ピークを越えたのは一九七五年。以降、右肩下がりで減少し、一時、九〇万人を割り込む縮小都市になった。

産業構造の転換という全体状況の変化（＝都市全体の地理的再編と伴走する）が、地区では深刻なコミュニティ問題として表出した。街に失業者があふれた。サン・サルヴァリオなど旧市街の周縁部では、麻薬売買、売春などがはびこり、アウトロー化、スラム化が進行した。市財政は困窮し、収集されないゴミが風に吹かれて路上に舞った。やがて〈資本の引き上げ〉が地区の衰退として顕在化し、修復されないボロ建物など建築環境の劣化、そして空き家、空き店舗などの「空き」が当たり前の風景になった。

トリノの人口減少に歯止めがかかって反転するのは二〇〇〇年前後である。この人口動態の変化は、トリノ政府がポストフィアット、ポスト工業化の都市戦略プラン（I）を打ち出し、それまでの「フィアットのトリノ」という都市イメージを転換する施策を展開するようになった時期と重なっている。都市のイメージ転換は、（1）ソフト戦略――メディア戦略やイベントの連催など、（2）都市再開発――物理的、建築的な都市環境、（3）緑の再生計画などの自然環境の復元を通じて徹底されるようになった。

本書の編集の狙いは、ポスト工業化（トリノに関してはポストフィアット）段階にある旧煤煙型産業都市の空間の変容、及び産業構造の転換に伴う都市再生政策を明らかにすることにあった。その際、フィアットの時代、あるいはそれ以前から引き継いできたレガシー（歴史的遺産）を基盤・バネに、どのような都市再生プロジェクトが進展しているかに注目した。また、ヨーロッパの都市であることの優位性――特に、EUの都市再生戦略がトリノの場合も、新しい産業おこし、あるいは空間計画で大いなる支援になってきたことを明示することに努めた。

「多層的なプログラムによる都市イノベーション」（白石克孝）、「近代フォーディズム型から脱却した地域の『かたち』」（岡部明子）は、二〇世紀末以降、果敢に展開されるようになったEUの都市政策とトリノの都市空間の変容――その間の関係性を明らかにしている。白石の場合、EUからの資金（URBANI／IIなど）に注目し、大規模都市再開発プロジェクトになったスピナ・セントラル・プロジェクト（Spina Centrale Project、中央背骨帯事業）、及び産業遺産の再利用プロジェクトなどについて事例研究している。岡部はフィアット支配のモーターシティが新生トリノに移行するプロセスで地域社会システムが転換する様に言及し、それを欧州レベル、国土レベル、そして州レベルの三構造に位置付けて評価することを試みている。

「トリノの都市計画と水と緑の再生計画の展開」（清水裕之）は、トリノの都市再生を規定することになった都市戦略プランに位置付けられた緑と水の計画（コロナ・ヴェルデ計画）を取り上げている。それまでの煤煙型産業の都市構造を、環境・景観重視の、脱工業型のツーリズム産業に転換する戦略の一部が、そこに織り込まれている。トリノの重要なレガシーになっている、かつてピエモンテ州を統治したサヴォイア家の宮殿群や公園を活性化し、それを生かす環境計画になっている。歴史的レガシーを都市再生につなげる試みとしては、フィアット時代の産業遺産の動態保存が市内各地で展開されている（「産業転換による工場転用と地域の活性化」和田夏子）。それらは、新しい都市型先端技術産業の苗床やツーリズム、文化産業の基盤になって脱フィアット化を支えている（和田は、美術館、ショッピングセンター、先端研究施設、大学などいろいろな動態保存の事例を、写真を通して示している）。

「ポスト産業都市にみるスモールビジネス支援とコミュニティ再生」（松永桂子）、「トリノ・I3Pの事例にみるインキュベーションの案件発掘力」（尾野寛明）は、重厚長大型産業都市から高付加価値・知識集約型産業都市へ産業構造の転換を目指すトリノの現場ルポを踏まえた都市産業論である。松永は、フィアットという巨大企業に支えられていたトリノが、二一世紀には技術力のあるスモールビジネスによって競争力のある新しい産業都市に生まれ変わる様を追いかけている。『スロー』的思考とソーシャル・イノベーション」（大石尚子）は、同様にポストフィアット論だが、都市圏レベルに視野を広げ、そこで成長している食文化ネットワーク（スローフード運動、アグリツーリズム運動）に注目し、新しい産業が生まれ出るプロセスをソーシャル・イノベーションという切り口で明らかにしようとしている。

二〇世紀のフィアットの都市トリノは、国内移民労働者の流入によって必要な労働力を確保し、成長して来た。しかし、フィアットの経営が弱体化し、その結果、トリノは脱工業化の道を歩むようになり、市内各地に衰退・荒廃地区が出現した。その衰退・荒廃地区が二〇世紀末以降、トリノ市政府の都市再生政策と連動しながら急速な、商業的ジェントリフィケーションを経験している。「ジェントリフィケーションを考える」（矢作弘）、「旅行者が無視しているもの」（マグダ・ボルゾーニ）は、トリノ中央駅（＝新駅）に近接するサン・サルヴァリオで進展するジェントリフィケーションを丁寧に取材し、そこに表出するステークホルダー間の対立、対話、融和の実態を明らかにしている。

トリノの現地調査では、市当局、非営利組織、コミュニティ団体、財団、ユネスコ関係者などいろいろな分野で活躍する方々にお世話になった。特に、トリノ工科大学、及びトリノ大学の多くの研究者と交流する機会を持ち、トリノで「縮小都市を考える」ワークショップを開催した。また、幾人かの研究者を日本に招聘する機会に恵まれた。

本叢書は、龍谷大学社会科学研究所共同研究プロジェクト「財政・金融危機下の、南欧都市の縮小都市政策に関する研究――構造転換を目指すトリノの空間再生計画への影響を事例に」（二〇一三―二〇一五年度）の研究成果である。同研究所から出版助成を得た。また、科学研究費助成事業（基盤研究B海外学術調査「持続可能な縮小都市の「かたち」を創出する都市社会システムの研究――伊トリノを事例に」二〇一四―二〇一六年度）を併用し、調査研究を深化させることができた。

第Ⅰ部

ポスト煤煙型産業都市の空間戦略

第1章　多層的なプログラムによる都市イノベーション
――ＥＵの結束政策のインパクトをふまえて

白石克孝

はじめに――トリノにおける都市イノベーション考察の基本視座

本書の随所で紹介されているトリノの再活性化と呼ぶべき状況は、結論的な見解を先に示すとすれば、それを支えた多層的なプログラム（個別プロジェクトではなく包括的なプロジェクト群を指してプログラムと呼称）、それを実現した担い手の成立によっていると考える。そしてこの双方を結びつけることを実現したのが多層的な地域計画であった。

とりわけ、一九九三年の市長直接選挙制度導入の後に立案された「都市マスタープラン」（一九九五年）と、協働によるプロセスを重視して一九九八年から二年間の議論を重ねて策定された「都市戦略プランⅠ」（二〇〇〇年）[1]は、トリノ市にとって画期となる計画であった。そしてトリノでの計画についてのあり方を変える後押しをしたのが、ＥＵの結束政策（旧構造政策）と呼ばれる地域政策であった。具体的には、ＵＲＢＡＮのような都市コミュニティを対象とするプログラムと、リージョン（詳細は後述）を対象とするような包括的経済政策とリンクした建造物の修復・建築を実施するプログラム、これら二つの結束政策のインパクトが大きかった。

もちろん個々のプロジェクトのアイディアやコンセプトが優れていなければならないと多くの人々は考えるであろう。トリノでの具体的なプロジェクトを見ていけば、他のEUの諸都市の政策、EUの地域政策のフレームワーク、世界的な都市政策研究の成果、都市建築デザインの新潮流など、こうした事柄を参照したことを明白に発見することができる。その意味において、トリノの達成で特筆すべきことは、独創的なアイディアを開発することではなく、一九八〇年代後半から始まる世界的な様々な取り組みの中で発見され、定式化されてきた都市の再活性化をめざす諸政策を、トリノにおいて実施可能なものとしたことにある。多層的な都市計画の進め方が、イタリアにおいてこれまで見られてきた単純な箇所付け型の計画ではなく、EUが蓄積してきたプログラム・デザインを含んだより精緻なものへと鍛えられていったことで、再活性化の諸政策は実を結んだと筆者は考える。

繰り返して言えば、トリノでの都市再活性化のプログラムを支える計画は多層的なもので、現代的な都市再生アイディアが盛り込まれているものになっていることが特徴である。ここでいう計画の多層性とは、日本でイメージするように国、広域自治体、基礎自治体といった各「層」を指しているだけではなく、EUの地域政策という強力な「層」をその背後に持っていることに特徴がある。またそれぞれの層がそのサイズ（面積や人口）にふさわしい課題への取り組みを担っている。例えば地域コミュニティ開発の担い手は対人的なサービスの側面を担える小さな単位が望ましいし、インフラ整備と連動させるような経済政策は広域的な単位が望ましいということが言えるからである。

一　ＥＵの結束政策

1　結束政策とイタリア

一九五七年のローマ条約前文においても、地域間格差是正による均衡ある開発がうたわれている。そうした考え方は現在も引き継がれ、地域間格差の主要政策手段としてのＥＵの地域政策である結束政策（Cohesion Policy、二〇〇六年予算期までの呼称は構造政策 Structural Policy）の枠組みは、一九八六年の単一欧州条約を源流として、マーストリヒト条約（一九九三年）によっても受け継がれた。

結束政策はＥＵの地域間格差の是正が大きな目的とされているが、ここでの格差是正とは、加盟国の間での比較によるものではなく、ＥＵがリージョン[2]（Region、ＥＵの地域政策上の単位）として規定した複数の基礎自治体を含む一定の地域を対象とした地域間の比較によるものである。経済的な側面では所得（一人あたりＧＤＰ）と雇用（主に失業率、とりわけ長期の失業）の地域間格差の克服が、社会的な側面では労働市場において比較優位にある人と劣位にある人の格差の克服が政策ターゲットとなっている。

そもそも、ＥＵの成立の経緯、ＥＵと加盟国との役割分担のあり方から、農業政策や経済・雇用政策、インフラ整備を含む地域開発政策等がＥＵの重要な課題とされている。ＥＵの結束政策とは、ＥＵがリージョンとして規定した地域を対象とした、包括的な地域開発プログラムを促進する大規模な予算を伴った政策である。ＥＵ加盟国の拡大（地域間格差は拡大せざるを得ない）という背景もあり、今日ではＥＵ予算全体の約三分の一の規模となっている。共通農業政策と並ぶＥＵの主要な予算を投入する重要政策である。マーストリヒト条約以前の政策が共通農業政策に主眼が置かれていたことと対比して考えれば、一九九三年以降には都市も含めた地域開発が入ってくるようになったともいえる。そして都市の重要性はこれ以降、増すことはあっても、減じることはなかった。このようにEUの地域政策では、予算面からいっても、内容面からいっても、この結束政策が中心的な位置にある。

表1―1は、二〇〇七年〜二〇一三年の予算期における、結束政策の国別の配分額をまとめたものである。これは決算ではなく、二〇〇七年に予算ベースとして策定した際の数字である。イタリアの箇所を追っていけば、EU加盟国中でポーランド、スペインに続く、第三位の割当額で予算化されていることがわかる。金額にすれば約二八八億一一七六万ユーロもの金額が、計画の要件を満たせば、一定期間安定してハードとソフトの両面で地域政策に使える資金として存在していることを意味している。

EUからの資金は基本的にはマッチングファンドなので、プログラム予算総額の残りの金額を政府や自治体あるいは民間から調達しなくてはならない。これが合意形成プロセスを求めることになり、結果としてEUが求めるプログラミング・デザインや政策展開の地域単位(サイズ)を加盟国が受け入れることに結びついていく。

結束政策に用いられる予算は、数カ年にわたる中期的な予算配分を特徴としている。現在の結束政策の原型は一九八八年改革によって成立している。それ以降、一九八九〜一九九三年予算期、一九九四〜一九九九年予算期、二〇〇〇〜二〇〇六年予算期、二〇〇七〜二〇一三年予算期、現在進行中の二〇一四〜二〇二〇年予算期まで、個別プロジェクトベースではなく、包括的なプログラムベースの計画に基づいて、前年踏襲ではなくそれぞれの年度に必要な事業を展開できることになっている。繰り返せば、地域側からすれば決して無視できない額の資金が存在しているのである。

こうしたEUからの結束政策に関わる資金の活用はイタリアにおいて順調になされてきたわけではなかった。高橋進によれば、一九九〇年代前半まではイタリア政府はブリュッセルでの国家間交渉の実際的な重要性を基本

表 1–1　結束政策の加盟国別の配分金額（2007 ～ 2013 年期の予算）

（単位：ユーロ）

	2007	2008	2009	2010	2011	2012	2013	Total 2007-2013
ベルギー	366,756,008	353,108,905	338,863,166	324,002,185	308,411,217	291,967,309	274,742,281	2,257,851,071
ブルガリア	514,438,665	737,395,668	991,807,428	1,044,073,825	1,116,078,360	1,188,427,402	1,260,634,073	6,852,855,421
チェコ	3,319,589,895	3,479,810,479	3,640,861,285	3,809,477,285	3,978,225,539	4,146,329,123	4,317,361,985	26,691,655,591
デンマーク	82,161,566	83,852,733	85,627,577	87,489,747	89,392,151	91,293,768	93,215,294	613,022,836
ドイツ	3,664,753,567	3,696,945,514	3,729,709,000	3,763,069,632	3,796,272,804	3,828,502,786	3,860,503,462	26,339,756,565
エストニア	376,530,807	409,974,514	446,440,649	486,201,728	5360,028,620	577,833,150	628,833,031	3,455,842,499
ギリシャ	3,085,468,135	3,027,319,247	2,965,710,146	2,900,527,687	2,831,551,640	2,814,192,926	2,795,007,243	20,419,777,024
スペイン	6,295,188,221	5,754,627,341	5,190,294,720	4,713,797,783	4,445,327,645	4,421,932,299	4,395,823,005	35,216,991,014
フランス	1,922,675,353	1,961,674,885	2,002,022,276	2,043,766,980	2,086,380,661	2,129,290,347	2,173,081,869	14,318,892,371
アイルランド	211,627,916	180,726,400	148,539,883	115,030,041	80,120,385	81,798,584	83,511,860	901,355,069
イタリア	4,003,583,379	4,035,089,698	4,066,774,676	4,098,643,256	4,130,159,869	4,202,150,122	4,275,367,920	28,811,768,920
キプロス	167,460,708	139,211,882	109,772,622	79,106,741	47,170,317	48,127,525	49,104,156	639,953,951
ラトビア	508,251,652	554,225,772	603,897,967	655,705,280	709,399,722	765,395,661	823,567,165	4,620,443,219
リトアニア	767,739,913	833,413,967	902,450,438	975,204,912	1,052,169,488	1,134,996,617	1,219,008,746	6,884,984,081
ルクセンブルク	8,756,085	8,935,186	9,122,005	9,316,863	9,515,866	9,714,797	9,917,880	65,278,682
ハンガリー	3,035,954,279	3,229,332,901	3,437,663,559	6,625,536,814	3,784,266,354	3,990,564,601	4,204,078,399	25,307,396,907
マルタ	114,475,489	117,159,483	119,794,709	122,608,369	125,071,775	127,157,676	129,091,993	855,359,494
オランダ	255,620,372	260,876,756	266,388,003	272,165,145	278,066,817	283,939,844	289,936,565	1,906,993,502
オーストリア	201,733,292	203,999,556	206,307,685	208,701,529	211,108,607	213,450,462	215,801,550	1,461,142,681
ポーランド	8,129,584,408	8,664,528,631	9,213,686,770	9,441,366,926	10,023,359,218	10,605,029,586	11,206,694,227	67,284,249,766
ポルトガル	2,971,583,274	3,005,027,735	3,038,715,640	3,072,645,240	3,106,716,534	3,140,821,551	3,175,048,081	21,510,558,055
スロベニア	554,581,636	569,325,544	584,455,520	599,981,475	615,894,683	632,185,174	648,880,924	4,205,304,956
スロバキア	1,299,788,507	1,407,175,683	1,526,146,266	1,662,255,913	1,785,126,023	1,906,825,787	2,000,586,316	11,587,904,495
フィンランド	263,006,045	257,565,814	251,850,073	245,850,925	239,511,072	232,769,086	225,661,616	1,716,214,631
スウェーデン	253,908,702	259,066,457	264,410,131	269,946,722	275,599,013	281,283,274	287,084,668	1,891,298,967
イギリス	1,616,477,615	1,575,843,140	1,533,475,408	1,489,332,118	1,442,809,705	1,465,894,632	1,489,325,826	10,613,158,444
ルーマニア	1,335,023,856	1,915,639,995	2,576,314,547	3,092,046,613	3,330,472,625	3,580,270,525	3,837,878,891	19,667,647,052
Interregional	46,390,403	49,483,076	54,889,060	62,743,816	70,890,806	76,995,260	83,315,535	444,707,956
Techinical Assistance	113,408,759	117,459,544	121,200,980	122,888,158	126,925,914	130,992,625	134,822,683	867,698,663
計	45,486,558,504	46,888,796,307	48,427,192,190	49,393,483,709	50,626,023,430	52,400,122,497	54,187,887,246	347,410,063,883

資料：EU 地域政策総局

的に理解せず、有効な政策を取ってこなかったとし、その結果として、イタリアでの予算消化率は低く、一九九四〜一九九九年予算期の前半期の一九九四〜一九九六年までの予算消化率は二三％でしかなかった。ＥＵ政策に関しては、外務省、農業省、予算省、工業省、経済計画閣僚会議（Comitato Interministriale per la Programmazione Economica, ＣＩＰＥ）などの関係省庁が多数存在し、それぞれが対応する組織を創設したため、過度に断片化された「権限のジャングル」が生じ、結束政策管理における「巨大な無秩序」が存在していたからであると述べている(3)。

一九九五年には政府予算省に結束政策を一元的に調整する機関として結束政策部が設置され、「巨大な無秩序」を脱却するための一歩が踏み出された。一九九七年には開発結束政策局（Dipartimento per le politiche di sviluppo e coesione）が国庫省に設立された。その結果としてイタリアの一九九四〜一九九九年予算期の予算消化率は六三％と上昇したが、それは当時の一五加盟国中の第一四位に位置するものでしかなかった。しかしながらその後、二〇〇〇〜二〇〇六年予算期以後の予算期では、ＥＵからの資金の消化率は急速に改善されて、イタリアの消化率はむしろ上位に位置するようになっている。

トリノ市においても事態は大きく違わなかった。ＥＵからの資金は基本的にはマッチングファンドであるから、地元もお金を負担しなくてはならない。結束資金を利用するにはエバリュエーションを含む中期計画としてのプログラム作成まで相当の手間のかかる作業が要求される。その対応は決して十分ではなかった。

二〇一三年九月にインタビューをしたトリノ市役所のＥＵ資金担当課職員のファブリツィオ・バルビエーロ（肩書きや所属はいずれもインタビュー時のもの、以下のインタビュー記載もすべて同様）は、イタリアでは国や広域レベルの計画に中期計画を立案してきた経験がなかったこと、申請時に資金負担の合意ができている必要があることなどが、トリノ市役所の対応能力が立ち後れていた理由であったと述べていた。しかし、同時に、歴史的な建築物の保全修復や環境計画あるいはイノベーションに用いることができるお金は、当時はEU資金しかなかったので、EU資金の活用にトリノ市役所として努力をしてきたとも述べていた。トリノ市では二〇〇五年からEUからの資金を担当する部署が設けられ、二〇〇七年期から結束政策予算からフルにEUからの資金を活用することができるようになった。

二〇一三年九月に最初のインタビューをし、その後も交流を続けているトリノ工科大学教授のウンベルト・ジャニン・リヴォリンは、その最初のインタビューの際に、EUからの法的規制を受けることや資金を含めた合意形成などにおいて、トリノ市をはじめとする関係自治体の職員にEUの求める作業に対応できる経験や能力が不十分であったと指摘しつつ、最初にEU資金活用の重要性を強く提起したのは大学教員や民間組織の側からであったと述べていた。特に一九八九年に作成着手され、一九九九年に最終文書として採択された『欧州空間開発展望(European Spatial Development Perspective、ESDP)』の作成の過程に、トリノ工科大学のスタッフが参加したことが、トリノ市がEUの資金だけでなく仕組みを積極的に活用しようと変化する大きなきっかけとなった。

ESDPは加盟国の国境を超えたEUレベルの空間政策としてまとめられた。都市ネットワークシステムを欧州全体の骨格としてとらえて、欧州空間全体の発展のビジョンを空間計画から示そうとしたものである。イタリアは国レベルでも空間計画がなかったが、トリノの関係者が議論に参加していく内に、トリノという都市圏の位置が、イタリアの都市あるいはフィアットのフォーディズム都市というこれまでの縛りを離れ、「北イタリアのトリノ」としてフランスやドイツ、そしてオランダとベルギーの諸都市を経て、ロンドンへとつながっていく空間計画像——「ブルーバナナ」として当初示されていた——が参加者の中で確認されるようになっていったとウンベルト・ジャニン・リヴォリンは述べていた。

直接選挙に移行して初代市長に選ばれたヴァレンティーノ・カステラーニ(トリノ工科大学教授であった)が二年

間の討議を重ねて策定した都市戦略プランⅠ（二〇〇〇年）において、ＥＵの一員としてヨーロッパ都市のトリノを目指すとしたのは、こうしたＥＳＤＰのようなヨーロッパを結ぶ空間計画論が背景思想にあったからである。まさにフォーディズム都市としてのトリノを、ポスト・フィアットのポストフォーディズム都市として描いていく上で欠かすことのできなかったパラダイム転換であった。

結束政策は先述のようにマッチングファンドであり、欧州委員会からのリクエストに基づいた申請計画文書の作成もとりわけ当初は複雑なものであったこともあって、ＥＵ資金をフルに活用することができなかった。それにもかかわらず、環境政策や歴史的建造物への資金利用、社会的側面も含んだ総合的で中期的なアプローチ、広域的な空間計画やコミュニティ再生といったこれまでにない計画アプローチなど、単に資金を獲得するという理由以上に、ＥＵ資金はトリノの課題解決への期待を関係者にいだかせたのであった。

こうしてトリノの都市政策は、カステラーニ市長の下で、戦略プランとＥＵ資金の積極的導入によって、「フィアットのトリノ」とも呼ぶべきフォーディズム都市からの大きな再位置化が始まったのであった。(4)

2　結束政策の概観

トリノがＥＵの結束政策の資金にアクセスできたのは、そもそもの結束政策の規定によっている。トリノが入っているＮＵＴＳ 3リージョン（ピエモンテ・リージョン）は、ＥＵ地域政策として支援されるべきリージョンとされたからである。

ＥＵ統計局が加盟各国に対して、地域統計単位として定めているものがＮＵＴＳ（Nomenclature of Units for Territorial Statistics）で、ＮＵＴＳ 1は人口三〇〇万～七〇〇万人規模の地域、ＮＵＴＳ 2が人口八〇万～三〇〇万人規模の地域、ＮＵＴＳ 3が人口一五万～八〇万人規模の地域として定義されている。統計数値の収集の単位となる

表 1–2　1988 年改革で導入された優先政策目的

政策目的 1（Objective 1）	――低開発地域の開発促進→ NUTS 2
政策目的 2（Objective 2）	――産業衰退地域の構造転換→ NUTS 3
政策目的 3（Objective 3）	――長期失業者と若者の雇用促進
政策目的 4（Objective 4）	――勤労者の産業変化への対応促進
政策目的 5a（Objective 5a）	―共通農業政策・共通漁業政策への対応促進
政策目的 5b（Objective 5b）	―条件不利農業地域への支援→ NUTS 3
政策目的 6（Objective 6）	――北極圏など人口密度の低い地域への支援（94 年導入）

だけでなく、結束政策の対象支援地域もこの単位によって決められる。英国など加盟国によっては、リージョンに対応したサイズの地方政府や広域地方政府が存在しないこともある。

一九八八年改革、通称「ドロール・パッケージI」と呼ばれるEUの結束政策（当時は構造政策）によって、その時々のEUの基本政策に連動したものとして、欧州委員会の優先目標に即して財政支援をする支援先リージョンが決められることになった。

「ドロール・パッケージI」では、資源の集中的投資と施策の統合的実施と結びついて設定された「政策目的（Objectives）」を**表1―2**の六種（後に追加され七種）とした。政策目的によって対象となるNUTSの単位が決められている。これらの政策目的による事業は欧州委員会と加盟国との交渉で最終的な取り決めがなされるため、加盟国主導枠（National Initiative）と呼ばれている。

本来の支援リージョンを指定して地域政策にあたるのが政策目的1、2、5b、6であり、政策目的3、4、5aは加盟国のどの地域でも受け取ることができた支援政策であった。政策目的1に当たるリージョンは、一人当たりのGDPがEU全体平均の七五%未満のNUTS 2リージョンである。この場合に補助率は基本的には七五%である。政策目的2に当たるリージョンは、失業率がEU全体平均を上回り、工業人口がEU平均以上かつ工業部門の雇用が衰退しているNUTS 3リージョンである。この場合に補助率は基本的には五〇%である。同様に政策目的5bは

ＮＵＴＳ３リージョンが対象となっており、補助率は基本的には五〇%であった。

この改革によって、これまで用いられてきた既存の基金である欧州地域開発基金（European Regional Development Fund、ＥＲＤＦ）、欧州社会基金（European Social Fund、ＥＳＦ）、欧州農業指導保証基金（European Agricultural Guidance and Guarantee Fund、ＥＡＧＧＦ）は、構造基金と改称され、結束政策（当時は構造政策）の財政支援は構造基金と結束基金（Cohesion Fund、ＣＦ）によって行われることになった。

一九八八年の「ドロール・パッケージⅠ」では、結束政策（当時は構造政策）を実施するにあたっての諸原則が確認された。その原則とは、限られた数の低開発地域を優先的対象とする「集中（Concentration）」、複数年にまたがる計画が分析と戦略的計画と評価に基づいて策定・実施される「プログラミング（Programming）」、加盟国が担うべき支出を肩代わりさせて支出を減ずることがないように保証する「追加性（Additionality）」、欧州委員会と加盟国の中央・リージョン・地方の各レベルの諸政府が政策の準備段階から実施に至るまで可能な限り緊密な協力をしていく「パートナーシップ（Partnership）」の四原則であり、その結果としての予算運用の「効率性（Effectiveness）」の追求であった。一九九二年～九三年の「ドロール・パッケージⅡ」によって、さらに決定は可能な限り市民に近いところで行うという「補完性（Subsidiarity）」が原則として導入された。

一九八九～一九九三年予算期、一九九四～一九九九年予算期は、これらの諸改革をベースに予算が決定された。一九九九年には政策目的をより合理化し、総合化する一九九九年改革が実施された。**表1―3**が一九九九年改革の結果示された優先政策目的であり、政策目的1と政策目的2で支援すべきリージョンもこれまでと同様の指定基準であった。これによって二〇〇〇～二〇〇六年予算期の予算が決定された。

ＥＵは二〇〇〇年にいわゆる「リスボン戦略」を採択して、知識基盤型社会への移行、欧州社会モデルの現代化を掲げて、成長と雇用とイノベーションを重点目標とした。このリスボン戦略は二〇〇一年のヨーテボリ欧州

表 1–3　1999 年改革による優先政策目的

政策目的 1（Objective 1）：	旧政策目的 1 と 6――低開発地域の開発促進→ NUTS 2
政策目的 2（Objective 2）：	旧政策目的 2 と 5b――産業衰退地域の構造転換→ NUTS 3
政策目的 3（Objective 3）：	旧政策目的 3 と 4 と 5a――教育、職能訓練、雇用支援

理事会において修正されて「ヨーテボリ戦略」となった。ここであらたに持続的成長戦略が追加されたのである。二〇〇〇～二〇〇六年予算期の結束政策においては、リスボン戦略・ヨーテボリ戦略に対応すること、EUへの中東欧諸国加盟（二〇〇四年五月）への支援が意図された。

EUの結束政策は、トップダウン型のEU資金の流れを改め、各国ばらばらではなくEU全体で投資の戦略的方向付けを行い、最貧地域や低開発地域の支援を優先し、地域アクターの参加を促す狙いを持っている。そしてそれらを複数年にまたがる中期的なプログラムとして、NUTS 2あるいはNUTS 3という複数の基礎自治体を含んだリージョンにまたがる地域政策が展開している。

トリノは、一九九四～一九九九年予算期、二〇〇〇～二〇〇六年予算期、ともに政策目的2リージョンとして位置づけられ、結束政策からのEU資金支援による予算を獲得できることとなった。政策目的からして、EU資金を受けることと、その総額がいくらまでかは決まっていたとしても、地域計画や地域政策として実施していくための申請計画文書の作成は容易ではなく、またマッチングファンドの調達の議論が必要なこともあって、必ずしもすべての予算が使用されるわけではない。ピエモンテ・リージョンとトリノ市は、すでに紹介したように、それを有効に使う努力をしたが、一九九四～一九九九年予算期はすべてを使い切れたわけではなかった。

後述するように、一九九五年に策定された「都市マスタープラン」のもとで、トリノは新たな都市政策に乗り出すことが可能になっていた。二〇〇六年のトリノオリンピック開催とも重ねられて、トリノの都市政策はポストフォーディズム都市に向けた大きなパラダイムの転換を

表1–4　2004年改革による優先政策目標

目標1　収斂（convergence）：	低開発国・地域（NUTS 2）の開発促進 経過措置としてのフェイジング・アウト地域含む
目標2　地域の雇用と競争力：	収斂の非対象地域（NUTS 1およびNUTS 2）における競争力強化と雇用促進 経過措置としてのフェイジング・イン地域含む
目標3　欧州地域間協力：	旧INTERREG、国境を越えた多国間・地域間協力の推進

始めることになった。具体的な数値を示すならば、トリノの属するピエモンテ・リージョンは、二〇〇〇～二〇〇六年予算期は予算ベースで総額一二億五二四三万三〇〇〇ユーロの政策目的2予算が組まれ、その内の四億八八六〇万ユーロがEUから、同額の四億八八六〇万ユーロが結束政策の基金であるERDF（欧州地域開発基金）から支出されることになった。EUからの資金は、経済政策としてだけでなく社会政策あるいは環境政策としてインパクトを持った都市政策に取り組むことにつながり、フィアットの凋落で苦しんでいたトリノの転換を可能にしていった。

二〇〇七～二〇一三年予算期では、加盟国拡大を受けてEUの結束政策の予算総額は三四七〇億ユーロとなり、引き続きリスボン戦略とリンケージしてリサーチとイノベーションに総予算の二五%が、そしてヨーテボリ戦略とリンケージして気候変動と戦うための環境のインフラと諸手段に総予算の三〇%が投入された。

EUが加盟二七カ国になることによって、EUの域内経済の格差は拡大せざるをえない。こうした状況に対応するために、二〇〇七～二〇一三年予算期から構造政策は結束政策と名称を改め、その優先目標についても簡潔性を高めるように大幅な変更が加えられた（表1—4）。

目標1は「収斂（Convergence）」とよばれ、一人当たりのGDPがEU二五カ国平均の七五%未満の加盟国およびNUTS 2リージョンを平均に収斂させるために支援することとされた。ただしEUの加盟国拡大にともなって一人当たりのGDPが下がったことから、本予算期の経過措置として、一六のNUTS 2リージョンをフェイジング・

アウト（phasing-out）地域として特別の予算を確保している。

目標2は「地域の雇用と競争力」とよばれ、収斂の非対象リージョン（NUTS 1とNUTS 2）すべてを対象として、地域の競争力と魅力を向上させて雇用を促進することとされた。トリノ市の属するピエモンテ・リージョンはこの対象となっている。ただし本予算期の経過措置として、前予算期では政策目的1に該当していた一三のNUTS 2リージョンについては、フェイジング・イン（phasing-in）地域として特別の予算を確保している。

目標3は「欧州地域間協力」とよばれ、後述する共同体主導枠事業のINTERREGをここに移行させたものである。NUTS 3リージョン間の国を超えた地域間協力（cross-border cooperation、CBC）、NUTS 2リージョン間の国を横断する地域間協力（transnational cooperation、TNC）、より広域的な地域間協力（interregional cooperation、IRC）がその中身となっている。

後述する共同体主導枠事業は廃止されて、メインストリーミングとよばれるプロセスの一環として、すべて目標1〜3の中に統合されている。トリノ市との関係で詳述するURBAN事業も継続事業として設けられることはなかった。

二〇一四〜二〇二〇年予算期では、予算総額は三五一八億ユーロとなり、EU予算の三二・五%を占めている。欧州2020（Europe 2020）の大きな目的であるスマートな成長（smart growth）、持続可能な成長（sustainable growth）、インクルーシブ（包摂的）な成長（inclusive growth）という大きな目標を念頭に、これまでの結束政策の目標は「成長と雇用への投資」と「欧州地域間協力」へと単純化された。

二〇一四〜二〇二〇年予算期では、一人当たりGDPがEU二七カ国平均の七五%未満の「低開発地域（less developed regions）」、七五〜九〇%未満の「移行地域（transition regions）」、九〇%以上の「発展地域（more developed regions）」の三地域に区分して、全二七四のNUTS 2リージョンを対象として、EU基金と加盟国の資金分担の

表 1–5　1999 年改革で示された共同体主導枠事業

INTERREG Ⅲ	国境を越えたリージョン間の国際的な協力の支援
LEADER ＋	農村地域での総合的な農村開発の支援
URBAN	危機的状況にある都市地域でのコミュニティ再生の支援
EQUAL	あらゆる意味での機会平等の実現の支援

注：INTERRG は 3 期目、LEADER は 3 期目、URBAN は 2 期目、EQUAL は新規

割合をリージョンに応じて設定する方法をとった。トリノ市の属するピエモンテ・リージョンは移行地域に区分されている。各リージョンが加盟国、各リージョン、ＥＵ、その他多様な主体のパートナーシップによって決定運営されるのはこれまでと同様である。地域政策あるいは欧州地域協力における都市・都市圏の役割は、前予算期に比べてさらに重要視されているという(5)。

3　ＵＲＢＡＮ型事業の展開

ここまで簡単に加盟国主導枠（National Initiative）の結束政策予算について述べてきたが、一九八八年改革ではそれとは別に、欧州委員会の所管部局である地域総局（DG REGIO）が共同体主導枠（Community Initiatives）と呼ばれる先進的な試みを含んだ社会実験的な事業を実施した。ボトムアップ・アプローチにもとづく新しい方法論の開拓を通じて問題解決の方策を探ろうとするものであり、パートナーシップ・アプローチで人々を巻き込むような進め方をすることに特徴がある。地域の指定は欧州委員会ができることになっている。**表１―５**は一九九九年改革で示された、したがって二〇〇〇～二〇〇六年期に実施された共同体主導枠事業の四種を示している。ＥＱＵＡＬを除けば、すべて支援事業が限定された地区（リージョンよりも小さなエリア）への支援を目的としている。一種の競争獲得型資金であり、成功可能性を示すことで地域政策総局が選定することになっている。

衰退した都市コミュニティの開発事業として、ＵＲＢＡＮ（その前身のＵＰＰ事業も含む）が存在している。ＵＲＢＡＮは、一九九〇～一九九三年に実施されたＵＰＰ（アーバンパイ

表1–6　イタリアにおけるURBANプログラムの概要

（事業費単位：ユーロ）

計画名称	計画実施期間	参加地区数	地区住民数	事業費総額
URBAN I	1994-1999	16	478,000	325,096,390.00
URBAN II	2000-2006	10	348,700	261,737,440.00
URBAN Italy	2000-2006	20	787,600	358,887,585.65
計		46	1,614,300	945,721,415.65

出典：トリノ市役所からの提供資料

ロット事業、Urban Pilot Projects）が最初の取組みとなって、加盟国全体で五九プロジェクトが支援を受けた。これがその後のひな形になり、一九九四～一九九九年予算期の共同体主導枠URBAN I（Urban Community Initiative）、二〇〇〇～二〇〇六年予算期の共同体主導枠URBAN II（Community Initiative Programme Urban）が展開した。URBAN Iでは加盟国の一一八プログラムが、URBAN IIでは七〇プログラムが財政的な支援を受けた。

二〇〇七～二〇一三年予算期からは加盟国主導枠事業は廃止され、メインストリーミング・プロセスとして、その内容は結束政策に組み込まれた。URBANの教訓から、条件不利な都市の衰退した特定地域コミュニティを明白な対象として、統合的でエリアベースのアプローチで住民参加型の課題解決を探ることは、結束基金の使用目的として明示されている。

表1―6はイタリア政府がURBANにならって設立したURBAN Italyも含めて、URBANプログラムへのイタリア諸都市の取組み概要を示したものである。のべ参加自治体数は四六自治体、事業費総額は九億四千万ユーロを超える金額となっている。

トリノはURBANの前身事業であったUPPに採択された。この経験はトリノの都市再活性化にとって非常に重要な学びとなったということは、トリノでインタビューした人たちの共通認識となっていた。URBANのような住民参加型で実験的なコミュニティ開発を、特定地域コミュニティを対象として実施できることは、トップダウンとデベロッパー主導を特色とするこれまでの取り組みとは異なる体験をトリノにもたらしたのである。

トリノでのＵＰＰ採択事業は、The GATE: Living not Leaving というタイトルをつけられて、ポルタ・パラッツオ（Porta Palazzo）地区で一九九七～二〇〇一年に実施された。五〇六万九三一六エキュ（当時はユーロ導入前のため共通通貨単位ＥＣＵで表記）の事業総額で、そのうちの四九・九〇％がＥＵからの資金（ＥＲＤＦ）によって支出されている。

同地区は、欧州有数の屋外市場が存在する交差点広場で、非ＥＵ圏からの移民も多く、衰退インナーシティとしての問題を多く抱えていた。公民どちらのセクターからも政策決定者が参加したポルタ・パラッツオ・プロジェクト委員会が非営利の中立的組織として結成された。荒廃建築物の物理的改善だけでなく、商店主と住民の間を橋渡しして社会的で経済的な統合に焦点を当て、議論の過程では絶えず住民にコンサルテーションして住民参加型のプロセスを貫いた。

ＥＵからの資金が終わった後も、地域開発エージェンシーがつくられて The GATE プロジェクトは続けられた。地域開発エージェンシーは二〇〇一～二〇一〇年まで存在し、ＥＵとトリノ市からの資金だけでなく、民間の金融機関からの資金も投入された。活動事業数もＵＰＰの一九アクションから一三〇アクションへと拡大していった。現在のポルタ・パラッツオ地区は、多文化共生型の地区となり、屋外市場も賑わいを見せ続けている。トリノの都市再生のアイコンのような交差点広場がポルタ・パラッツォである。

トリノでインタビューした多くの人から、ＵＰＰポルタ・パラッツォの The GATE での経験と、ＵＲＢＡＮ Ⅱミラフィオリ北部地区の経験（後述）から、コミュニティ再生への基本アプローチであるとする共有体験が生まれたと語られていた。

イタリアがＵＲＢＡＮから受けた影響についてＦ・ゴヴェルナは、資本投下型のプロジェクトから相対的に小さなエリアに焦点を当てた統合型のアプローチへと都市政策を転換させることにつながったと結論づけている。物的、環境的、社会的な施策を統合することと、政策決定過程により広範なコミュニティが関与できることが、重要な要素としている。(6)

URBANの実施過程で構造基金のERDFを用いて実現されたものにURBACT(欧州都市再生ネットワーク)プログラムがある。URBANを通じて、経験を積んだ地区や都市が相互の経験やノウハウの交流を深めることの有効性が認めらた。それを組織的に実行するネットワークを作ることをURBACTプログラムによって可能としたのである。こうした住民交流の有用性は引き続き認められ、地域政策総局は、URBACT Iを二〇〇三~二〇〇六年に、URBACT IIを二〇〇七~二〇一三年に、URBACT IIIを二〇一四~二〇二〇年にプログラム実施している。トリノ市や事業のステイクホルダーはこのネットワークに積極的に参加している。

二 トリノにおけるEUの結束政策のインパクト

1 フォーディズム都市としてのトリノの成立

トリノ工科大学で都市建築工学を教えているマウロ・ヴォルピアーノに二〇一六年三月にインタビューした際に、トリノの歴史的な街並みの成り立ちについて説明を受けた。その概要をまとめると次のようになる。

トリノはローマ植民都市の典型である方形構造の都市として造られた。そのグリッド状の構造は現在も引き継がれ、そのとき形成された都市内の南北・東西路は、現在も街のメインストリートとして利用されており、ローマの遺跡も一部現存している。中世にはトリノは交通の要衝であったが、経済的な都市ではなかった。サヴォイア家がサヴォイア公国の首都をトリノへ遷都した一五六三年以降に大きな変化が訪れた。鉄砲や大砲ができてからの近代要塞が一六世紀にトリノの北西部に付け加えられ（これは一八世紀に壊される）、またローマ時代の建物の上部やそれらにつなげる形で王宮や城や別荘宮が建設されていったのである。たとえば「女王の王宮」はローマの建物に継ぎ足したものである。

一七世紀初頭に郊外に一本の街路が一直線に伸ばされ、街が広げられていく。その場所が後にフィアットが基幹工場を建築するミラフィオリである。一七世紀から一八世紀にかけて、トリノ中心街区から一定の距離を置いて地域防衛のために配された、サヴォイア家の王宮・城・ヴィッラが建築される。これらは世界遺産「サヴォイア王家の王宮群（Residenze Sabaude）」となり、現在も王家ゆかりの建造物として存在している。

ローマ植民都市に、要塞、ミラフィオリとさらに二カ所の街地を付け加えて、現在のトリノの原型が完成することになる。一七〜一八世紀にサヴォイア家により拡張整備されたトリノ中心街区は、バロック様式の建物が都市計画に基づいて建設されたため、広い通りと美しい広場が多く、ローマ時代の都市づくりの名残のさいの目のような都市計画の基盤の上に、絢爛豪華なピエモンテ風バロック建築が建てられている。

ナポレオンがイタリアに侵入し、サヴォイア家が去ると、その後に大きな変化が起きる。サヴォイア家の首都でなくなることで、トリノ都市圏は全体に縮小を始める。トリノの外周はグランプラスといわれたが、実際には壁ではなく並木が植えられただけであった。トリノ外縁部と門がこわされ、都市の内と外の関係性が見えない都市のあり方に変貌していき、さらにグリッドが外縁部からも広がって都市としてのクオリティが落ちていった。

リソルジメント（イタリア統一運動、イタリア王国建国）の結果、ヴィットリオ・エマヌエーレ二世のイタリア王即位が正式に宣言された。ここに、サルデーニャ王国はイタリア王国となる。運動の中心であったサルデーニャ王国の首都であったトリノが統一イタリアの最初の首都とされた。しかしその期間はごくわずか、一八六一年から三年の間であった。一九世紀・二〇世紀になるまでには、街区の住宅の内庭に緑があるくらいで、基本的に緑の要素がない石とレンガの構造の都市となっていた。

こうした一九世紀末にトリノに自動車産業が芽生え、そして工業化の波が押し寄せ、二〇世紀前半にはトリノはフィアットのワン・カンパニー・タウンとなるのである。フィアットの、そして二〇世紀大量生産のシンボルとなるリンゴット工場が着工されたのが一九一五年、一九二二年に第一期工事が完成し、一九三〇年に完工した。フィアットがさらなる郊外のミラフィオリに基幹工場を完成させたのは一九三九年であった。

二〇世紀を通してトリノがいかにフィアット・フォーディズムの都市であったかは、矢作弘の叙述に詳しいが、そこではフィアットの企業の生産活動のあり方が、人々の労働や生活スタイルだけでなく、都市インフラや都市構造にまでおよび、トリノの重工業都市イメージがうみだされる状況が紹介されている。(7)

2　都市改造事業としてのリンゴットとスピナ・セントラル・プロジェクト

かつて統一イタリアの首都であり、巨大企業フィアットの拠点でもあったトリノの都市構造は、郊外の都市化も含めて、大きな都市圏を形成している。トリノの中心市街地は、ヨーロッパに多い中小都市のコンパクトなものではなく、大都市といってよい面積を誇っている。フォーディズム都市とよばれてきたトリノの都市空間においては、装置型重工業の衰退によって生まれた工場跡地などのいわゆるブラウンフィールドが巨大な面積に及んでいる。トリノとその周辺地域には、すでに述べてきたように歴史的な観光資源が存在しているが、それらを活用するにはフォーディズム都市としての都市構造を変える必要があった。

フィアットの工場であったリンゴット工場とその周辺地区は、現在はショッピングモール、大学、レストラン、ホテル、美術館の複合施設として、リノベーションされている。かつては工場労働者が出入りしたであろうエリアは、今は地元客や観光者で賑わいを見せている。再開発計画にあたっては設計コンペが行われ、レンゾ・ピアノの案に決定され、一九八九年には老朽化した工場が生まれ変わった。リンゴット工場の修復とコンバージョンの費用にはEUからの資金もあてられた。今は単にリンゴットと呼ばれているこの施設は、二〇〇六年の冬季オリンピックの会場としても用いられた。

トリノは市街地を南北に縦断する形で鉄道線路が配置され、その沿線両側にフィアットをはじめとする工場群を隣接させ、鉄道貨物輸送に最適化された都市空間となった。二〇世紀トリノの都市インフラ整備の結果、都市街区は至る所で鉄道線と隣接する工場施設で分断され、その後、工場施設の多くが廃工場となった結果、周りの住民街区は荒廃していき、トリノの暗い都市イメージが形成されていった。

カステラーニ市長が策定した都市総合マスタープランで最も都市空間に影響を与えた都市改造事業はスピナ・セントラル・プロジェクトであった。都市の異なるセクターから出てきた五七名の指導的な人々と強いネットワークを作り、一九九八年から二年をかけて議論し、企業・経済団体・非営利組織など多様な主体で都市を変革していくための協働プランが都市戦略プランとして二〇〇〇年に策定される。冬季オリンピックの誘致もそうした議論の途上で決定されたものであった。**図1―1**は大規模都市改造事業の配置図である。[8] リンゴットとスピナ・セントラル・プロジェクトでトリノの全域にわたる事業が計画されていることが了解できる。

都市戦略プランでもスピナ・セントラル・プロジェクトはトリノの都市構造を転換するための戦略的な事業に位置付けられていた。スピナ・セントラル・プロジェクトには、トリノ市からの支出だけでなく、商業施設の建設には民間資本や地元民間財団が、ブラウンフィールドの改造にはEUの結束政策の資金である欧州地域開発基金（ERDF）が用いられている。EUと政府と地方政府のパートナーシップが強調されるように、EUの結束政策は中央政府を通してリージョン内の地方政府によって進められる仕組みになっている。また改造にあたっては、これらの諸政府だけでなく、大学、民間企業、地元民間財団などが参加する協働の取組みと枠組みが重視さ

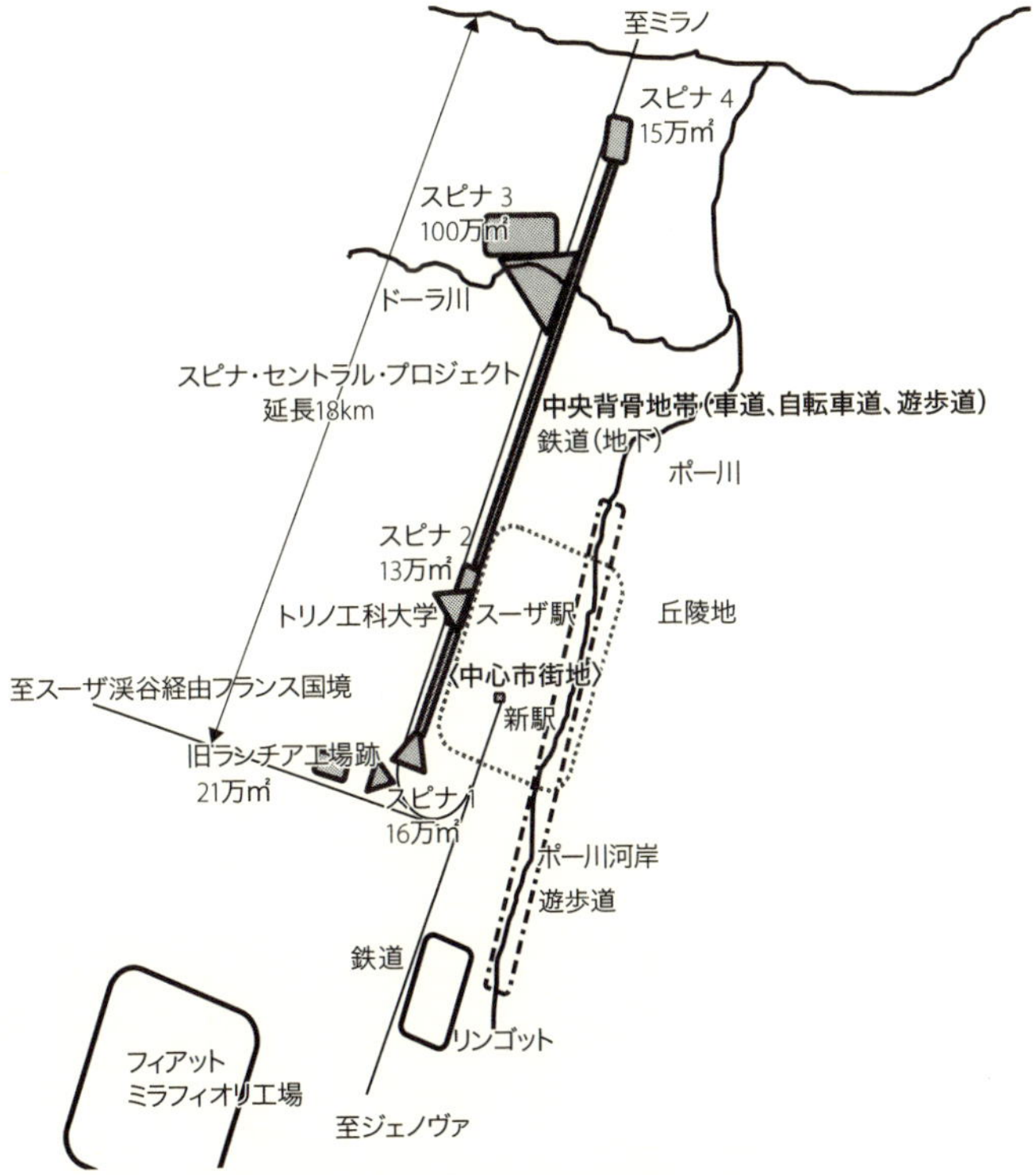

図1–1　トリノの大規模都市改造地区
出典：矢作弘「ポストフォーディズムの都市空間開発」より

れた。

事業対象総面積二一〇万m^2、鉄道は総延長一五kmを地下もしくは半地下に埋め込む計画である。これだけのブラウンフィールドと鉄道が街の中心部を分断する形で存在していることは、トリノの都市空間の最大の問題点であった。スピナ・セントラル・プロジェクトは、四箇所の事業地区で大通りとプロムナードを整備すると同時に、沿道のブラウンフィールドを複合用途（住居地区五三％、業務地区四三％、公共空間四％）に転換する大事業である。二〇一六年三月段階の様子をそれぞれのスピナ・セントラル・プロジェクトに沿って簡単に説明しよう。

スピナ1には、スピナ・セントラル・プロジェクトの出発地点として、ジャン・ヌーヴェルの設計によるタワービルディングが建設された。それと同時に地下に埋設された鉄道線路用地には、緑豊かな道路と自転車道や舗道が整備され、ストリートオブジェやモダンなデザインの街路灯などが設置されている。

スピナ2は、欧州各都市を結ぶ高速鉄道線駅ともなりメトロも含めた交通結節点となるスーザ駅と、中心街区に向かうヴィットリオ通りとによって構成される。鉄道線路で分断されていた地区を鉄道線路の地下化を伴う工事によって、一体的な利用を可能とする計画は、駅や鉄道構造物の建設も終わってほぼ最終盤の状態にある（**写真1―1**参照）。一八〇〇年代末に建設された大規模な鉄道修理工場は保全型修復を加えられつつあり、一部は展示施設やトリノ工科大学キャンパスに転換されつつある。同じく一八〇〇年代中頃に建設された刑務所は展示場

写真1–1　スピナ2

新しく建て直されたスーザ駅。ガラス張りの屋根部分には太陽光発電パネルが光を遮らないように貼り付けられている。ガラス越しの右側奥にサンパオロ銀行の高層ビルが望める。（2015年3月筆者撮影）

写真1–2　スピナ3

かつての工場跡地が公園化されている。近隣には住宅や教会あるいは環境パーク（中小規模のラボ施設誘致）が建設された。巨大な敷地であるが、公共空間としての利用規模に驚かされた。（2015年3月筆者撮影）

と現代アートスタジオとして再利用されている。周辺には民間企業の研究施設なども誘致されている。レンゾ・ピアノの設計によるサンパオロ銀行の超高層オフィスビルもひときわ目立つ建物である。

スピナ3は再開発面積としては最大のもので、フィアットやミシュランあるいは鉄道関連の工場の跡地が広大にブラウンフィールドとして残されていた。一九七八年までフィアットの製鉄所だった工場の跡地は産業遺産型の開放された大公園へとコンバージョンされている（写真1―2参照）。ドーラ川の川域に広がるエリア一帯には、中小規模のラボが展開する環境パークを中心にして、住宅地、サービス用エリア、ショッピング施設が置かれた。またこのエリアには、建築家マリオ・ボッタの設計によるサンヴォルト教会が作られ、新造された地域コミュニティの集える場ともなっている。

写真1–3　スピナ4

かつてフィアットの工場があった場所が一部骨格を残して公園化されている。（2016年3月筆者撮影）

スピナ4は、スピナ大通りの北からの入り口を形成し、空港ターミナルと鉄道リンク線がここで接続される。フィアットの組み立て工場の跡地にはかつて工場であったことが分かるようなデザインで公園がつくられ、周りは高層住居が建設された（写真1―3参照）。EUの資金が入っている事業部分は終了したが、北の鉄道ターミナルとなる計画部分などまだ未成の部分が多く残されている。

スピナ事業の中にはブラウンフィールドを空地として用いることによって、地区の質を高めるような取組みがいくつも見られる。歩く空間としての意識が鮮明に打ち出され、公園と緑、アートがうまく組み合わされた公共空間を創造している。また著名な建築家のデザインによる建築がトリノの現代都市性をアピールしている。都市の空間デザインを意識したこうした都市空間の作り方こそが、ポストフォーディズム都市としてのトリノの発信力である。

3　歴史的街並みの修景

ＥＵの結束政策とリンクして実施される地域政策として、重要な柱とされているのが歴史的建造物の修復保全である。ＥＵの結束政策によって、非常に多くの建造物が保全修復され、建物にはＥＵのロゴと共に、欧州地域開発基金（ＥＲＤＦ）が部分的に用いられたと記されたプレートが掲げられている。欧州各地で見られるこの様子は、トリノにおいても同様であり、ＥＵの支出総額を確認することはできなかったが、インタビューした多くの人々がトリノの歴史的建築物の保全修復におけるＥＵの役割の大きさを語っていた。

一般的に言って、メンテナンスが不十分で老朽化したり汚れたりした建造物をそのまま修復保全するものもあれば、そうした建造物の古い建物の軀体を活かして内外装を改修してリノベーションするものもある。新たな用途で再利用を目指して修復することをコンバージョンと強調することもある。都市空間のデザインを考えた場合、解体して新建築するのではなく、既存の建築物を活かすことが修景による都市再生につながるというのが現代的な認識となっている。

イタリアでは、一九八五年八月八日四三一号法（通称ガラッソ法）によって、すべての州に対して風景計画の策定を義務づけており、自然環境の保護・保全を進めている。一九八五年二月二八日四七号法によって、旧市街のコントロール、イタリアにきわめて多い不法建築、不当建築に対する制裁措置などを定めている。両法制定以後、各州の策定した風景計画や広域計画で示された方針に沿って、州内の自治体は作成が義務付けられている法的拘束力のある「都市マスタープラン（Piano Regolatore Generale、ＰＲＧ）」によって規制の具体的な施策を立てている。

都市計画と土地利用計画をつなぐ手段としてＰＲＧが用いられているのである。

都市総合マスタープランでは、歴史的建造物が集まる「歴史都心地区」を指定して保存の対象にできるとされており、トリノを含め多くの自治体で、歴史的都心地区内の建造物に対して文化的・都市計画的側面から厳重な規制を行っている。トリノ最初の都市マスタープランは、一九五九年に策定され一九九五年まで有効だったもので、いわばフィアット絶頂期のときにつくられたものであった。新法体系によって策定された最初の都市マスタープランは、カステラーニ市長によって一九九五年に策定されたものである。

州レベルでは、一九九八年に国のインフラ整備及び都市政策の幅広い見直しが実施された時期に、ＥＵによる活動方針にも照らし合わせ、二〇〇〇〜二〇〇六年予算期のＥＵからの資金獲得と効果的な運営を目的とした新たなプログラムとして、「都市再生プログラム及び持続可能な広域開発」（ＰＲＵＳＳＴ、Programmi di Riqualificazione Urbana e Sviluppo Sostenibile del Territoriale）に対応した計画が作成されている。都市の質の向上として、衰退した地域の改良にも力が入れられている点が重要である。さらに、持続可能な広域開発の具体的な内容としては、市街化して建物を建てるというイメージではなく、自然環境や生態系を保全する目的で取り組まれている。

トリノで訪問調査を実施して市長直接選挙制導入以後のトリノの都市ならびに都市縁辺部の地域政策についてインタビューすると、都市マスタープランと都市戦略プランの画期をなす重要性とともに、ＥＵの地域政策がトリノの計画の考え方、都市再活性化への取り組み方に大きな影響をもたらしたことが異口同音に語られた。

観光者を含めて誰の目にも明らかなのは、歴史的な街並みの修景や世界遺産のサヴォイア家の建築群を見ても、ＥＵからの資金が大きな役割を果たしていることである。実際に歴史的建造物のリノベーションを通じた、あるいは放棄地や荒廃地になってしまっている土地や建物のコンバージョンを通じた地域再生事業の現場に行けば、必ずといって良いほど「ＥＵの欧州地域開発基金を利用した」といったＥＵのスポンサーシップへの言及がＥＵ

のロゴマークと共に掲示されている。

商工会議所の事務局長であるグイド・ボラットは、トリノの観光人口が二〇〇六年から毎年上昇を続けていることについて、街をきれいにする戦略を進めてきたこと、ピエモンテ州を食のイメージで打ち出したこと、この二つの点が大きい要素となったと二〇一五年三月のインタビュー[9]で述べていた。前者については、オリンピックと重なるように進められた、中心市街地を歩行者道に変え、美術館をいくつもつくり、歴史的な建造物の修復あるいは工場跡地などの用途のコンバージョンなど、旅行者を引きつける要素の諸事業を具体的に挙げていた。

都心、郊外ともに再編成が必要となった一九九〇年代、旧市街の改善事業では、歴史的コンテクスト、コミュニティの文化的コンテクストの継承が意図され、都市空間の漸進的な修復改善が主流となっていった。歴史的街並みに即した修景整備が展開されるなか、スター建築家による建築物に象徴されるように、都市のスクラップ・アンド・ビルドのあり方も都市内外にアピール可能な文化的アイコンとしての位置を与えられるようになった。とりわけリンゴットなどに示されるように、その場所が物語る都市の近代性を超克したコンセプトを掲げたコンバージョン型の建築は、都市再生のホットスポットの地位を得るようになっていく。

トリノにおいても、世界遺産の「サヴォイア王家の王宮群」だけでなく、数多くの歴史的建造物が美術館や博物館となり、その周辺に生まれた古くからの公共空間に旅行者が集うようになってきた。トリノ郊外の住民も含めて、地元の人が訪れるカフェやレストランも急速に数を増やしている。かつては危険とされた近隣地区もアートとカルチャーの発信拠点となっている。

疲弊した市街地を「再生」する近年のアプローチを一般化すれば、文化やクリエイティビティをキーコンセプトにして歩ける公共空間として界隈を再生していくことと、文化的・創造的活動の展開を刺激するような建築ならびに公共空間を提示することとなる。トリノの都市改造と歴史的街並みの修景は、まさに現代に求められている都市空間の再生イメージと重なっている。

4　トリノにおけるＵＲＢＡＮ

トリノはＵＲＢＡＮと総称されているＥＵの結束政策からの都市コミュニティ開発支援の枠組みを積極的に取り組んできた。二〇一五年二月のインタビューでは、ウンベルト・ジャニン・リヴォリン、ジアンカルロ・コテラ、マルコ・サンタンジェロは、その経験がトリノの開発を社会的にインクルーシブなものにしていくことに大きな影響を与え、トリノ再活性化のコンセプトに社会的コンセプトが明白に位置づけられる典型事業となったとして、ＵＰＰならびにＵＲＢＡＮの重要性を評していた。

ＥＵの共同体主導枠事業の説明の際に触れたＵＰＰでは、すでに紹介したポルタ・パラッツオ地区の The GATE と名付けられたプロジェクトが取り組まれた。ついで二〇〇〇〜二〇〇六年期の結束政策からＵＲＢＡＮ Ⅱの採択を受けて、二〇〇〇年からコミュニティ再生事業に取り組んだのがミラフィオリ北部地区であった。ＵＲＢＡＮ Ⅱの総予算としては約四億ユーロが投じられた。

ミラフィオリ北部地区はトリノ市街地近郊のフィアットのミラフィオリ工場に近い立地にあり、かつて工場労働者が多く住んでいた社会的住宅と農村的なコミュニティとが混合しているエリアである。人々の困窮度も高く、物理的な荒廃も進んでいたエリアであった。社会的住宅のリハビリテーションや取り壊しによる公共空地の創造によって、地域の居住空間をアップグレードする取組みを進めていった。

廃棄状態にあった農家を隣接のチャペルも含めて修復して、レストランや近隣コミュニティの利用施設（名称 Cascina Roccafranca）として活用できるように用途をコンバージョンした。これがこの地区のシンボリックなプロジェクトであった（**写真１―４参照**）。同施設は、地域の情報センター、レストランとカフェ、フリースペース、小規模事業オフィス、図書館などの多機能コミュニティセンターとして機能している。掲示などが五、六カ国語によってされるなど、多文化共生型の地区を目指していることがうかがえた。

それ以外にも、イベントを組織し、舗道や自転車道を整備し、住民が親しむ広場（名称：Piazza LIVIO BIVNO）を整備するなど、住民参加による住環境全体のアップグレードをはかっていた。二〇〇七年からはジョブセンターの運営を開始し雇用サポート事業にも取り組んでいた。

二〇一五年三月のミラフィオリ北部地区のＵＲＢＡＮ Ⅱ推進をしてきた住民の主要メンバーたちからのヒアリングでは、結束政策のなかでも社会的「結束」をめざす社会政策に力を入れたこと、プログラムを進めるにあたって住民や地域のアソシエーションの参加が促進されたこと、プロジェクトをバラバラにするのではなく統合的なビジョンで実施できたことなどが特徴として語られた。トリノ市役所のファブリツィオ・バルビエーロは、ＥＵのお金を使おうとすると良いプロジェクトであることを提示しないといけないし、雇用やエネルギー効率や資金の有効利用など様々な基準で計画の進展が評価されるが、この経験がトリノの計画とプロジェクトの質を上げたと語っていた。

ＵＲＢＡＮの廃止後に、ＥＵの結束政策の資金を利用して実施しているＰＩＳＵ（統合アーバン開発プロジェクト、Integrated Urban Development Project）として事業実施しているURBAN Barriera Di Milanoは、バリエラ・ディ・ミラノ地区での取組みである。二〇一〇〜二〇一五年を事業期間として、ピエモンテ・リージョンが獲得した二〇〇七

写真1–4　レストランや近隣コミュニティの施設として活用されるCascina Roccafranca

URBAN Ⅱの中心事業として取り組まれたもので、廃棄状態にあった農家を隣接のチャペルも含めて修復・コンバージョンした。（2015年3月筆者撮）

〜二〇一三年予算期の予算からEU資金として二〇〇〇万ユーロ、トリノ市とイタリア政府からも資金を得て、総額三五〇〇万ユーロの事業費で実施されている。

バリエラ・ディ・ミラノ地区はトリノ北部市街地の歴史的地区であり、スピナ4事業対象地区の一部でもある。荒廃した住宅や公共用地、あるいは空き工場など、地域の住生活環境は良好とはいえないエリアである。アフリカを中心とした海外からの流入者が多く（トリノ市平均は一三・六％に対して二八・九％）、人口密度も高いエリアとなっている。

同事業は四本の重点施策、「物理的な環境の改善」「経済と雇用の強化」「社会的文化的包摂の促進」「情報共有と諸事業の統合的関係構築」を掲げて、社会的住宅の修復から、コミュニティビジネスの支援、空き工場や空き地のコンバージョンによるコミュニティ利用など多彩な事業に取り組んでいる（**写真1―5**参照）。同事業では市役所の二五の部署が参加して事業計画を練り上げていったという。また地元の五〇のNPOが常時活動に参加するなど、住民の参加を促せるように事業を展開している。

写真1–5　街路と広場の修復再生事業
URBAN Barriera Di Milano の取組みのひとつ。同じ地点を整備中（上・2015年3月）と整備後（下・2016年3月）に筆者撮影。

URBAN Barriera Di Milanoを担当している既出のトリノ市役所のシルヴィア・ビギは、二〇一五年三月のインタビューで、経済的、社会的、物理的課題に対応するために統合的なアプローチを取ることができることが特色であると述べ、イタリアではそれぞれの政策が別々に取り組まれるのが普通であるのとは対照的であると述べていた。UPPに最初に取り組んだ二十年前からイノベーションのプロセスについてより新しい考えが生まれたこと、その契機となったのは、EUが各国間の経験の相互交流を要求したことで生まれたURBACTプログラムによる事業の参照・交流にあったと語っていた。

おわりに――マルチレベルガバナンスを目指す都市トリノ

一九九〇年代からのイタリアの地方制度改革、一九九〇年代からのEUの結束政策、こうした大きな状況変化の中で、トリノ市はポストフォーディズム都市をめざす協力や協働を可能にするような政策基盤をつくっていった。

二〇一三年九月、二〇一五年二月のトリノ訪問の際の、トリノ工科大学のウンベルト・ジャニン・リヴォリン、ジアンカルロ・コテラ、マルコ・サンタンジェロとのディスカッションでは、トリノの重層的な計画構造はマルチレベルガバナンスをめざした動きとして説明され、EUの地域総局からの結束政策の資金とプログラムがその嚮導《きょうどう》役を果たしたとの理解を示していた。

EUの結束政策のユニークさは、予算と計画体系として単年度ではなく中期的な包括補助金をベースとした地域政策を求めること、そして手段としてソフト的手段とハード的手段の結合を求めること、さらに政策的には経済的政策と社会的政策の結合を求めること、そしてこれらの計画を多様な政策パートナーによって実施することを求めていることに大きな特徴がある。また、環境への取組み、歴史的建造物の保全活用、貧困地域コミュニティへの政策などについても、十分な施策が要求される。結束政策はイタリアの計画体系からは出てこなかったような類いの地域政策へのンパクトをもたらしたといえよう。

トリノ工科大学の三氏が提示したマルチレベルガバナンスという位置づけは、筆者のトリノ理解に重要な手がかりを与えてくれた。ＥＵレベルの結束政策をはじめとする計画や規制、ＥＳＤＰで示されたような欧州レベルでの空間計画的思考、イタリア政府の計画や法規、ピエモンテ州あるいはトリノ市の諸計画、そしてＵＲＢＡＮに代表される地区レベルの諸計画は、単独ではなく同じベクトルを有して有機的につながることが成果をあげる上で重要である。トリノのフォーディズム都市からの構造転換と地域の再活性化をめざしてきたのは、まさに多層的な地域計画であった。

多層的な具体的プログラム（個別プロジェクトではなく包括的で統合的なプロジェクト群を指す）は、トリノ市政府やフィアットによって実施されてきた過去の計画とは異なり、それぞれのサイズのそれぞれのステイクホルダー間での協働を求めるようにして実施されている。トリノ市を取り巻く多層的なプログラムは、それを実現した多様な担い手と諸政府との協働関係の成立によっていた。マルチレベルガバナンスという言葉はこうした実情を示す適切な表現である。

矢作弘はその著書の中で、トリノの「三つの『幸運な事情』」について述べている。[10] 概説すれば、市長の直接選挙制の導入によるトリノ政治の刷新、フィアットの経営体力の脆弱化が可能にした都市経営の方向転換、ＥＵが都市に注目した時代と重なったことである。

こうした「幸運」はこれからも続くとは限らない。トリノ大学のステファニア・ラヴァッツィは、二〇一五年三月のインタビューの際には、トリノの再活性化政策の成果を認めつつも、トリノ市はイタリアでも有数の地方負債を抱えることになり、イタリアの経済危機にフィアットの本社移転も重なって、決して明るい未来が展望できる状況にはなく、地域再活性化の最初のゲートは開かれたが、次はどうするのか、とトリノは問いかけられている、と述べていた。

トリノ大学のマルコ・サンタンジェロは、二〇一五年三月のインタビューの際には、トリノの都市戦略プランに触れて、第一次、第二次の都市戦略プランが計画のあり方を変え、市民やステイクホルダーの参加を促したことを評価しつつも、まもなく発表される都市戦略プランⅢ（二〇一五年）を含めて、エリートガバナンスモデルになっているのではないのかとコメントしていた。

トリノ大学のアルベルト・ヴァノーロは、二〇一五年三月のインタビューの際には、トリノの都市ブランディングはフィアットからの解放の歴史としつつ、近年の都市ブランディング自身が、ＩＣＴ（情報通信技術）シティとかクリエイティブシティとかスマートシティといった、きまぐれなコンセプト（氏の表現）に依拠したものになっていると振り返っていた。そして、ポストモダンとか、カルチュラルやクリエイティブといったレトリックで、路上のカフェやクラブカルチャーといったものがトリノのシンボリックな場所になり、ステレオタイプ化されたアートと文化のまちづくりにトリノもはまってしまった、と批判的な意見を述べていた。

筆者の印象からすれば、トリノのような重工業都市は都市規模が大きく、これだけの大がかりなプロジェクト群を実施してもなお、ブラウンフィールドや未利用地は多く残っている。かつての重工業の工場空間をすべて都市改造して、住宅や商業・文化施設にコンバージョンさせることは、トリノ都市圏の経済社会状況を考えるならば、過剰投資にならざるを得ないと考える。またトリノの近年の移民人口は多く、それがトリノの人口減少を食い止める主要因ともなっているほどで、社会的包摂はトリノにおいても解決を見ていない重要な課題である。

各氏の発言からうかがえたのは、トリノの再活性化の成功を認めつつも、これまでの成功の要素であったものがもはや新しくはなく、次のステップが見えにくいものになっていることである。現在の結束政策はかつてほどの野心的計画とは読み取れず、EUからの新しいインパクトは期待できないかもしれない。したがって、マルチレベルガバナンスに向かっているとされたトリノの地域主体の今後が問われているというのがトリノの現段階であろう。

注

（1）現在第三次まで策定されている。本稿で都市戦略プランとして紹介するときは第一次のみを指している。

（2）EU統計局が加盟各国に対して、NUTS（Nomenclature od Units for Territorial Statistics 地域統計単位）として定めているもの。第一節2参照。

（3）高橋進「イタリアの地方自治制度改革とヨーロッパ統合」（白石克孝編『分権社会の到来と新フレームワーク』二〇〇四年、日本評論社所収）の三四―三五頁ならびに脚註を参照。

（4）矢作弘『縮小都市の挑戦』（岩波新書、二〇一四年）の第二章「トリノを再位置化する」を参照。

（5）結束政策の都市に果たしてきた役割については、Christine Hamza and Alexandra Frangenheim（Metis GmbH）; David Charles and Stephen Miller（EPRC）（2014）, *THE ROLE OF CITIES IN COHESION POLICY 2014-2020 Study*, European Parliament Regional Development Committee. に詳しい。タイトルとは異なり、全体的な歴史について触れており、またここにはイタリアのケーススタディも入っている。http://www.europarl.europa.eu/RegData/etudes/STUD/2014/529075/IPOL_STU（2014）529075_EN.pdf にてダウンロード可能。

（6）Governa F（2010）, "Competitiveness and cohesion: urban government and governance's strains of Italian cities." *Análise Social.* XLV（197）: 663-683.

（7）矢作前掲書を参照。

（8）矢作弘「ポストフォーディズムの都市空間開発――トリノの Spina Centrale を歩く」（『社会科学研究年報』第四六号、龍谷大学社会科学研究所、二〇一六年所収）一〇七頁から著者の許諾を得て転載。

（9）ピエモンテ料理は特色ある郷土料理や赤ワインの名産地をもっていた。トリノはカフェ文化を含めて食でアピールできる要素を多く持っている。ピエモンテ州にはスローフード協会の本拠地であるブラ市があり、商工会議所は食のアピールのためにスローフード協会と組んでアピールを展開してきた。
(10) 矢作前掲書、一一〇—一一二頁。

第2章　近代フォーディズム型から脱却した地域の「かたち」
――トリノ・シティリージョン

岡部明子

北イタリアの都市トリノ[1]は変わった。二〇世紀半ば、トリノは自動車産業で経済的に繁栄を極め、一九六〇年には百万都市に成長した。フィアットの企業城下町だった。しかし、大衆車「フィアット500」を始め大量の自動車を世に送り続けてきたリンゴットの巨大工場が一九八二年に閉鎖。建築家レンゾ・ピアノの手で、商業文化複合施設にリノベーションされた。トリノが脱工業化して新たな都市の時代に入る象徴的な出来事だった。

基盤産業の衰退による近代フォーディズムからの脱却が都市社会システム、すなわち都市の「かたち」の大きな転換をもたらしたことはすでに指摘されているとおりである（矢作 2014、矢作・阿部編 2014）。だが、脱工業化は都市のみならず、地域の「かたち」を変えるはずである。本稿では、まず、都市トリノがフィアット依存から脱し、どのように新たな都市イメージを築きつつあるのかを概観した上で、それと並走してきた地域社会システムの変質に目を向けていきたい。都市よりも広域の都市地域（シティリージョン）の「かたち」である。

一　モータ－シティから新生トリノへ

フィアットは、一八九九年、ジャンニ・アニェッリにより創設された。二〇世紀に入り、自動車産業の勢いは止まらず、一九七〇年代のピーク時にフィアットは、五万人以上もの市民に働く場を提供していた。関連製造業を含めれば倍以上になる。雇用のみならず、高い技術力を身につけるための教育、医療、社会福祉まで、すべてフィアットの恩恵を受けていた。「フィアットを頂点とする垂直統治型〈都市社会システム〉がトリノの一切を牛耳っていた」（矢作 2014）。

しかし、一九八〇年代に入ってフィアットはその力を急速に弱め、二万四〇〇〇人を解雇した。リンゴットが操業停止した。トリノがどん底の時期に、イタリアにおいては、分権化が進められた。地方自治体制が変わって最初の市長に、一九九三年カステラーニ[2]が就任した。一九九五年、都市マスタープランＰＲＧ[3]が策定された。建築家ヴィットリオ・グレゴッティが中心となってまとめたもので、都市内に大量に遊休化した生産インフラを、脱工業化都市のインフラとなる大学や知識産業のインキュベーター、ビジネス地区や公園緑地にする方針が示された。都市を分断していた鉄道を新生トリノの魅力的な背骨にする野心的なフィジカルプランだった。トリノ復活の青写真である。イタリア都市計画制度における都市マスタープランＰＲＧは、都市を物的にマネジメントする法的拘束力のある主要ツールであり、原則として期限を定めない。一九九五年まで有効だったトリノＰＲＧは、一九五九年策定のものでフィアット絶頂期のときにつくられたものだった。さらにトリノは、二〇〇六年冬季五輪を目標に、一九九九年、初の都市戦略プランⅠを策定した。都市戦略プランは、市当局主導のプランと異なり、企業・経済団体・非営利組織など多様な主体で都市を盛り上げていくための共同戦線である。以後、節目で新たな都市戦略プランが策定されてきた。五輪の年にナレッジシティをコンセプトとする都市戦略プランⅡがつくられ、二〇一五年都市戦略プランⅢではスマートシティが軸になっている。

フォーディズムに呼応する垂直統治型の都市社会システムが後退し、「最近のトリノ復活の枠組みは、EU、州政府、都市政府、大学／美術館などの機関、民間財団、企業、経済団体、非営利組織が構成する連携／協働のガバナンス（共治）――水平連携型『都市社会システム』である」（矢作 2014）。

トリノは同じモーターシティであるアメリカのデトロイトと比較されることが多い。何が違うのか。ミラノ・ボッコーニ大学で現代史を専門としているベルタ教授は、「歴史」だと言う。トリノはローマ時代の重要な都市だった。中世期には、いくつもある都市のひとつにすぎなかったが、一六世紀にサヴォイア公国の首都となった。そして束の間ではあったが、一八六一年イタリア統一直後の首都になった。数百年間、王宮を擁した都市であったことで、さまざまな贅沢品や武器などの需要が高まり、職人の集積が進んだ。それが後の自動車産業の基盤になった。ポストフォーディズムにおいて再び、一六世紀以来築いてきた文化や技術の高度な集積が知識情報社会の基盤として価値を持つ。デトロイトにそれは望めない。

二　フィアットを頂点とした地域社会システム

トリノのリンゴットで組み立てられる自動車の部品は、トリノ市内のみならず、後背地域の中小都市各地で製造されていた。部品をリンゴット工場に集めるため、フィアットの生産インフラとして鉄道や道路が必要だった。フィアットはこれらインフラにも単独で投資し整備した。自動車を製造するため、原材料を遠方から調達しなければならない。また、製品となった自動車を国内外に輸送する必要がある。フィアットは一九四〇年、サヴォナに自前の港湾を整備した。アメリカ大陸向けの輸出車もサヴォナから出荷されていたという。フィアットは、トリノの組立工場とサヴォナの積出港を結ぶ高速道路も整備した。トリノを州都とするピエモンテ州は海に面していない。サヴォナは隣接するリグーリア州に位置する。フィアットのおかげで、州境を成す急峻な山を越える高速道路ができ、トリノおよびその周辺の市民は、地中海リゾートへ、フィアットのマイカーを走らせ、容易くアクセスできるようになった。(4) フィアットの生産インフラは、地域全体の人たちにとってなくてはならない生活インフラになっていった。

従業員およびその家族のみならず地域に暮らす人たちは、教育から福利厚生・医療まで、すべてフィアットのおかげで享受できた。トラクターもフィアット製で、農業従事者であってもフィアットと無縁ではいられなかった。『ラ・スタンパ』紙はフィアット傘下の新聞社が出している。都市より広域の、シティリージョンの地域社会システムもまた、フィアット丸抱えで成り立っていた。

三　フィアット弱体化後の地域社会システム

1　中小ネットワークの再評価

しかし、一九八〇年代以降、頂点のフィアットが求心力を失い始める。スローフードという社会運動がトリノ近郊のブラで起きるのが、(5) ちょうどこの時期である。北イタリアには、それぞれ質の高い農産物など特産品で知られた中小都市・町・村がネットワークしている地域構造があった。

中北部イタリアでは、重厚長大に対峙して中小がネットワークしている。競争力と持続性の双方を可能にするポストフォーディズムのモデルとして、多方面から注目されてきた。繊維・皮革・宝飾・食器・キッチン用品・

家具などの伝統的な製造業を担う中小事業者が地域に集積し連携して、高付加価値のものづくりに成功している。これが「第三のイタリア」(6)として知られるようになった。高品質とデザイン性の高さが、いわゆるイタリア高級ブランドのイメージをつくりあげてきた。世界屈指の技術力を誇る日本の中小製造業が下請け体質から脱出するモデルとして参照されてきた。

北部イタリアやトスカーナ地方では、緩やかな起伏のある土地に、一面、畑や果樹園が広がり、小さな村や町が散りばめられている。ロベルト・カマーニらは、中小都市・町・村が近接していてネットワークしている地域のかたちの価値にいち早く着目した(Camagni and Salone 1993)。中北部イタリアでは、こうした地域の中小都市ネットワーク構造が、中小事業者がネットワークで競争力を持続していることと対応しているといえる。

2　ピエモンテ地方の多様な〈食〉

ものづくりにとどまらず、近年注目されているのが食文化産業である。村と村は近接しているが、それぞれにワインがあり、ハムなど豚の加工品があり、チーズがある。家族経営の食品加工場で、秘伝の味を大切に継承している。一村一品のように他と差別化するわかりやすい特産品というよりは、ワインも、ベーシックなチーズやハムも、みなおいしくてみな違う。地域によって郷土料理があり、先祖代々、味を守り続けている。こうした質の高い多彩な味が、イタリアの食文化とともに、世界中で高い競争力を発揮している。二〇一五年ミラノで開催された万博は、〈食〉がテーマだった。このように食文化を日常的に大切にするイタリアの伝統を基盤として、世界の食糧問題を問う機会となった。

ピエモンテ地方は、アルプスから下る豊かな水に恵まれ、高品質で幅広い作物が得られる(図2—1)。トリノの南に位置するアルバ、アスティ周辺は、バローロ、バルバレスコで知られるイタリア有数のワイン産地である。

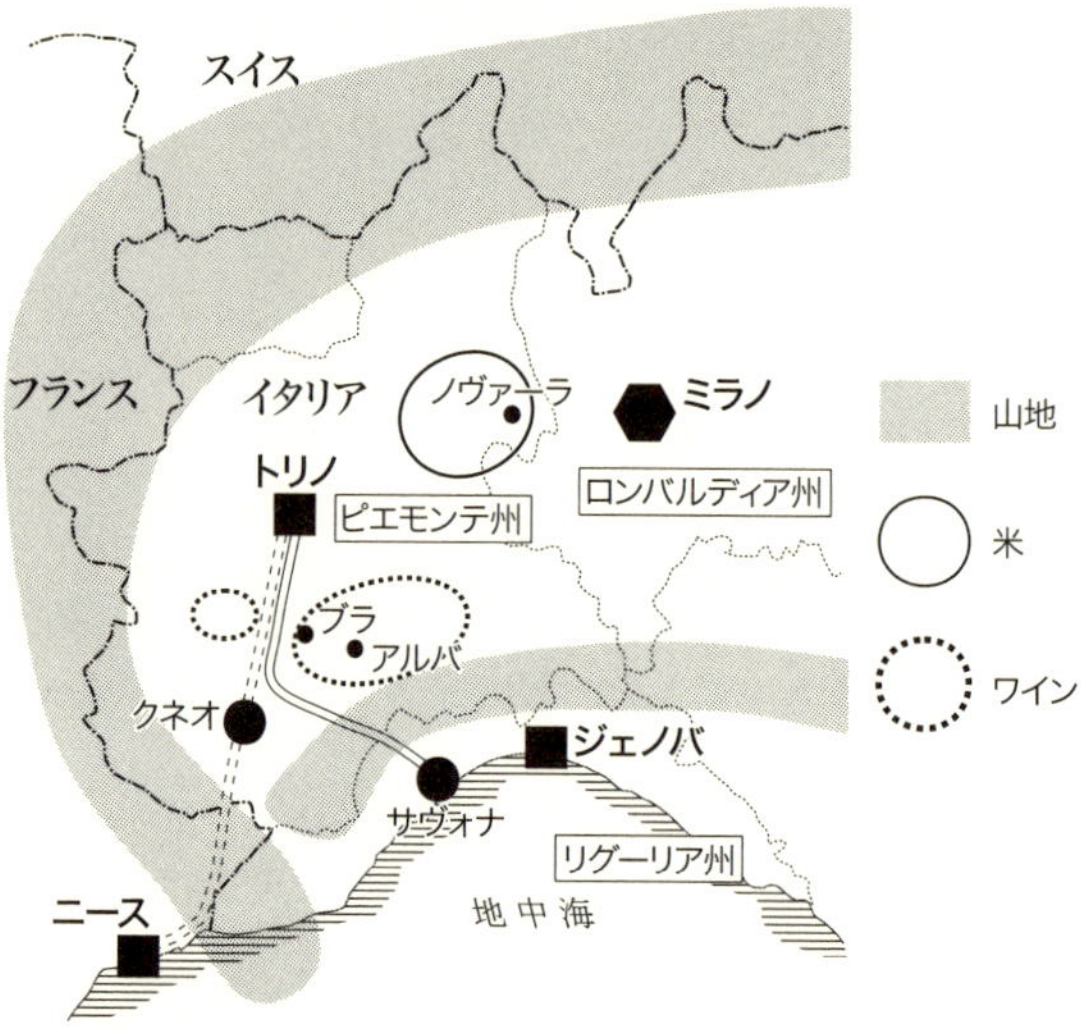

図2–1　トリノ・シティリージョン、多心型都市システムと多様な農作物

白トリュフの季節になると国内外の食通が集う。スローフードの聖地ブラもこのあたりに無数にある村のひとつである。サヴォイア家のお膝元だったことも、食文化を洗練させる一助となった。トリノ市では、周辺丘陵地の農家が生産する果物や野菜に品質管理制度を一九九〇年代に導入し、生ごみを有機肥料として農家に循環させるしくみを開発し、サステイナブルな農業の先進事例として知られている。有機農業が盛んな地方で、イタリアの有機農産物の三割が輸出されている。

他方、トリノの北東にあたるノヴァーラは、稲作が盛んである。多品種の米を栽培し、その香り高さがリゾットの味の決め手となる。

ピエモンテ地方は、その名のとおり「山の足下」で、アルプスに北と西から抱え込まれている。山間部は利便性が悪く生活が厳しいために、近年過疎化が著しい。しかし、現在もフランスやスイスとの国境地帯であり、歴史的に国土管理上重要性が高かったため、多くの山村が点在する。スローフードが商品化される誘惑に負け、グローバルに消費されようとしている今、真のスローライフを求めて過疎の村に新たなまなざしが向けられている。厳しい山村のていねいな暮らしにも、付加価値を生む潜在力がありそうだ（ボッコ、カヴァリア 2015）。ＥＵ統合以降、国境の垣根が低くなったことにより、国境間近の山間が以前ほど辺境ではなくなった。

中世から育まれてきた多様な食に彩られた中小都市・町そして村のきめ細かなネットワーク構造は、フィアットの築いた強力な地域システムに圧倒されて見えにくくなっていたが、フィアット弱体化の後に、相対的に頭をもたげてきた。

四　三つのレベルの空間政策

1　欧州レベル空間戦略の登場

近代フォーディズムの時代に、国家は、国民総生産を上げることを至上目標とし、産業振興を競い合った。戦後、世界を驚嘆させたのが日本の高度経済成長で、それを支えたわが国の国土政策は称揚された。産業育成のために国が生産インフラに先行投資し、それぞれの地方や都市は、企業誘致競争に凌ぎを削った。フィアットのような強力なフォーディズム企業誘致に成功すれば、その都市が栄え、地域が潤い、国が豊かになるという筋書きだった。

しかし、フォーディズム型の豊かさが色あせた今、国土計画の存在意義すら問われる事態となっている。さらに欧州では、EC／EU統合により、EUレベルで決定される政策が増える一方、補完性の原理に基づく国内の分権化が同時に進行し、国の実質的な権限が狭められている（岡部 2007）。

国土計画・空間計画分野においても、欧州総体としての持続可能性と競争力維持のために、国を超えた空間開発の展望を欧州レベルで共有しようという機運が一九八〇年代末から高まった。背景となったのは、新興国・途上国の台頭で、世界における欧州の重みが相対的に低下しているという危機感に加え、欧州の経済活動が「ブルーバナナ」[(7)]と呼ばれる地域に偏在しているという認識だった（図2―2）。ブルーバナナとは、ロンドンから海を越え、ベネルクス三国を通り、仏独の国境を南下して地中海に没するバナナ形の地域を指す。

発案から一〇年ほどの歳月を費やした末に、一九九九年、欧州各国の空間計画担当閣僚級会議において、欧州空間開発展望ＥＳＤＰが公表された（CSD 1999）。依然として加盟各国が排他的に国土計画権限を有していることには変わりないものの、最終的にまとめられたＥＳＤＰは、多様な中小都市のネットワークを強みに欧州空間の競争力と持続可能性を強化しようという理念を土台としている。

ＥＳＤＰが採択されたことにより、ＥＳＰＯＮ（欧州空間計画観察ネットワーク）がＥＵの常置機関として設置された。欧州全域を総体として常に把握でき、比較検討可能なデータベースをつくることを目的とした。

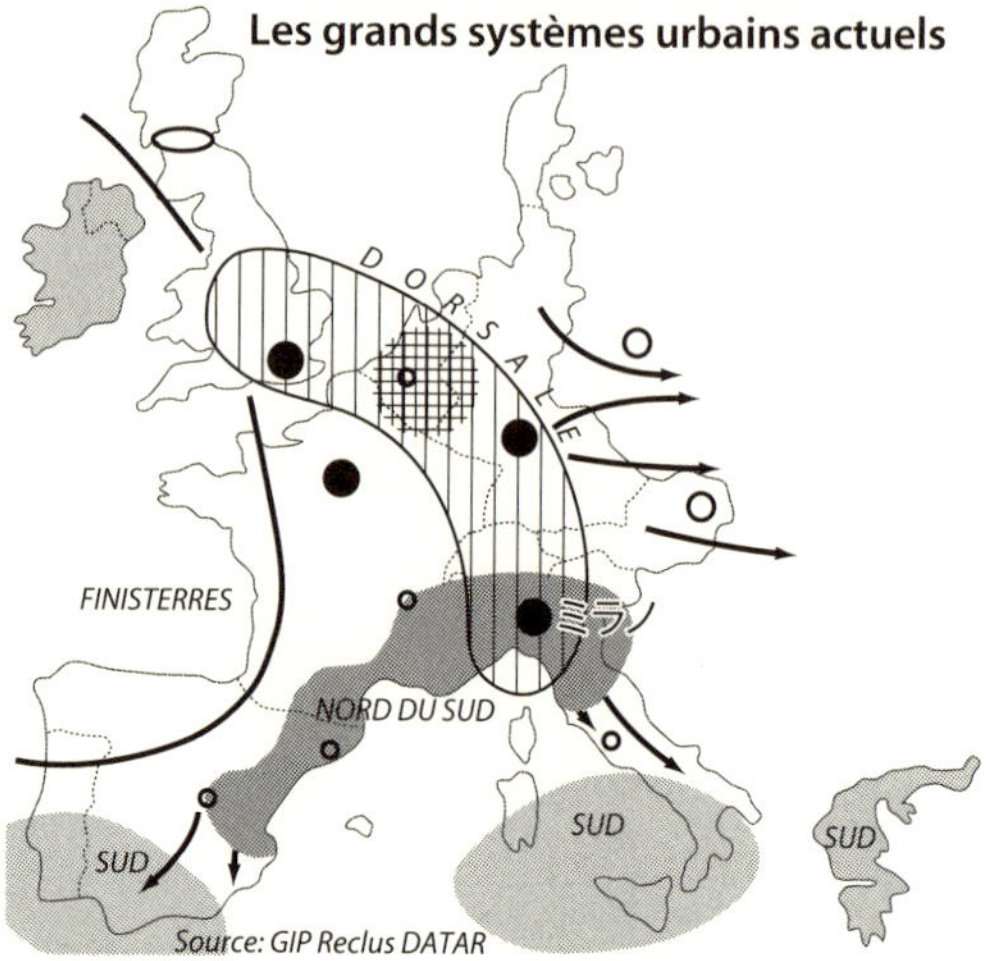

図2–2　ブルーバナナ

Brunet, R.（1989）, *Les Villes Européennes, Rapport pour la DATAR, Reclus*, Paris: Documentation Française.

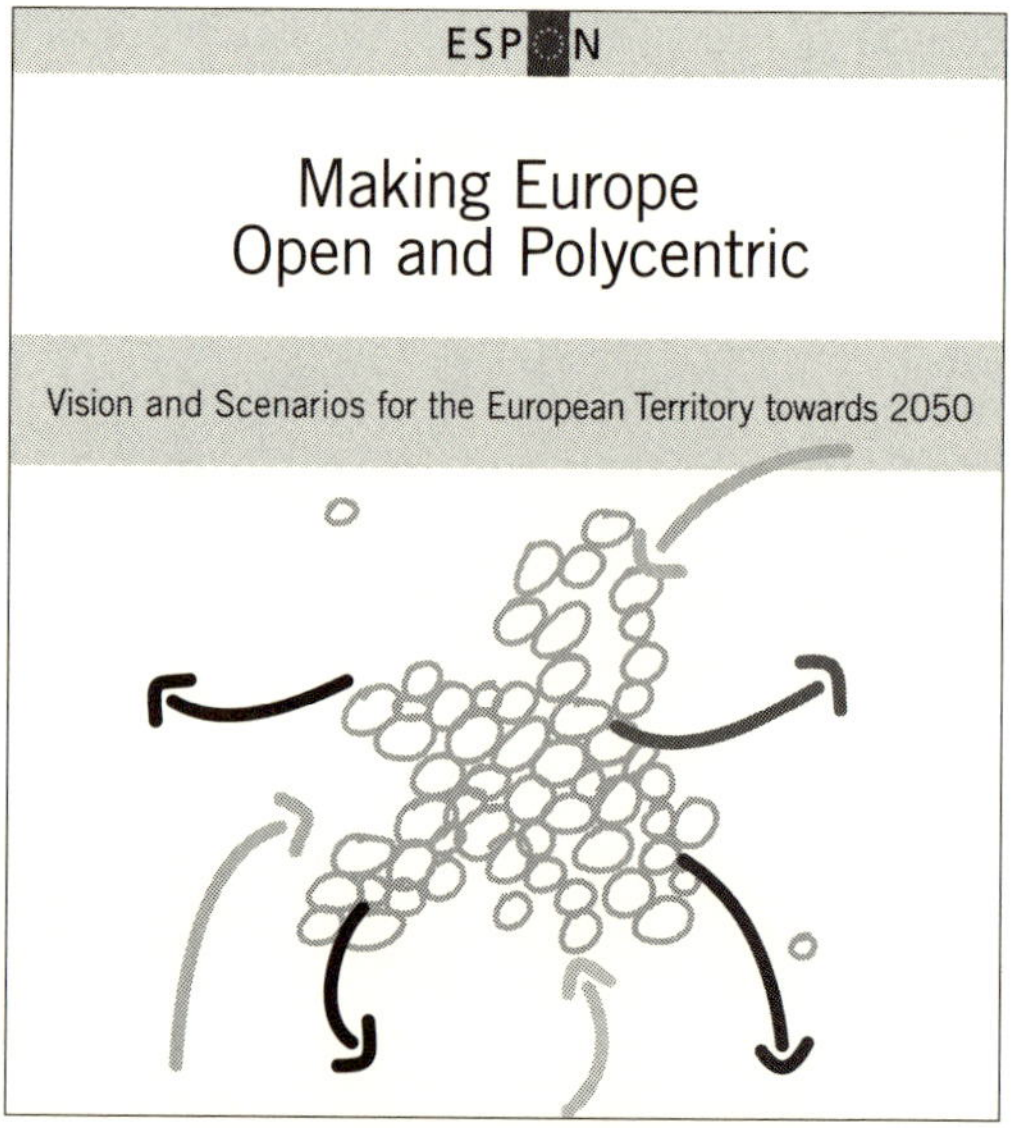

図2–3　欧州レベルの空間戦略

ESPON（2014）, *Making Europe Open and Polycentric* 表紙

ＥＳＰＯＮは、欧州地域・都市システムの科学的分析を精力的に進め、[8] 二〇一四年には「開かれた」と「多心型」をキーワードとした欧州空間の方向性を示している（ESPON 2014）（図2―3）。

多心型の空間展望自体は、複数の主権国家を束ねた欧州レベルでは当然といえるが、中小ネットワークの多様性を強みとする考え方は、脱フォーディズムの空間開発戦略の模索といえる。

欧州では、デンマークやオランダなど国レベルで経済開発を考慮した空間（国土）計画を持っている国と、イタリアのように制度上は存在するが実際はそもそも策定されてこなかった国もある。南欧の国々は、国レベルでは道路整備計画など分野別の計画が一般的である。イタリアなど国土計画を重視してこなかった国は、総じてＥＳＤＰ作成には終始懐疑的だった（Faludi and Waterhout 2002, 岡部 2003）。

2　ポスト近代の国土開発戦略

イタリアでは一九九〇年の新自治法による分権化後、州の権限が大幅に広がり、国土をマネジメントしていくのに国レベルで実効性のある政策が見出せない状況にあった。そこでインフラ省が二〇〇七年に打ち出したのが、「S.I.S.Te.M.A.[9] 複数事業による国土システム統合開発」という先進的なプログラムだった（Ministero delle Infrastrutture 2007）。

国土を面的に広がるテリトリーとする既成概念を脱して、結節点と線からなるシステムとして国土を管理開発していく発想に転じている。本プログラムの構想に関わったフランチェスコ・ジャコボネは、ＥＳＤＰの新発想を国レベルに取り入れたという。[10] まず、欧州空間システム上、イタリア半島を「欧州の桟橋」と位置づけている。そして、イタリアの空間システムを南北二つのシステムに分け、結節点として北部の一一都市、南部の一〇都市を選んでいる（図2―4）。対象都市については開発整備を進めて結節点として強化し、州を越えた都市間システ

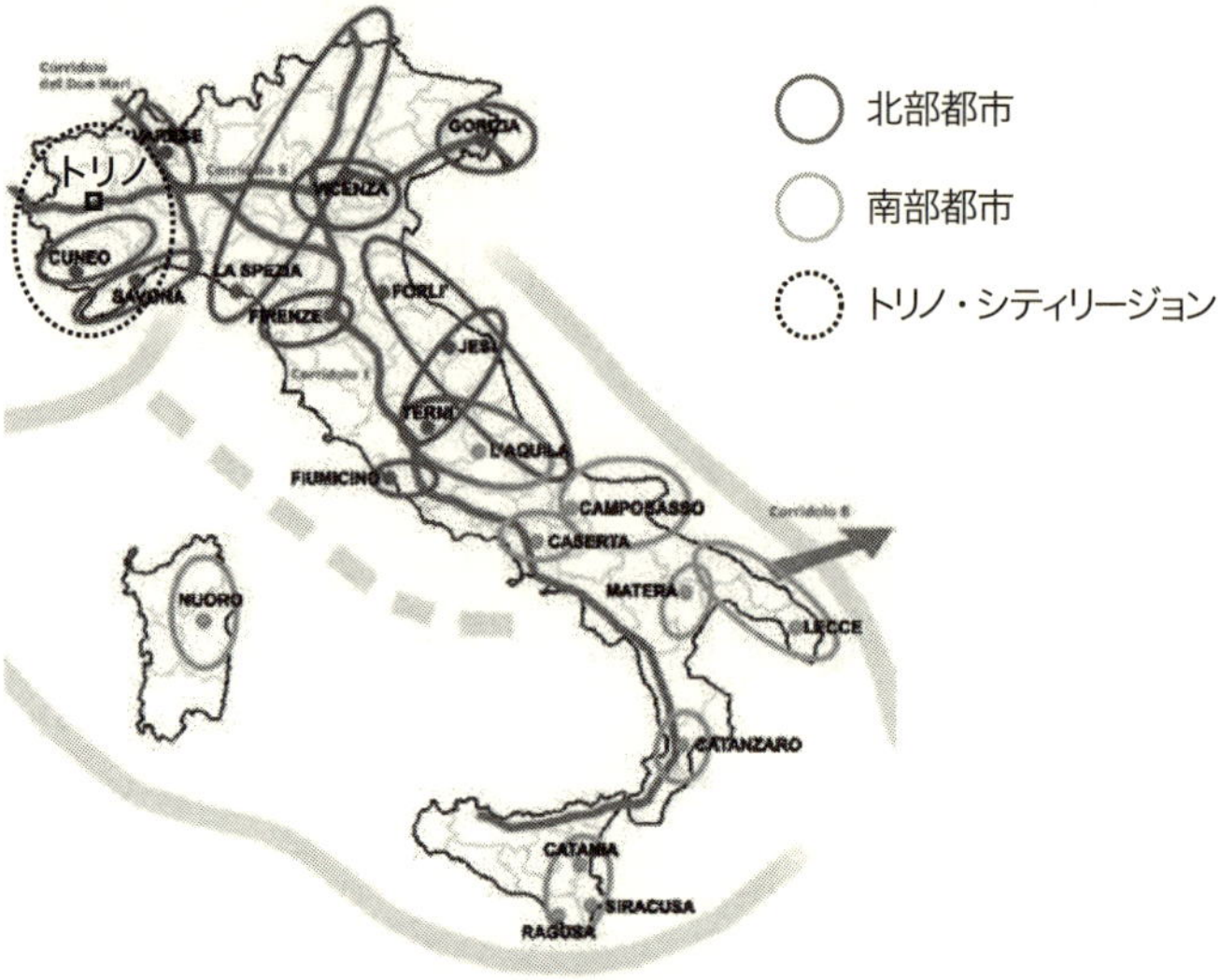

図2–4　イタリア・インフラ省プログラムS.I.S.Te.M.A.の北部11都市、南部10都市

トリノ・シティリージョンのクネオとサヴォナが入っている

出所：Ministero delle Infrastrutture (2007), Azioni Integrate Innovative.

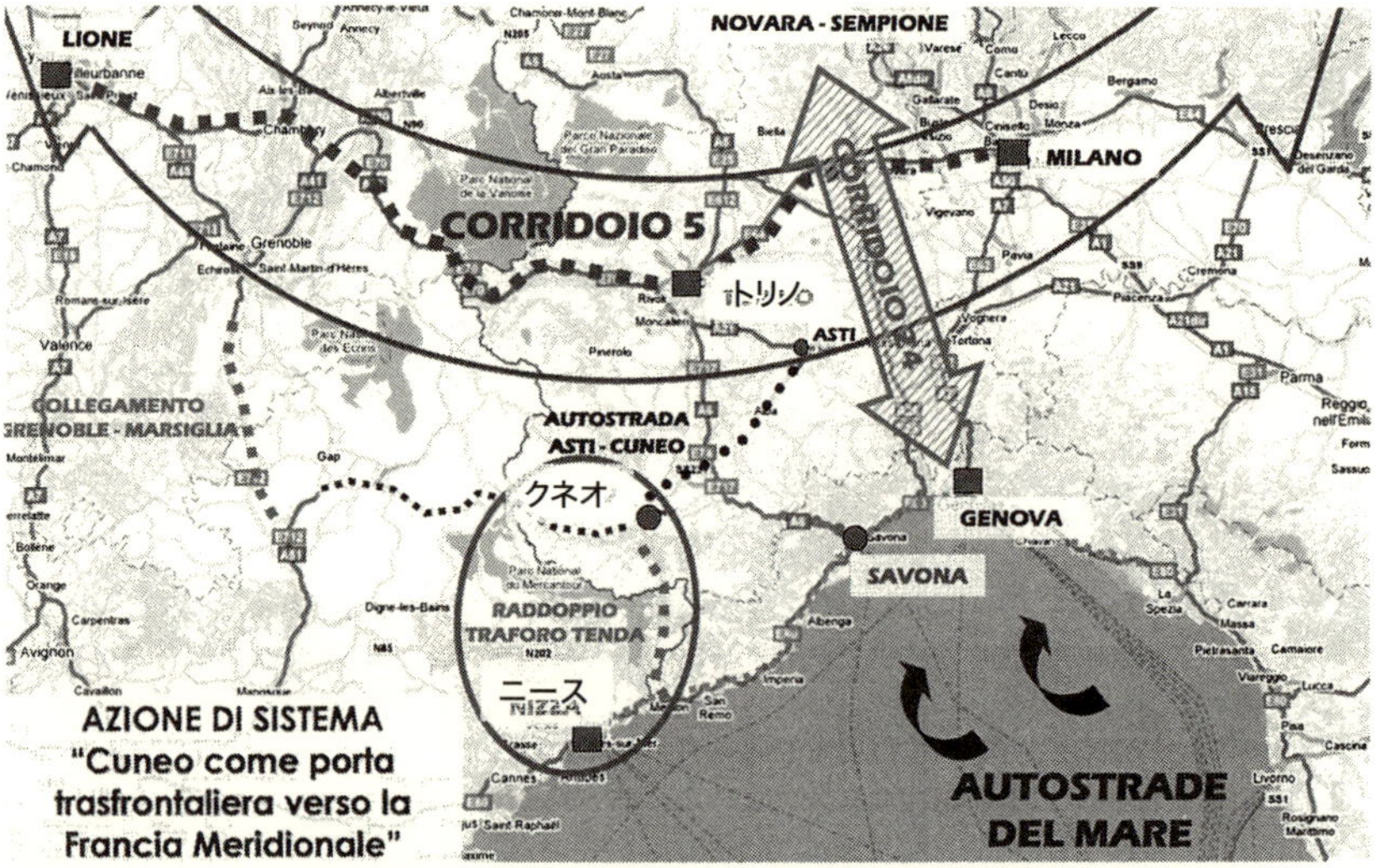

図2–5　S.I.S.Te.M.A.に対応したクネオの開発戦略

クネオは、ニース（フランス）との鉄道強化を最優先課題にしているムの構築を意図した。つまり、国が強い権限を持ってインフラ整備を一元的に行なうことから、都市・地域が自立的にネットワークシステムを形成していくのを国が戦略的にマネジメントするしくみへの移行を意味する。

S.I.S.Te.M.A. 北部一一都市のうち、フィアット＝トリノ影響圏では、クネオとサヴォナが含まれている。トリノとフランスのニースを結ぶルート上の要衝にあり、農産物の集積地であるクネオ市[11]は、二〇二〇年に向けて独自の戦略プランを立て、ニースとの結びつきを強めようとしている（**図2―5**）。民間で経営経験のある若い市長は、ニース、クネオ、トリノを結ぶ鉄道の強化が最優先課題だという。[12]イタリア統一に功績のあったジュゼッペ・ガリバルディはニース出身だったが、イタリアを統一してニースを失った。クネオでは、都市規模に比して大きな市が週二日立つ。国境を越えてフランス人が今でも多く訪れるという。

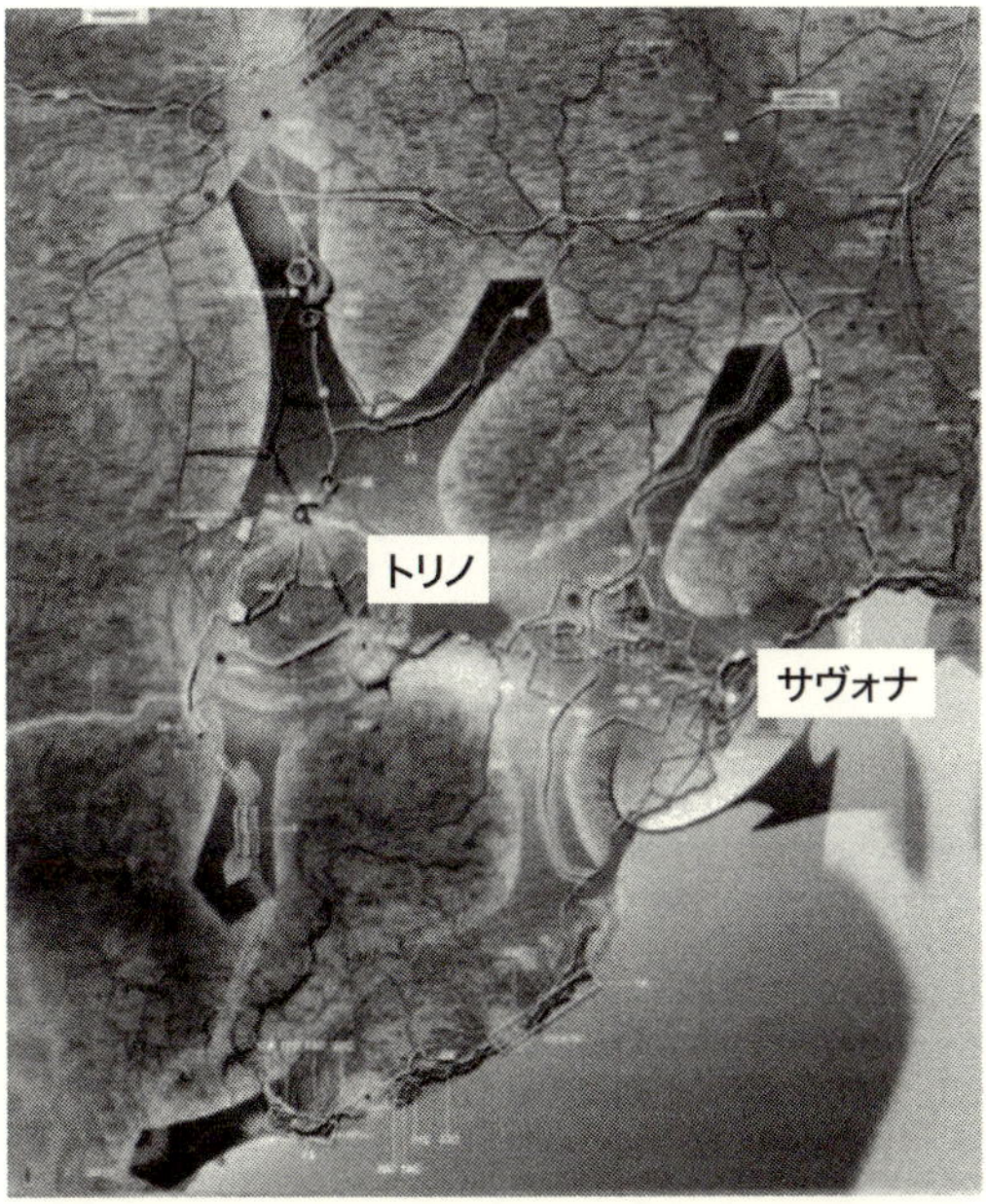

図2–6　S.I.S.Te.M.A.に対応したサヴォナの開発戦略
ピエモンテの農産物を輸出する港としての発展を模索している

港町のサヴォナ市[13]は、そもそも一五二八年に隣のジェノバに破壊されて以来、小さな町に甘んじていたが、フィアットの積出港になって急成長した。フィアットの後ろ盾を失った今、「ジェノバが象ならサヴォナはそれにたかる蚊のようなもの」だという。少量だが高品質の地域の農産物や付加価値の高い加工品の物流に力を入れる方針で、農産物の豊富なピエモンテ州クネオ県との結びつきを強めたい、と考えているようだ[14]（**図2―6**）。しかし、サヴォナの位置

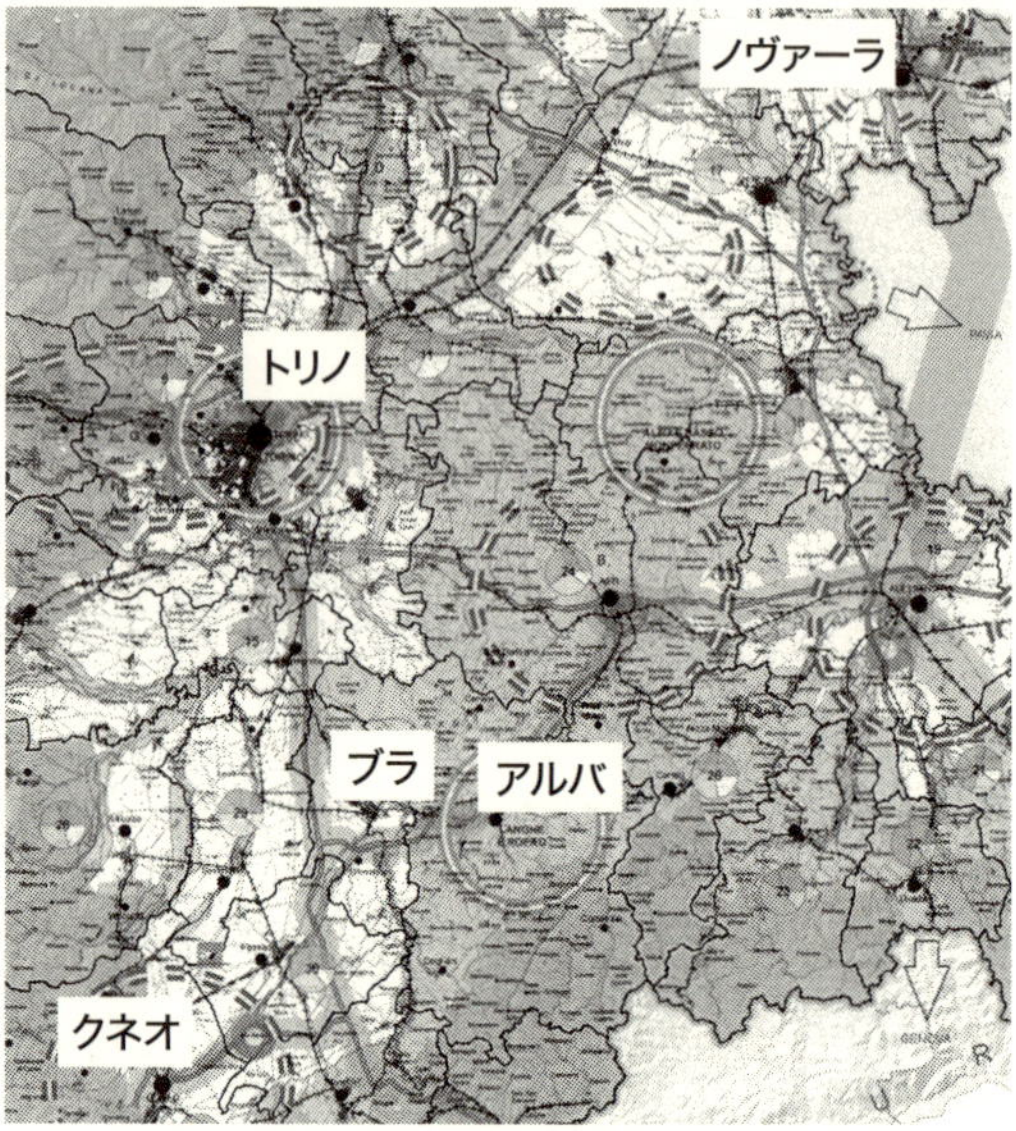

図2–7　ピエモンテ州PTR（2011年）

するリグーリア州の州都はジェノバである。フィアットの影響が弱まり、州の権限が強まった今、州境を越えたクネオよりジェノバとの関係が深まりつつある。

3　ポスト近代の州土計画

EU統合の深化と国内の分権化は、イタリアにおいて、州レベルの空間戦略創出を促した。一九九〇年の分権改革後、イタリア諸州は相次いで州土計画を策定した。ピエモンテ州は、一九九七年に州土計画ＰＴＲ[15]を策定している。同時期に策定に向けて大詰めを迎えていたＥＳＤＰが欧州レベルで多心型ネットワークシステムをベースとしていたものの縮図のように、ピエモンテＰＴＲは、州レベルで多心型を標榜している。中小都市、町、村の特性によって、多様なネットワークが重ね合わされている。その後、二〇〇〇年の欧州ランドスケープ条約[16]を受けて州のランドスケープ（風景）計画との整合性が図られ、二〇一一年に二度目のＰＴＲが策定された（図２―７）。

欧州レベルでは、トリノは、イタリア北西部にあってミラノ、ジェノバとともに三角形を構成する多心型欧州の一角[17]だが、地域レベルでは多心型ピエモンテの最大都市である。欧州では、多心型ネットワークの欧州と多心型ネットワークの地域がそれぞれにイメージされ、国はその間に入って両者を調停するという構図がテリトリーベースの国土計画に代わって、脱フォーディズムの空間計画として具体化してきている[18]（図２―８）。

このように、多心型ネットワークが重層している空間イメージが強まるにつれ、ガバナンスのかたちも変わってきた。イタリアでは、サローネやゴベルナら、先のカマーニの流れを汲む研究者たちは、多様な担い手によるネットワークガバナンス論へと関心を移していった。異なるレベルの自治体政府、市民団体、企業の協働によるネットワーク型のガバナンスのかたちである。グローバル化に呼応した欧州の戦略の観点から、ネットワークガバナンスへの移行は必然といえようが、現実には、それぞれ個性を持った都市、中核都市、上位の州政府、国、EUなど異なるレベルの主体の思惑が絡み、課題は多い[19]。

図2–8　各国の国土ビジョンをコラージュしてできた欧州空間イメージ
出所：ESPON（2014）, *Making Europe Open and Polycentric.*

五　都市システムの空間形態三類型

トリノを拠点とする地理学者のジュゼッペ・デマテイスは、地域を覆う都市間システムの空間形態を三つに類型化している（Dematteis, 1996 2000）。A型は、均衡のとれた階層システムであり、前工業化社会の都市間システムに対応する。B型は、中心偏重の階層システムで、工業化社会に対応する。C型は近年の情報化社会に対応し、離れた都市間の垂直・水平の両結合の相乗効果により特徴づけられる[20]。アレグザンダーのいうツリー構造がB型であり、セミラチス構造がC型にほぼ対応する（アレグザンダー 1965）。

欧州都市システムは、中小都市が互いに近接してネットワークしている。この点が、欧州空間構造の、アメリカと異なる強みとされている。「欧州都市の大半は、一〇—一四世紀の欧州都市化の第一波のときに誕生し、発展した。資本主義第一期の都市の多くが今日まで引き継がれ、欧州都市システムの枠組みとなっている。確かに産業革命により都市化第二波が欧州を覆ったが、その影響はさほどではなかった」(Bagnasco and Le Galès 2000)。すなわち、前工業化時代のA型都市システムが、欧州空間構造の底流をなしているといえる。

なかでもトリノを中核都市とする内陸のピエモンテ州、および隣接する沿岸のリグーリア州は、海あり山ありの変化に富んだ土地で豊かな農地であるため、小都市と町や村が近接していて、充実したA星型がゆるくネットワークする地域都市システムが基盤としてあった。イタリア北部では工業化が進んだために、B樹形型が上に重ねられた。とくにトリノ影響圏では、フィアット時代にトリノを頂点としたB型地域都市システムが強化され、中心と周縁の偏在が顕著になった。これらが結果的に、知識情報化へのシフトに呼応して、イタリア北部でデマテイスの指摘するように、Cネットワーク型地域システムの発展が顕著に見られるといっていい（**図2—9**）。

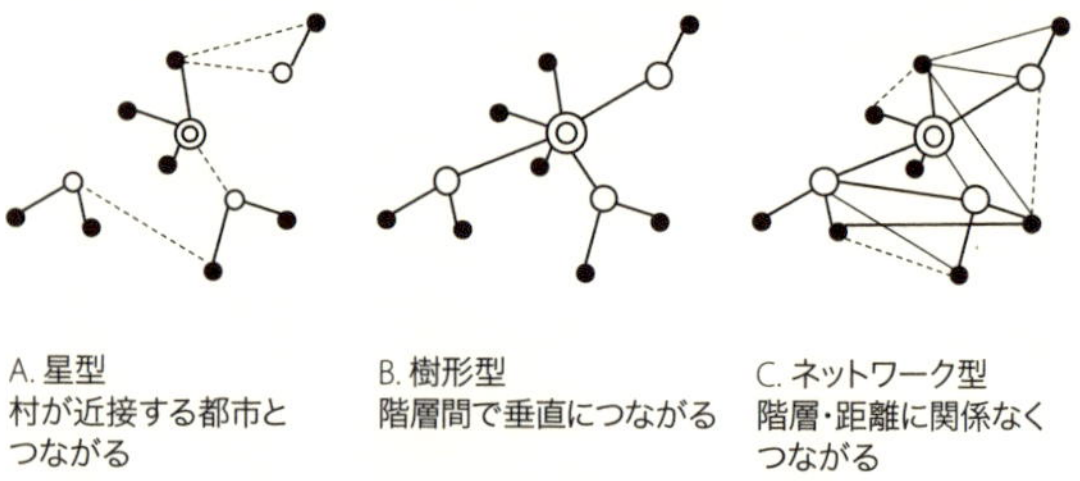

図2–9　都市間システムの3類型

つまり、脱工業化でB樹形型のツリー構造が支配的でなくなるのを機に、途切れることのない底流として存在し続けたA星型が近接していて緩くネットワークしている強みを活かし、C型すなわちセミラチス構造の地域都市システムを戦略的に構築していく考え方である。

六　セミラチス構造の地域社会システムへ

先のベルタ教授はトリノに住み、ミラノに通勤している。トリノとミラノは快適な高速鉄道インフラで結ばれており、ミラノ郊外に住むよりトリノに住むほうを選んだ。ミラノほどせわしなくないし、空間的にゆったりしているからいいという。高度化したC型地域システムの発達により、トリノは、イタリア北部最大の都市ミラノと垂直のみならず水平の結合を持ちつつあるといえる。

神野直彦は、工業社会では生産機能が人を集める磁場だったのに対して、知識社会においては人間として生きる時間と人間として生きる空間を取り戻した場に、知恵のある人が吸い寄せられるという展望を示している（神野 2002）。トリノは都市空間の脱フォーディズムで、生産機能が占めていた一等地を人の暮らす質の高い空間に転換してきた。他方、広域の地域社会システムは、スローフードなど食への関心の高まりを追い風に、フィアットの遺産であるツリー構造（B型）の充実したインフラを活用し、セミラチス構造（C型）へと進化する兆しを見せている。

脱フォーディズムに符合して、トリノ・シティリージョンでは、地域都市システムの物的な「かたち」も、地域ガバナンスの「かたち」も、多心型ネットワーク化、すなわち、セミラチス構造化を明らかに指向している。矢作が、トリノという都市について指摘した「垂直統治型から水平共治（ガバナンス）型へ」の移行と相似形の、地域レベルでの動きである。

そして、都市においても地域においても、新たな「かたち」の模索の原点は、近代フォーディズムの大きなうねりをくぐり抜けて生き延び、普遍的に存在し続けた「かたち」の価値を再認識するところにあった点を見逃してはならない。

注

(1) Comune Torino, Provincia Torino, Regione Piemonte. 人口約八九万人。

(2) Valentino Castellani は、二〇〇一年までトリノ市長を務めた。

(3) Piano Regolatore Generale.

(4) Moraglio, M. (2007) Between Industry and Tourism: The Turin-Savona Motorway, 1956-2001, *Journal of Transport History*, 28 (1), pp 93-110.

(5) Comune Bra, Provincia Cuneo, Regione Piemonte. 人口約三万人。

(6) 「第三のイタリア」は、サステイナブルなモデルとして注目されてきたが、二〇〇〇年ごろから製造業の空洞化や移民労働の導入、環境汚染などの観点から批判されるようになった(Rullani, 2000 ほか)。

(7) Brunet, R. (1989) *Les Villes Européennes, Rapport pour la DATAR*, Reclus, Paris: Documentation Française.

(8) ESPONによる主要な調査分析のひとつに、都市を類型化するものがある。これによると、グローバルレベルの二都市(パリ、ロンドン)に次ぐものとして、欧州レベルの全五七都市を特定し、それを四段階に類型化している。本稿で主に扱っている北西イタリアでは、ミラノ、トリノ、ジェノバの三都市が欧州レベル都市に位置づけられている。それぞれ、ミラノが最上位、トリノが次の段階、ジェノバが四番目に分類されている。

(9) Sviluppo Integrato Sistemi Territoriali Multi-Azione.

(10) Francesco Giacobone. 二〇〇八年、諸外国の国土政策調査実施の際にヒアリングした。

(11) Comune Cuneo, Provincia Cuneo, Regione Piemonte. 人口約五・六万人。

(12) 二〇一三年九月五日クネオ市庁舎において、F・ボルニャ市長、L・セラーレ副市長(計画担当議員)、E・ロヴェーラ(インフラ省事業・戦略計画担当)に話を聞いた。

(13) Comune Savona, Provincia Saovna, Regione Ligure. 人口約六万人。

(14) 二〇一三年九月四日サヴォナ市庁舎において、L・ディ・トゥーリオ副市長(計画担当議員)、E・ロッシ(計画担当)に話を聞いた。

(15) Piano Territoriale Regionale.

（16）European Landscape Convention.

（17）ミラノ、トリノ、ジェノバの三都市はブルーバナナにも含まれる。

（18）国より上位の欧州レベルで空間政策が創出され空間計画に新たなダイナミズムが生じたことに対応して、イタリア北部では空間計画をめぐる研究が行なわれている（Janin Rivolin, 2010; Cotella and Janin Rivolin, 2011）。

（19）異なる政府間のネットワークガバナンスについては、EU統合の深化にともなって、政治・行政単位としての地域の行方をめぐり熱い論争が展開されてきた（岡部 2007）。ホーフに代表される地域主義派は、地域が国民国家の相対化を一層進め「地域からなる欧州」を展望している（Hooghe 1996 ほか）。他方、M・ポラックに代表される地域主義懐疑派は、現在のEU統合の方向は依然として国民国家の役割を大きく変えるものではなく、国民国家が相変わらずゲートキーパーとしての要の役割を担い続けるという立場である。

（20）デマテイスは、都市システムの空間形態の違いに着目して、知識社会において中心‐周縁の分極化がかえって加速するメカニズムを明らかにしようとした。そもそも経済的に潤っていて都市が密に分布している地域ではC型の形成が見られ、都市が疎らにしか分布していない地域ではC型の形成が観察されない。したがって、ネットワークが力を発揮する知識社会にあってはネットワークの相乗効果により、格差拡大に拍車がかかると結論付けている（Dematteis 1996）。

参考文献

岡部明子（2003）『サステイナブルシティ――EUの地域・環境戦略』学芸出版社
岡部明子（2005）「都市を生かし続ける力」間宮陽介・植田和弘・神野直彦・西村幸夫編（2005）『都市の再生を考える1――都市とは何か』岩波書店、一五五―一八五頁
岡部明子（2005）「EUのシティ・リージョン戦略――サステイナブルな発展に呼応して」日本建築学会地球環境委員会編『二〇〇五年度大会パネルディスカッション資料――サステイナブルシティ・リージョンの提言に向けて』三八―四五頁
岡部明子（2007）「EU・国・地域の三角形による欧州ガバナンス――多元的に〈補完性の原理〉を適用することのダイナミズム」『公共研究』4（1）、一一〇―一三四頁
神野直彦（2002）『人間回復の経済学』岩波新書

矢作弘（2014）『縮小都市の挑戦』岩波新書

矢作弘・阿部大輔編（2014）『持続可能な都市再生のかたち——トリノ、バルセロナの事例から』（ＬＯＲＣ地域公共人材叢書　第三期　第二巻）日本評論社

アレグザンダー、Ｃ（原著 1965）『形の合成に関するノート／都市はツリーではない』ＳＤ選書、鹿島出版会

ボッコ、Ａ、カヴァリア、Ｇ（2008）多木陽介訳（2015）『石造りのように柔軟な——北イタリア山村地帯の建築技術と生活の戦略』鹿島出版会

Camagni, R. and Salone, C.（1993）Network urban structures in northern Italy: elements for a theoretical framework, *Urban Studies*, 30（6）, 1053-1064.

Cotella, G. and Janin Rivolin, U.（2011）Europeanisation of spatial planning through discourse and practice in Italy, *DisP-The Planning Review*, 186（3）, 42-53.

CSD/ Committee on Spatial Development（1999）*ESDP: European Spatial Development Perspective -Towards Balanced and Sustainable Development of the Territory of the EU*, Potsdam.

Dematteis, G.（1996）Towards a Unified Metropolitan Urban System in Europe: Core Centrality Versus Network Distributed Centrality. In Pumain, D. and Saint-Julien, T. eds, *Urban Networks in Europe, Rèseaux urbains en Europe*, Montrouge: John Libbey Eurotext, 19-28.

Dematteis, G.（2000）Spatial Images of European Urbanisation. In Bagnasco, A. and Le Galès, P. eds（2000）*Cities in Contemporary Europe*, Cambridge: Cambridge University Press, 48-73.

ESPON/ European Spatial Planning Observation Network（2014）*Making Europe Open and Polycentric.*

ESPON & University of Leuven（2013）*Small and medium sized towns in their functional territorial context: Case Study Report Italy.*

Faludi, A. and Waterhout B.（2002）*The making of the European Spatial Development Perspective, No masterplan*, London: Routledge.

Hooghe, L. ed.（1996）*Cohesion Policy and European Integration, Building Multi-Level Governnace*, Oxford: Oxford University Press.

Janin Rivolin, U.（2010）Spatial Units for EU Territorial Governance: Findings from a Study on North-Western Italy, *European Planning Studies*, 18, 299-316.

Ministero delle Infrastrutture（2007）*Azioni Integrate Innovative*, Roma.

Rullani, E.（2000）*Dopo la Grande Crecita*, Padova: CEDAM.

第3章　トリノの都市計画と水と緑の再生計画の展開

清水裕之

はじめに――なぜトリノに注目するのか

トリノ市は、フィアット崩壊後、一九九三年から初代公選市長カステラーニの指導の下に、都市戦略プラン（Strategic Plan）によって、再生を図ってきた。都市戦略プランとは、法定都市計画とは異なり、官民パートナーシップに基づく非法定計画であり、計画策定は行政、民間の重要なパートナーなどの参加型プロセスによって行われ、そこに参加した官民の各種組織が、自らその計画の一部を担うように促すものである。都市戦略プランによって、トリノ市は大きく変貌を遂げてゆくが、その詳細は他章の考察にゆだねる。ここでは、同様の戦略的計画手法としてのコロナ・ヴェルデ計画（Corona Verde）が、地域のいろいろな計画と呼応しあい、産業都市時代に劣化した緑地の再生に大きな功績を残していることを紹介して、その具体的なプロセスと成果を論じたい。

ここで述べようとする「緑の王冠プロジェクト（コロナ・ヴェルデ計画）」は、官民のパートナーシップに基づいて作られた一種の戦略的非法定計画として位置付けられている。これは一九九四年にトリノ市によって策定され、一九九五年にトリノ都市計画法によって認められ、一九九九年に事業が開始された「トリノ水都計画（トリノ・チッタ・ド・アクア）」等と連動して、トリノの緑の再生に大きな影響を与えた。ここでは、これらのプロジェクトを通して、トリノとその周辺の緑地環境がどのように変わったのか、具体的な事例を踏まえて述べる。

一　トリノの歴史と再生計画

バロック都市、産業都市そして景観・観光都市へ

トリノの歴史はローマ時代までさかのぼる。紀元前一世紀にはローマ軍の基地がおかれ、現在でも都市の中心部にローマの遺跡が保全されている。しかし、トリノが大きな発展を遂げるのは、サヴォイア家が登場してからである。一四一六年にトリノはサヴォイア家により公国として誕生する。一八六一年、サルデーニャを併合することで王国の資格を有することとなり、さらに発展を遂げる。その当時のトリノは城郭を張り巡らせたバロック都市の基本構造を持っていた。多くのイタリア都市とは異なり、バロック都市の中心部は、格子状の都市計画がなされ、それは現在でも大きな都市構造として引きつがれている。バロック時代には、市域はすべて城壁に守られていたが、特に南西部には、五角形の城塞がおかれていた。**図3―1**にトリノ及びその周辺の都市域、河川、サヴォイア家の宮殿群、公園と軸線を示す。図の真ん中の囲まれたエリアが現在都市計画上で規定されている歴史地区であり、それは一八一四年に終わったナポレオン支配下の都市エリアとして定義されている。

コロナ・ヴェルデに関連して、ここでは、サヴォイア家によって構築された宮廷群について触れておく必要がある。主なものは、一九九七年にユネスコから世界遺産に登録されている。まず、トリノの中心部にあるのが、

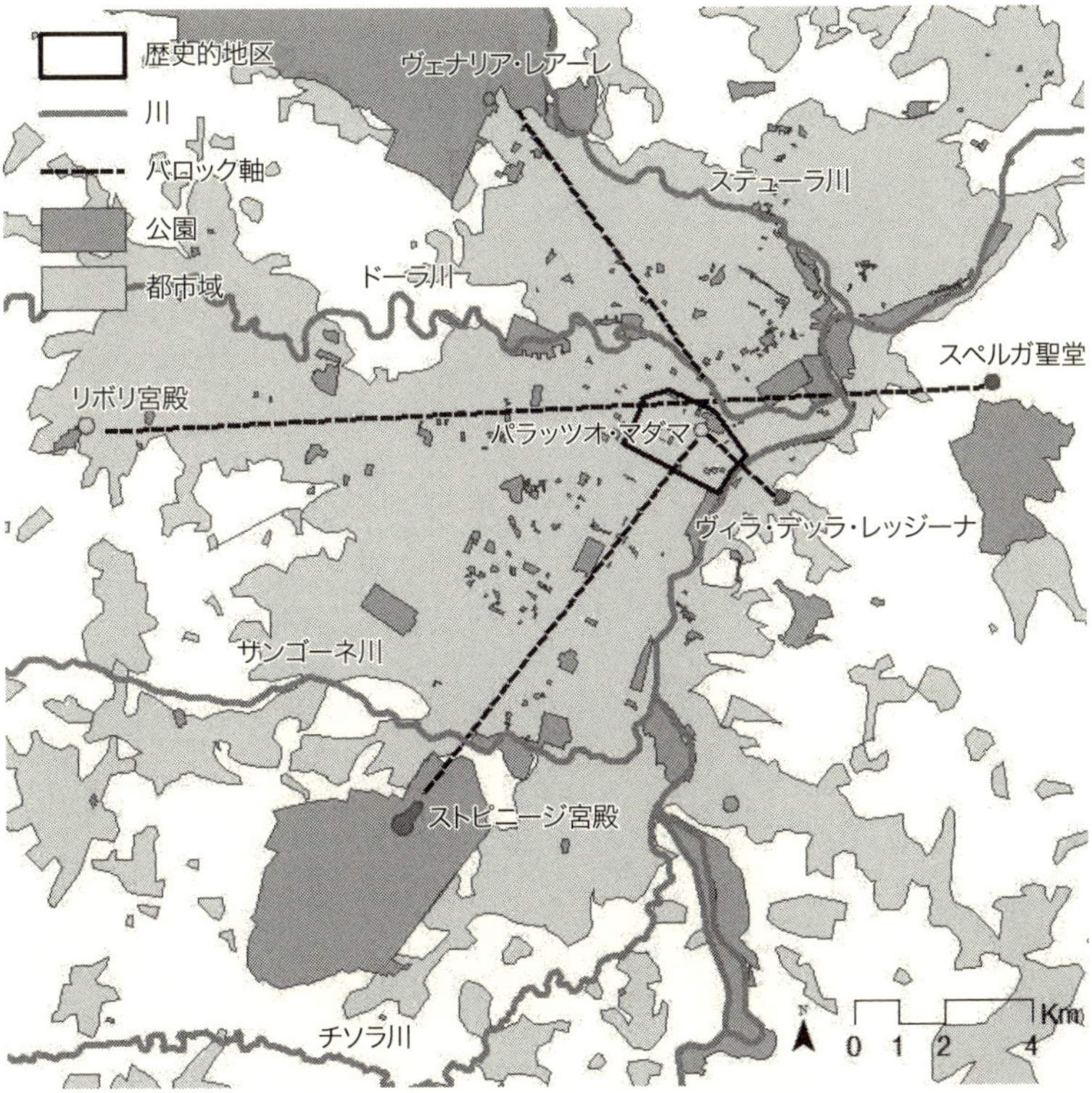

図3–1　トリノ及びその周辺の都市域、河川、サヴォイア家の宮殿群、公園と軸線

王宮（パラッツォ・レアーレ）である。この王宮には隣接した大きなバロック庭園があり憩いの場となっている。前面には大きな広場があり、その中にパラッツォ・マダマがそびえている。パラッツォ・マダマは、古いローマ時代の建物の前面に加えるようにして作られたバロック時代の建物である。一六三七年にカルロ・エマヌエーレ二世の摂政となったマリーア・クリスティーナがその居城とし、さらにその後エマヌエーレの妻マリー・ジャンヌが同様にその息子の摂政役に就任したため、この館は夫人の館と呼ばれるようになった。パラッツォ・マダマが都市計画上重要なのは、あとで述べるように大きな都市の軸線の中心に位置するからである。

世界遺産には、このほかに、ヴェナリア・レアーレ宮殿と庭園、カリニャーノ宮殿、ヴィラ・デッラ・レッジーナ、ヴァレンティーノ城、リボリ城、モンカリエーリ城、カッチャ宮殿、ストピニージ宮殿などが登録されている。また、そのほかに東の山の山頂にあるスペルガ聖堂もトリノのランドマークであると同時に、都市の軸線の重要な起点になっている。現在でも、ヴィラ・デッラ・レッジーナやストピニージ宮殿からパラッツォ・マダマに伸びる軸線は、トリノの都市の骨格を形成している。また、スペルガ聖堂からリボリ宮殿へ伸びる大きな軸線もパラッツォ・マダマをかすめるように通っており、パラッツォ・マダマがいかに重要なランドマークであるかがわかる。ヴェナリア・レアーレから歴史的地区の北部に向けても大きな軸線が通っている。

次に、トリノの地形を簡単に説明する。トリノは西と北をアルプス山脈に囲まれている。市街の東側には、南から北にポー川が流れ、その東は小高い丘になっている。南に向かって開かれた土地が広がっている。ポー川には、西からステューラ川、ドーラ川、サンゴーネ川、チソラ川が流れ込んでいる。特にドーラ川は、バロック時代の旧市街地の直北を西から東に向かって流れ、重要なエッジとして機能している。これらの川は二〇世紀初頭からの産業都市時代には、廃棄物などで汚れ、また排水河川化されて大変汚れていたが、トリノ水都計画（トリノ・チッタ・ド・アクア）などによる緑化再生により、現在では大きく変貌して市民の憩いの場となっている。

一八一四年にナポレオンによる占領が終わると、イタリアはイタリア王国の設立に向けて動き出す。そして、トリノは、一八六一年にイタリア王国の最初の首都がおかれることになった。その後、首都はフィレンツェ、そしてローマに移動するが、トリノは、イタリアとフランスを結ぶ結節点として重要な役割を果たし続けた。一九世紀後半の産業革命によって、トリノは産業都市として発展を始める。特に、一八九九年にはフィアット、一九〇六年にはランチアが生産を始めると急激に成長を遂げ、人口は四〇万人を超えるまでに至る。第一次大戦後には労働争議の場所となったりしながらも産業都市としての成長を続け、リンゴットに当時としては先端的なフォーディズムの自動車工場が建設される。ちなみに、この工場は久しく閉鎖されていたが、現在は、レンゾ・ピアノにより、大きなショッピングセンター、ホテルなどの複合体として再生を遂げている。トリノは第二次世界大戦で大きな爆撃を受けたが立ち直り、一九五〇〜六〇年代には産業都市としての最盛期を迎えた。人口も六〇年代には百万人を超えている。しかし、この景気も長くは続かず、自動車産業が斜陽となると、特に一九七三年のオイルショック以後、トリノは深刻な経済危機に陥る。産業都市として発展していた間、トリノは歴史的、あるいは自然的な景観を顧みることなく、街の広場は自動車に占領され、河川、特にドーラ川は産業廃棄物によって汚れたり、あるいは暗渠にされたりして放置されるような状況になっていた。自動車産業が衰退したのち、トリノは経済の崩壊と著しい人口減少を経験する。その間に町の環境はさらに厳しいものになった。

都市戦略プランによるトリノの再生

先に述べたように一九九三年に、初代公選市長ヴァレンティーノ・カステラーニが無所属の市長として選ばれた。かれは、トリノ工科大学の教授であり、それまでの保守政治とは隔絶した新しい政策を次々と打ち出した。特に、重要なキイワードが都市戦略プランである。都市戦略プランとは、都市計画法などの法律にもとづいた法定計画ではなく、様々なステークホルダーを巻き込んで、オープンな議論の中から生み出された、柔らかいが、大きな将来ビジョンをもつ包括的な計画である。縦割りで分断された行政計画にはない、自由で大きな目標が参加のプロセスを経て生み出されたのである。特に、トリノにおいては、地方銀行が地域経済に大きな影響力を持っているが、それらが設立した財団や、知の中核である大学などが、都市戦略プランを後押ししたこともあり、現場での実効性の高い計画として、様々なプロジェクトが官民協働で展開されていった。

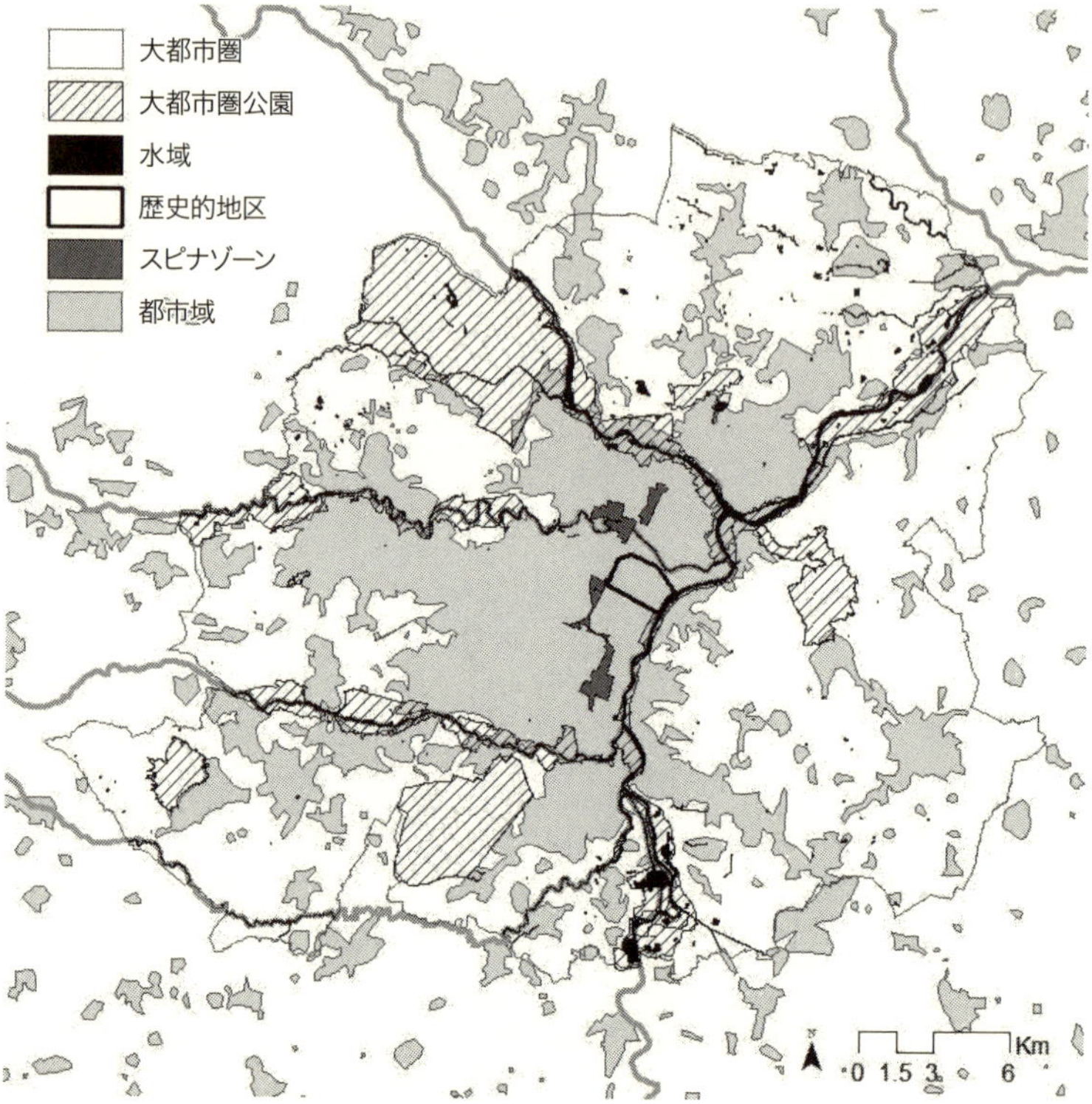

図3–2　チッタ・ド・アクアに関する公園、水面とスピナ・セントラル・ゾーン（Claudia Cassatella氏提供資料を加工）

都市戦略プランⅠは二〇〇〇年に策定されたが、参加型の方法を採用し、ワークショップには財界人、大学関係者などをはじめとして一千人以上の関係者が参画した。この計画には、新しい都市のアイデンティティに基づいた社会・経済的な将来ビジョンが六つの戦略軸、二〇の目標、および、八四の行動計画に統合的な形でまとめられ、計画に参画した様々なステークホルダーがそれぞれの立場からビジョンの実現に努力を行い、行政は経済・社会・文化エリートによる開発フォーラム、知識人による科学委員会、および、各社会活動団体の協議委員会などを組織して支援した。また、経済界は銀行系財団を中心に研究活動を支援した。六つの戦略軸は、トリノを中心とするメトロポリタンエリアを国際的なシステムで統合すること、メトロポリタン政府を構築すること、養成と教育を展開すること、産業の成長と雇用の促進、文化、観光、商業とスポーツの促進、都市の質を改善することであった。特に、本論に関係が深いのは都市の質の改善である。都市戦略プランではないが、トリノ市を大きく変貌させる計画として、二〇〇五年にトリノ都市計画法にトリノの中心にある鉄道軸上の四つのブラウンフィールドをつなぐスピナ・セントラル・プロジェクトが盛り込まれた。これにより、鉄道を地下化するプロジェクトが推進されることになる。特に、この中で、スピナ3はトリノの緑地ネットワークの構築に大きく寄与するプロジェクトとなる。

都市戦略プランⅡは二〇〇五年に策定された。その基本的なミッションは、トリノを、知を中核とする都市へ構造改革することとされた。そして、本論に関係が深い項目として、都市及び周辺の再構築が盛り込まれ、緑の景観と環境のシステムの強化が目指されている。特に、ポー川やサンゴーネ川などの河川とその周辺の緑のネットワークと歴史的建造物による「歓喜の王冠」（後述）が環境資源として引用され、それらによってトリノを中心とする広域のエリアにおける、都市と農地と自然の一体的な景観の改善が目標として設定された。特に、ピエモンテ州との連携により、トリノ市のみならず、周辺の小自治体を含む地域全体の包括的な緑のネットワーク計画が目指されていることに注目しなければならない。

トリノにおいては、二〇〇六年の冬季オリンピックの開催も重要な都市計画上の契機となった。産業都市から文化、観光、環境などを重視する都市へと変貌させるための、例えば、広場からの車の締め出しなどの様々なプロジェクトがオリンピックゲームの開催によって大きく推進された。そして、その結果、都市の変貌を目の当たりにした市民の意識の感性も次第に変わることになった。

二〇一四年には、都市問題やエネルギー問題などにも言及する「トリノ・スマートシティ」が同じような戦略的計画として立ち上がっている。これは、直接緑地環境に関わるものではないが、トリノの都市を変貌させるプロジェクトの一つと理解することができる。

トリノの経済復興は、これらの戦略的計画に負うところが大きいが、上記に示したように、都市の緑の再生も、都市戦略プランの手法に大きく依拠している。そこで、次に、個別の緑に関する計画群を眺めてみたい。

二　緑に関する計画群

イタリアの景域（景観）計画

まず、景域（景観）計画の歴史的展開をまとめておきたい。イタリアの景域計画は一九三七年の一四九七法に端を発する。これは、ある優れた景域を景域遺産としてイタリア政府が認定するものである。次に一九八五年にガラッソ法が成立する。これは、沿岸域、山脈など特定の景域類型に対して保全を図るためのエリア指定をするものである。イタリアの重要な景観は、この法律の成立によって保全が図られてきた。そして、ＥＬＣ―２０００、二〇〇四年のＣＯＤＥによってリージョナルプランとしての地域景域計画が規定されることになる。しかし、地域景域計画は景域のマネジメントには大きすぎるためにローカルプランに戻すことが必要であるが、その仕組みはまだ過渡期にあり、本論で述べるコロナ・ヴェルデ計画は、その先取りをする興味深い事例である。

トリノ・チッタ・ド・アクア（トリノ水都計画）

都市戦略プランに先立ってトリノ市によって一九九四年に策定されたトリノの水辺を改善する計画である。トリノには南から北にポー川が流れ、それに対して、西から東に向けてドーラ（リパリア）川、ステューラ川、サンゴーネ川が合流している。トリノ水都計画は、これらの河川沿いの延長七〇km、面積一七km²におよぶ緑地を保全し、遊歩道、自転車道路、自然のネットワークを構築しようという壮大なプロジェクトである。[1]これは一九九九年に都市計画として認定され、実行に移されている。

ポー川沿いは、東側に広がる緑豊かな丘陵地を背景に、現在トリノ工科大学の建築・都市系の学科が入っているヴァレンティーノ城などの歴史遺産が点在し、豊かな公園緑地が残されていた。この資産を生かして、さらに遊歩道や自転車道路の整備などによって、緑地の保全とネットワーク化が図られた。トリノの歴史地区の北縁に沿って流れるドーラ川沿いは自動車産業に関連する大規模な工場が立地し、それらは自動車産業の衰退に伴い廃墟となっていた。また、産業都市時代にその一部は暗渠となり、自然のネットワークは分断されていた。これらはスピナ3の対象地としても指定され、また、トリノ水都計画とも関連付けて産業遺産をモニュメントとして残しながら、個性的な公園化が図られた。トリノ市の南を流れるサンゴーネ川沿いも荒廃していたが、緑のネットワークの再構築が進行している。

この水都計画は、二〇一四年に作成されたスマートシティ計画にもプロジェクトの一つとして採用されるなど、現在でも様々な計画上で進行中であり、長い時間をかけ、大きな構想に基づいた河川沿いの緑地のネットワーク化が着実に成果を上げつつある。

コロナ・ヴェルデ（緑の王冠）

ここで述べようとする「緑の王冠プロジェクト（コロナ・ヴェルデ計画）」は、官民のパートナーシップに基づいて作られた戦略的非法定計画であり、現在、計画期間は終了したが、ピエモンテ州のマスタープランに反映され、その一環のプロジェクトとして現在も継続されている。[2]

トリノは、イタリア統合にあたり最初の首都になった都市であり、一二に及ぶサヴォイア家のバロック宮殿群

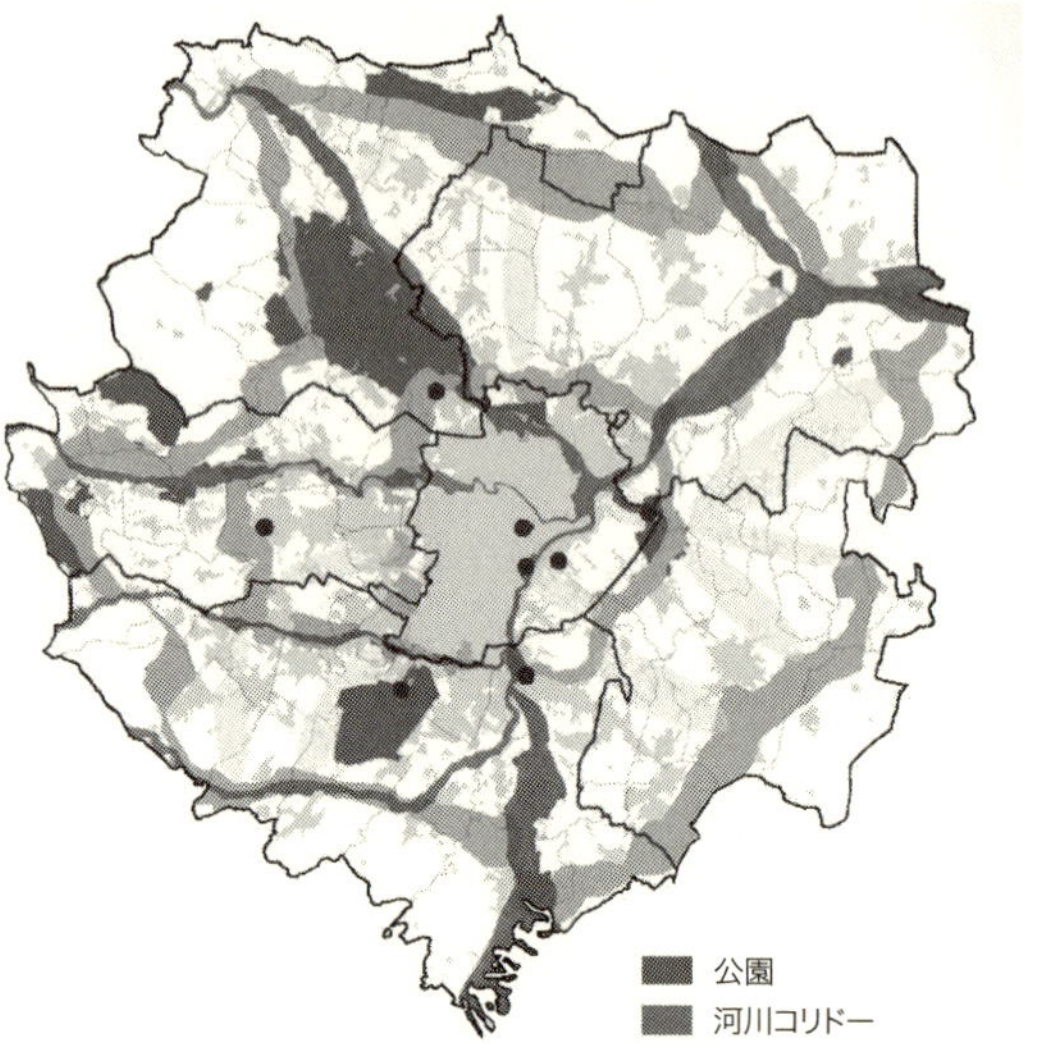

図3–3　コロナ・ヴェルデの概念図（Regione Piemonte）

が残されており、それらはＵＮＥＳＣＯの文化遺産のリストに掲載されている。これらは、図３—１、図３—３に示すように、市中心部にある王宮を中心として、市を囲む山麓と河川（ポー川とその五つの支流）による円環状のエリアに配置されている。これらは、バロック時代の重要な建築遺産であると同時に、その庭園は景観や生態学的にも貴重な環境を提供している。それらを「歓喜の王冠」および、自然的な環境保全と一体的な計画を作るというのが、コロナ・ヴェルデの当初からの目的であった。すなわち文化遺産と自然的環境のネットワーク形成の統合的な計画が意図されているのだ。

次に重要なのは、この計画は、単にトリノ市の計画ではなく、トリノ・メトロポリタン（トリノ都市圏）の広域計画であるという点である。当初は、「リージョナルパーク・プランニング・サービス」という組織によって推進されたが、最新の情報ではトリノ市を含む九三の自治体が計画に参加し、三〇万haの地域をカバーしている。すなわち、単独の自治体を超えた緑のネットワークの統合が意図されている。コロナ・ヴェルデはトリノ都市圏の広域の計画であり、非法定的な戦略的計画の性格を持つことによって、複数の自治体やステークホルダー機関の連携がなされ、それぞれの自治体は、自らの地域計画に、コロナ・ヴェルデの反映を図るという関連付けがなされているのが、最大の特徴となっていると理解することができる。

コロナ・ヴェルデ計画がEUの資金を受けている、つまり、EUの計画概念の介入を受けているという点も重要である。それは何を意味するのか。EUは、景域計画に限らず、各種空間計画やプロジェクトに対して、関連諸国に広範な支援をしてきた。その際に、各種自治体の連携やステークホルダーの協働など、様々な条件付けを要請した。イタリアにおいても、この要請にもとづいて、いろいろな参加型プロジェクトが展開されているが、そこには、これまで経験のない、自治体連携や協働のプロセスの導入が行われ、コロナ・ヴェルデもその流れの中で整備された。多くの自治体や関連組織の連携は、その枠組みの中ではぐくまれたと理解していいと考える。

図3―3にピエモンテ州が作成し、コロナ・ヴェルデのパンフレットに描かれた空間計画を示す[3]。そこでは、トリノ市を大きく囲む緑地帯とトリノ都市圏を大きく囲む緑地帯が二重の円環（コレマ：田園ネットワーク）を作りつつ、大きな骨格をなし、トリノ市の東を通り、北東に向かって流れるポー川と、それに注ぎ込む五つの支流から構成される河川コリドーと、点在する自然公園、および、サヴォイア家のバロック建築・庭園遺産群が一体となって生態系ネットワークを形成している。自治体の枠を超えたこのようなネットワークの広がりを持つ計画であることが特徴的である。

最初の計画は二〇〇〇年から二〇〇六年にかけてERDF（欧州地域開発基金）の支援を受け、約二三〇〇万ユーロが地域自治体と公園管理機構に対して提供され、王宮周りの環境整備、自転車道建設、レクリエーション施設、河岸の生態学的再生、グリーンインフラストラクチャーに投資されている。

EUはEuropean Landscape Convention（欧州ランドスケープ条約）[4]により、加盟国に景域計画の推進を求めているが、そのコンセプトは、単に一つ一つの重要な保護地区の保全ではなく、それらを一体的な生態系ネットワークにまとめることを強く要請している。コロナ・ヴェルデ計画もその精神を受け、ネットワークの構築に強い意識が置

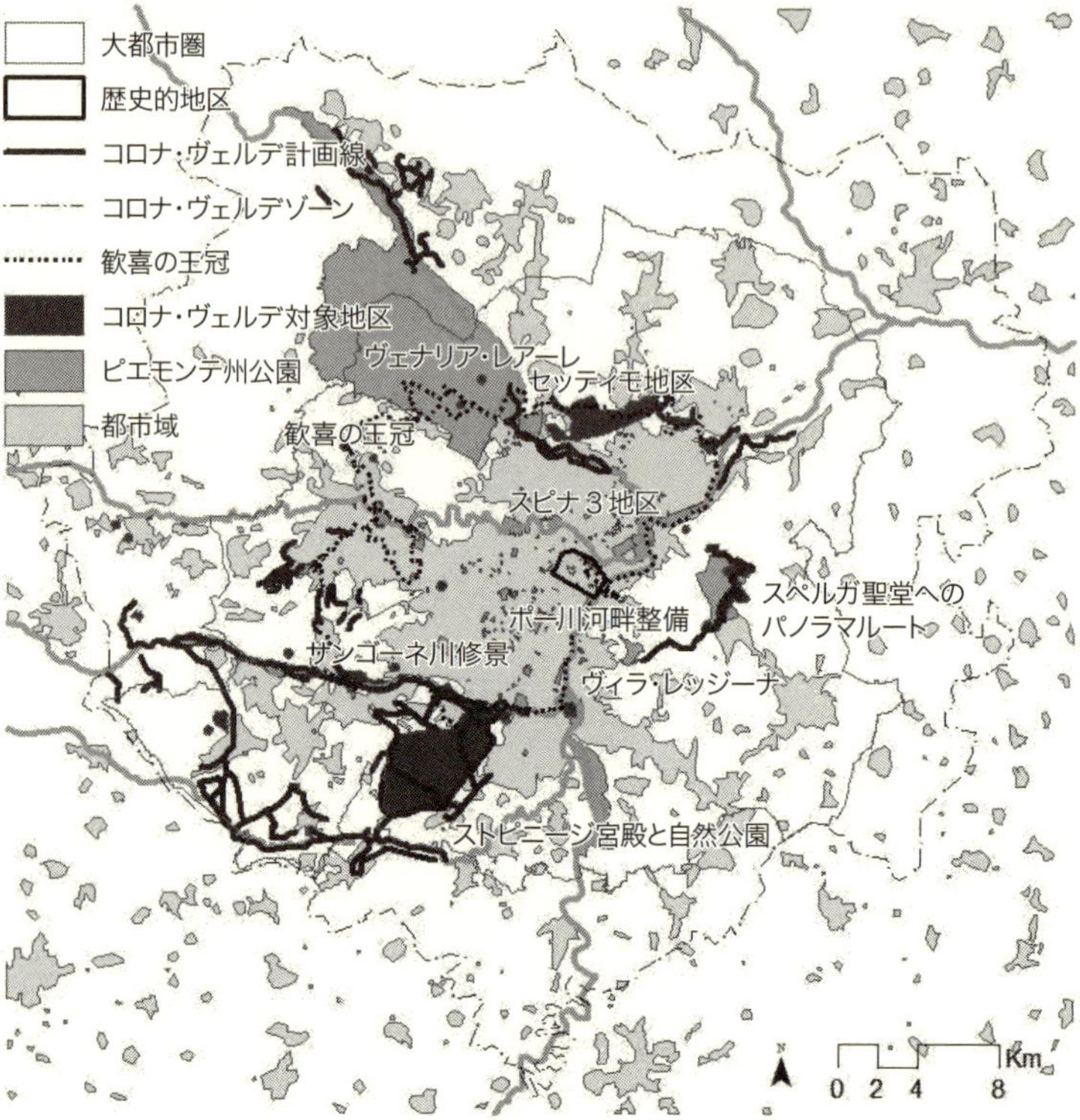

図3–4　コロナ・ヴェルデの構造図（Claudia Cassatella氏提供資料を加工）

かれている。さらに、それに加え、サヴォイア家のバロック建築と庭園の遺産群を、文化的視点のみならず生態的資源としても需要な要素として位置づけている。この結果、そうした遺産を結ぶ、三〇の新しい緑地と自転車道路が創出された。第一次の計画は、二〇〇一年にフィージビリティスタディが行われ、二〇〇三年にアクションコードが作成された。第一次の計画は、個別自治体が、それぞれのプロジェクトを行う方式であったが、全体のネットワークの形成は十分ではなかった。その反省に基づいて、二〇〇七年にピエモンテ州のマスタープランに反映されることになる。その計画づくりは、二〇〇〇年から二〇〇七年にかけて、ピエモンテ州からの要請で、トリノ工科大学が請け負っている。また、マスタープランの策定と並行して、相互連携のために、コロナ・ヴェルデについて、自治体のみならず、多様なステークホルダーの文書による合意が交わされている。このような多様なステークホルダーの合意が、都市戦略プランの特徴である。そして、二〇〇七年から二〇一三年にかけて、この計画は第二次計画として、さらなる展開をする。九三の自治体に加え一八の私的・公的ステークホルダーが合意し、計画はそれぞれのマスタープランに反映されている。第二次計画においては、それぞれのプロジェクトは、ピエモンテ州のマスタープランに基づいて、自治体を超えた計画とすることが特徴的であり、一五のプロジェクトが二三自治体間で進行中である。また、一二年時点で、重要な宮殿群は九〇kmにおよぶ自転車道によって連結された（図3—4）。

さて、内容を見てみよう。Cassatella（2013）[5]によると次の五つにまとめられている。

（1）自然と景観、および文化的遺産の保全とその推進のための政策を一つに統合すること。
（2）修復に基盤を置く受身的な保護システムを超えて、環境の保全とその推進のためのプロジェクトと戦略を刺激すること。
（3）都市周辺のコンテキストの中の田園エリアの多面的機能を支援すること。
（4）ツーリストのためのみならず住民のためにも、自転車道ネットワークによる持続可能な移動インフラストラクチャーを構築すること。
（5）環境の質と生活の質を高める、都市と自然の新しい連携とトリノ・メトロポリタンエリアの代替ビジョンを作成し、郊外の景域の質を高めること。

マスタープラン作成時点で、特に修復が要請されているサヴォイア家の遺産群のネットワークが欠如していること、そして、自然のシステムとしての景域（公園と河川）も、都市インフラの整備の結果として、断片化されていることが課題となった。そこで、マスタープランは、自然的空間と河川システムによる生態的バランスと歴史文化的遺産のシステム的展開による統合的戦略（ビジョン）を提案することになった。そして、ビジョンに従って、ガイドラインの設定、共同のイニシアチブと官民合意のための仕様、自然と田園のシステムの都市コアへの延長、生態系ネットワークの結節点と接続の強化、歴史的遺産群の景域的連携の強化、都市周辺部の空間の質の向上が提案された。第二段階では、ローカルガバナンス、戦略的に作られた景観軸群の個別的展開、それらを動かす機関の設置に向けた運動、そして、環境とレジャーの関係強化などが期待されている。特に、歴史的遺産群の再生や自転車道路などの整備は進められているものの、そのマネジメント機関の創設などの課題は残されており、コロナ・ヴェルデは、完成には先の長い計画となっている。

次に、コロナ・ヴェルデ計画とその関連の計画によって実現したいくつかのプロジェクトを紹介しよう。

三　コロナ・ヴェルデ計画が実現したプロジェクト

「歓喜の王冠」をめぐる自転車道路の整備

コロナ・ヴェルデ計画は、三〇億円の資金をもとに、EUの主導によって開始されたが、それは、トリノ周辺に広がる緑地のネットワーク化と整理のすべてを賄うには、あまりに少なすぎる金額であった。したがって、まずは、成果の見えやすいピンポイントの整備が目指されたようにうかがえる。その中心となったのが「歓喜の王冠」をめぐる九〇kmにおよぶ自転車道路の整備である。「歓喜の王冠」はトリノ市を囲むように点在するサヴォイア家の宮殿群をめぐる九〇kmの環として定義されている。それらはポー川、ステューラ川、ドーラ川、サンゴーネ川の河川と一部重なり、また、トリノ市のエッジに広がる田園を横切って豊かな景観を提供している。自転車道路はそれらを意識的につなぐと同時に、観光のネットワークとしても機能させる仕掛けである。簡単なプロジェクトのようであるが、これらは、ピエモンテの環境担当部局や歴史遺産景観部局、コロナ・ヴェルデ戦略プロジェクト、トリノ県（二〇一五年からはトリノ大都市圏）など、関連する様々な公園部局や自治体などの連携によって成立している。一つの目的に向けて、こうした異なる部局、ステークホルダーの連携を作り上げることも一つのプロジェクトの狙いでもあったようだ。「歓喜の王冠」は、ホームページ[6]も用意されており、その経路と経路に沿った宮殿群やレストラン、宿泊施設なども紹介されている。

図3–5　自転車道路の整備

図3–6　スペルガ聖堂からトリノ市北部の眺め

スペルガ聖堂に至るパノラマルートの整備

トリノの市街地からポー川を隔てた東の丘陵の北端にそびえるスペルガ聖堂は、フィリッポ・ユバラの設計に基づき、一七一七年から一七三一年にかけて建設された。トリノの重要なランドマークであり、トリノの西の端にあるリボリ宮殿にのびる壮大な軸線を演出している。また、そこから眺めるトリノの市街地は、その背景にアルプスを抱く絶景である。地域の人々には親しまれている場所であるが、そこに至る道は連続する斜面を登り、結構厳しい。コロナ・ヴェルデ計画では、このスペルガ聖堂に至る道路に遊歩道が整備され、また、所々に眺望ポイントが設定された。それらの眺望ポイントには、ベンチや案内表示なども整備された。「歓喜の王冠」と同様に、予算の面では、これもささやかなプロジェクトであるが、地域のすぐれた景観を身近に楽しむ環境とそこへのアクセシビリティを着実に改善している。

図3–7　ボルディィナ農地地区

図3–8　サンゴーネ川の修景

緑の接線、セッティモ地区（タンゲンチアーレ緑地）

ステューラ川の北側に、やや離れて高速道路に沿って広がる広大な地区がセッティモ地区（タンゲンチアーレ緑地）[7]である。対象地区のエリアは七km^2と広大である。ここは、森林、農地、宅地、ブラウンフィールドなどが混在する地域で、その統合的な緑地化による景観的改善がこのプロジェクトの狙いである。その中には、高速道路をまたぐように「歓喜の王冠」の自転車ルートが通り、その総延長は四〇kmにも及ぶ。また、中に含まれているブラウンフィールドは、都市緑地への転換が計画されている。対象地区には民有地も多く含まれているため、まずは、土地利用制限によって開発の縛りをかけ、さらに、周辺地域と都市的土地利用エリアと公園・農地の土地

図3–9　ヴィラ・デッラ・レッジーナとブドウ畑の復元

利用エリアの交換を行うという都市計画手法が導入されている（メリア農地地区）。

一方、ボルディナ農地地区はこの地区の最も東にある地区で、コロナ・ヴェルデ計画に基づく「歓喜の王冠」の自転車道路わきの農地を公園に再整備するプロジェクトである。生態系保全も視野に入れた現代的な解釈のランドスケープデザインが施されており、地域の市民の憩いの場所として活用されている。

サンゴーネ川の修景

トリノの南側を流れるサンゴーネ川も、産業時代には景観の劣化が激しかった。コロナ・ヴェルデ計画においては、この河川の修景も重要なプロジェクトとして計画されている。

ヴィラ・デッラ・レッジーナとワイン畑の復元

ポー川にかかるヴィットリオ・エマヌエーレ一世橋を挟んで、パラッツォ・マダマと軸線を結ぶように丘陵地に作られたヴィラ・デッラ・レッジーナは、ユネスコ遺産にも指定されている離宮である。一六一五年前後に建設されたとされている。この建物の周りには、ブドウ畑が広がっており、ブドウ酒の製造がおこなわれていた。このヴィラは長く一九九四年まで放置されていたが、その後ピエモンテ州の管理となり修復されて、二〇〇七年に公開されるようになった。同時に一部ではあるが、ブドウ畑も民間企業への委託によって再開され、古式に基づく製法でワインが醸造されるようになった。

ヴェナリア・レアーレ宮殿とその庭園、およびマンドリア自然公園

ヴェナリア宮殿はエマヌエーレ二世の指示により建設が開始されたサヴォイア家の居城の一つであり、壮大なイタリア式バロック庭園を併設していた。ヴェナリア・レアーレの宮殿と庭園の修復は、直接のコロナ・ヴェルデ計画ではないが、関連づけられた壮大なプロジェクトである。フランス軍がその訓練の場として利用して以来、長らく軍用施設として使用されたのち、放置され、その原型をほとんど残すところがないほど荒れていたが、宮殿を復元するとともに、庭園は、著名なイタリア人アーチストのジュゼッペ・ペノネの作品などを配しながら、現代的な解釈を大胆に行い、新しい公園様式として再生されている。また、整備途中ではあるが、二〇一六年時点でかなり整備が進んでおり、田園ツーリズムの大きな柱になろうとしている。アルプスのふもとに向かって直線状に大きく伸びるパースペクティブを持つ公園の壮大さは格別な趣がある。直接のコロナ・ヴェルデ計画としては、その直近を流れるステューラ川の護岸の整備事業が行われていることにも注目したい。

このヴェナリア・レアーレに近接する形で、広大な土地を有するマンドリア自然公園が広がっている。この公園も生態学的な観点から整備され、水路や散策路は自然の要素を取り込んで整備されている。コロナ・ヴェルデ計画は直接に関わっていないものの、これらの計画を空間のネットワークとして繋ぐ大きな精神的役割をしている。

図3–10　ヴェナリア・レアーレ宮殿とその庭園

図3–11　ストピニージ宮殿と自然公園

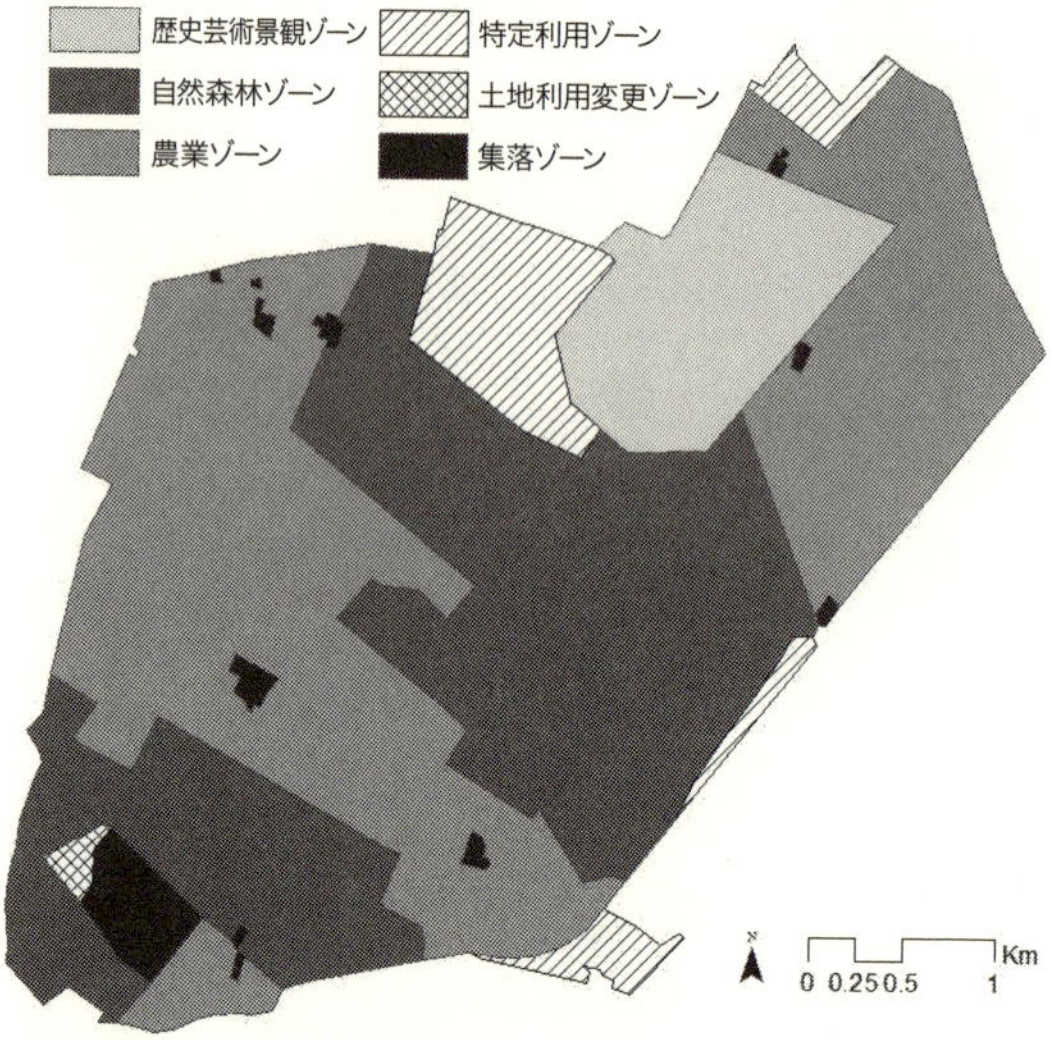

図3–12　ストピニージ宮殿と自然公園のゾーニング

ストピニージ宮殿と自然公園

ストピニージ宮殿はサヴォイア家の狩猟のための離宮として建設された。パラッツォ・マダマとは広大な道路で直線的に結ばれており、トリノ市の主要な都市軸を構築している。狩場としての広大な農地と森林を併設しており、現在では、全体で一七五〇haの土地が、一体的に公園として整備されている。

コロナ・ヴェルデ計画は、その農地と森林の生態学的再生に大きく貢献している。具体的には、一五世紀以来の土地利用バランスに基づいて、湿地性の森林と農地の中をめぐる水路を生態学的な観点から再生し、道路もアスファルト舗装ではなく、重量のある耕作機械などにも対応でき、かつ、雨水浸透性も確保する、自然的素材を活用した舗装法により再生を図っている。宮殿は民間の財団によって管理されており、また、農地には農家組合が組織され、彼らの共同作業によって保全されているのが特徴的である。この地域はメトロポリタン・トリノと地域の三つの基礎自治体にまたがっているが、それらが合意のもとで公園の管理を誘導している。城の前面には、都市軸に面して農業関連の施設が保全されているが、それらのレンガや木材は地場生産されるものを利用して再生されている。城の庭はバロックの庭園として整備され、その放射状の軸線が、農地や森林に伸びる道路に反映されている。バロック庭園は一〇haあるが、三人の庭師によって

図3–13　スピナ3の公園計画

管理されているとのことである。

スピナ3

コロナ・ヴェルデ計画には含まれていないが、トリノの市街地における緑地の再生として見逃すことができないのが、スピナ3である。これはトリノ水都計画の一部に組み込まれており、自動車関連産業の廃墟を再生する形で公園や産業インキュベーション施設などの複合開発地域として再生が試みられた。緑地系の再生に関しては、大きな敷地の広いエリアが緑地として確保されていることが特徴である。また、暗渠であったドーラ川を近自然化構法によって緑豊かに再生をしている。産業遺産は、その廃墟の形を残して、公園と一体的なモニュメンタルな空間としてよみがえらせている。こうした手法はドイツのエムシャー・パークなどの再生にもつながる手法である。

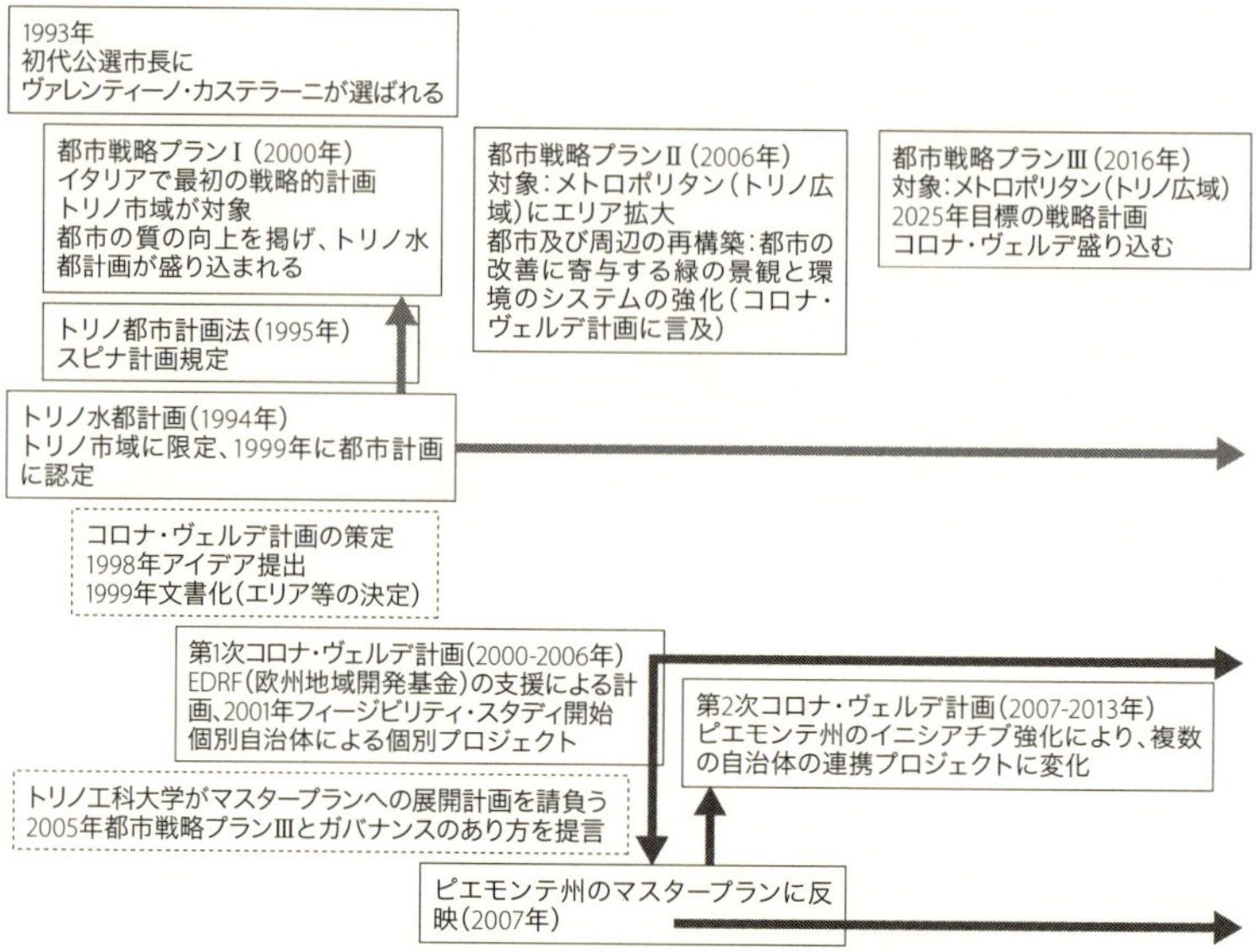

図3–14　各種戦略的計画の時系列上の関連性

四　コロナ・ヴェルデから何を学ぶのか

コロナ・ヴェルデから、私たちは何を学ぶのか。まずは、EUからの支援とプログラムへの介入という外圧があったにせよ、計画策定に積極的な自治体間連携と官民協働の戦略的スキームが展開されたことである。日本の場合、景域あるいはグリーンインフラストラクチャーの計画そのものが発達していない。自治体の法的な枠組みによる計画は「緑の基本計画」であるが、それは一つの自治体で完結するかたちで取りまとめられているのが現状である。都道府県も広域緑地計画の設置が認められているが、作られている県が少ないばかりか、市町村の緑の基本計画に対する拘束力が小さく、市町村間の緑の基本計画の連携が非常に弱い。そうした意味で、トリノのコロナ・ヴェルデ計画は複数自治体間の協力を取り付けて、生態学的観点やレクリエーション・保養・観光の観点も統合された体系的な緑地整備の広域計画として展開され、それがゆっくりではあるが着実に実現されているという点は非常に参考になる。

図3―14は、コロナ・ヴェルデ計画が都市戦略プランや法定計画と連動してゆく様子を時系列に並べたものである。コロナ・ヴェルデでは、非法定的な戦略的計画ではあるが、その性格が、いろいろな自治体やステークホルダーの連携を促進し、さらに、EUからの自治体間連携のプロジェクトに対する資金援助が、それぞれの自治体の都市計画マスタープランへの反映と自治体間連携を促している。また、サヴォイア家の歴史的遺産の修復プログラムに対する支援が、コロナ・ヴェルデのプログラムを通して行われることにより、官民のステークホルダーの協働が、具体的に展開されている。まとまった資金提供にもとづく、こうした具体的な連携は、単なる机上の計画ではない実行力をグリーンインフラストラクチャーの計画に与えている。日本においては、EUのような国の上位にある機関の存在がないため、外圧としてのグリーンインフラストラクチャー改善のためのインセンティブは働かないが、都道府県や自治体の個別の計画、例えば、緑の基本計画などの統合的協議に向けて具体的な資金提供を国が積極的に支援するなど、グリーンインフラストラクチャーに関する統合的計画の不在を見直す必要があるのではないか。

二つ目は、自転車道路や遊歩道の整備という小さなプロジェクトを結びつけることで、全体の改善を図ってゆくという姿勢である。縦割り行政の中で、自転車道路は自転車道路の整備だけ、河川の改修は河川の改修だけで完結するというような、つながりのない我が国の公共事業に対して、緑のネットワークを、ユネスコ遺産保全、河川再生、生態系ネットワークの再生、健康やレクリエーションのプロジェクトとして連携し、相互関連の中でいろいろな財源を見つけて展開してゆく、その手法も大いに参考になる。

三つ目は、個別のプロジェクトに対して、全体としてコロナ・ヴェルデという名前を与えることで、多様な個別のプロジェクトが全体として地域の人々にわかりやすく認知されるようになったという点である。新聞などでも広報されることで、全体のイメージがわかりやすくなり、それが多くのプロジェクトを推進させる大きな力になったことである。すなわち、全体のイメージをわかりやすく伝えるラベリングが重要である。

コロナ・ヴェルデのプロジェクトには、多数の民有地も含まれている。そのため、セッティモ地区の再生に見られるように、ゾーニングによって土地利用の制限をかけて、その中の環境改善を行うために、ＥＵなどの資金を含め、いろいろなプロジェクト資金を導入し、さらに、周辺の土地利用の交換をおこなうなど、政策実現のためのツールをうまく運用しているところも大いに参考になる。日本においては、ゾーニングによる土地利用の縛りがあまり厳しくなく、例外を比較的容易に認めてしまうために、大きなフレームの土地利用政策が実現できない欠点をもっている。そうした方法もこれからは改善が必要ではないだろうか。

注

（1）Torino Smart city, http://www.torinosmartcity.it/english-version/, accessed in April, 2016.
（2）Corona Verde, http://www.regione.piemonte.it/ambiente/coronaverde/, accessed in April 2016.
（3）Regione Piemonte, Consulta la brochure, http://www.regione.piemonte.it/europa/coronaverde/dwd/18x18_CopEstesa.pdf, accessed in April 2016.
（4）Council of Europa, European Landscape Convention, http://www.coe.int/t/dg4/cultureheritage/heritage/Landscape/default_en.asp, accessed in April 2016.
（5）Claudia Cassatella（2013）, The 'Corona Verde' Strategic Plan: an integrated vision for protecting and enhancing the naturel and cultural heritage, Urban Research & Practice, DOI: 10.1080/17535069.2013.810933.
（6）Corona di Delizie, http://cicloturismo.piemonte.it/percorsi/view/corona-di-delizie, accessed in April, 2016.
（7）Tangenziale Verde, http://verdesettimo.comune.settimo-torinese.to.it/index.php/tangenziale-verde, accessed in April, 2016.

第Ⅱ部

フィアット時代の「産業資源」を生かす

第4章　ポスト産業都市にみるスモールビジネス支援とコミュニティ再生

松永桂子

一　トリノとフィアット

1　フィアットの隆盛

イタリアは中小企業が多い国であり、以前から日本との類似性が指摘されてきた。大量生産を支えてきたフォーディズムからの転換のヒントが、イタリアや日本に根づく中小企業のネットワークにあると考えられてきたからである。

第二次大戦後、イタリアは日本と同様に高度経済成長を経験した。「イタリアの奇跡」と称されるほどの経済成長を遂げたが、それをけん引したのは製造業における大量生産と輸出だった。北部を中心とした自動車産業、工作機械、農業用機械などの成長は目覚ましく、なかでも包装機械、食品加工機械、印刷機、繊維機械の国際競争力は高かった。工業化による経済成長は、都市への人口集中・労働需要、農村からの労働供給・人口移動を生じさせる。南部から北部の工業都市へ、大量の労働者が高賃金と洗練された都市生活を求めて吸い寄せられて来た。

トリノはイタリア最大の自動車メーカー、フィアット発祥の地として地方の労働者が多く移り住む地となった。フィアットは自動車を筆頭に、鉄道車両や航空機製造も手がけ、出版、新聞社、放送局、金融業までも持つ巨大産業である。フィアット王国の創業家のアニェッリ家は、経済界のみならず、国政、メディアへの影響力も多大であった。それを象徴するのが、イタリア半島の北から南まで高速道路を通したのもフィアットの力とされていることである。イタリアでは、今や国民一・四人につき車一台が所有されている計算で、日本の一・七人あたり一台よりも高い保有率である。自動車大国・日本より、モータリゼーションが進んでいるが、それもフィアットによるイタリア国民への自動車浸透力を物語っているようにみえる。

そもそもＦＩＡＴという社名は、FABBRICA ITALLANA AUTOMOBILI TORINO（トリノ自動車工場）の頭文字を取ったもので、トリノという地名のみならず、イタリアの名もしっかり刻み込まれている。設立は一八九九年。戦前は国策企業として歩んできた歴史を有する。戦後はイタリアの経済成長をけん引しながら、南部労働者を北部の憧れの地へといざなってきた。

シチリア、カラブリア、プーリアなど南部の農村からトリノを目指し、人びとは押し寄せた。「北部に行けば豊かな生活ができる」と信じて、次々と移住した。一九五八年からの五年間で約一三〇万人が南部から北部へ移住し、その半分以上がトリノを目指したとされる。トリノでの近代的な生活を夢みて、自動車工場の流れ作業や部品工場で働いた。

一九五五年、フィアットは大衆車「フィアット600」を、続いて一九五七年にはロングセラーとなる「フィアット500」を発表し、四人乗りの小型車市場を切り拓いた。イタリアの国民車として人気を博し、ヨーロッパ全土に輸出され、以後一九七七年の生産終了までに約四〇〇万台製造された。トリノのフィアット二工場（リンゴットとミラフィオリ）はフル稼働のフォーディズム生産で、多数のライン労働者を吸収した。

一九六〇年にはローマオリンピックの経済特需に沸き、一九六一年にはトリノは人口一〇〇万人を突破、イタリア統一一〇〇年を迎えた。このあたりがひとつのターニングポイントで、その後は高度成長によるひずみが生じるようになった。南部からの労働者は牧歌的な農村での生活を捨て、北部都市での工場生活を選んだが、階級社会も色濃く残り、不利な状態に置かれたままだった。多くの暮らし向きはさほど良くならず、生活環境も労働環境も劣悪なままだった。南部出身者はまともな家を借りられず、店や飲食店では「犬と南部人、立ち入りお断り」の貼り紙がされていたという[1]。陽気な南部気質と几帳面で細やかなトリノ人とは、そう簡単に折り合うはずがない。南北格差は社会階層の構造にも深く反映されていた。

やがて、工場労働者たちは社会主義をまとい、戦闘的な労働運動を展開していく。政権も中道左派連合政権となり、労使間の激しい対立を招くこととなった。一九六九年、「熱い秋」と呼ばれた労使紛争が勃発し、ストライキや怠業が頻発する激動の時代へと入っていった。

アメリカ経営史の専門家であるピオリとセーブルによれば、労働争議が繰り返されるなかで、一九七〇年代に入ると経営者は次第に生産の分散化を進めるようになった。生産単位を分割して、大工場から独立した熟練工や中間管理職が設立した小工場に仕事を出した。それによって、フィアットなど大企業から流出・独立する労働者は数を増していった。つまり、労働者は職場を支配・管理したところで政治的な権力を得るわけでもなく、経営戦略や投資を決定する権利もない。その一方で、賃金の平準化や技術の伝統的な序列の破壊に邁進するのは意味がない、と認識するようになった。だんだんと小企業に流れる労働者が増え、小企業が力をもつようになった。

さらに、石油危機が追い打ちをかけ、重厚長大型企業は国際競争力を失っていく。労働運動は賃金上昇をもたらしたが、企業はコストの増大、経営の危機に直面した。一九八〇年、ついにフィアットは二万三〇〇〇人の労働者の解雇を発表した。[2] 労働組合はストライキを打ったが、すぐに争議は収拾となった。フィアットの中間管理職がストライキに対する反ストライキをおこない、混乱続きの社会的情勢に嫌気をさしていたトリノ市民もこれに参加したからである。こうして長く続いた労働争議は幕を閉じたが、トリノ経済は打撃をしばらく引きずることになった。

しかし、これを機にトリノは危機からの転換を図り、脱フィアットへ、脱工業化へ、政治的にも経済的にも新たな道を歩むことになった。同時にイタリアの自動車産業は一九九〇年をピークに生産台数は右肩下がりとなり、対外的にも競争力を大きく落としていくことになった。

表 4–1　世界の自動車生産

（単位：千台）

	1980	1990	2000	2010
ドイツ	3,879	4,977	5,527	5,906
スペイン	1,182	2,053	3,033	2,388
フランス	3,378	3,769	3,348	2,229
イギリス	1,313	1,566	1,814	1,393
イタリア	1,610	2,121	1,738	838
EU	11,685	15,010	17,106	17,079
アメリカ	8,010	9,785	12,800	7,763
日本	11,043	13,487	10,141	9,629
中国	217	470	2,069	18,265
韓国	123	1,322	3,115	4,272
ロシア（旧ソ連）	2,195	1,974	1,206	1,403
ブラジル	1,165	914	1,682	3,382

注：元資料は、2000 年以降は国際自動車工業連合会資料、1990 年以前は日本自動車工業会「世界自動車統計年報」による。
出所：『世界国際図会　2014/15 年版』

表4―1の通り、ＥＵの自動車生産台数は一九八〇年一一六八万台、一九九〇年一五〇一万台、二〇〇〇年一七一〇万台、二〇一〇年一七〇七万台と右肩上がりのなか、ＥＵ主要国でイタリアの減少率は著しく、一九八〇年一六一万台、一九九〇年二一二万台、二〇〇〇年一七三万台、二〇一〇年八三万台とピーク時の三分の一近くにまで減少した。自動車生産の世界勢力はこの間に激変し、一九九〇年には日本が首位になったのが、二〇〇〇年にはアメリカが復活し、二〇一〇年には中国が首位に立った。[3] ＥＵに目を転じると、ドイツだけが堅調に生産台数を増やしている。フランスは一九九〇年、イギリスとスペインは二〇〇〇年がピークだった。イタリアはこ

れらの国と比べても大幅に生産を減退させている。

フィアットの二〇一二年の世界生産台数は二一二万台で、世界一三位だった。(4) 世界生産台数のトップはトヨタ、次いでゼネラルモーターズ、フォルクスワーゲン、現代自動車、フォード、日産、ホンダが続く。トップ一五社のうちヨーロッパ系は、フォルクスワーゲン（独）、PSA（仏）、ルノー（仏）、ダイムラーAG（独）、フィアット（伊）、BMW（独）となっている。以下三〇位までは、中国系やインド系の新興メーカーが名を連ねている。フィアットは生産台数の減少は著しいものの、ヨーロッパ自動車勢の一角を依然として担い、新興勢とは一線を画したポジションを堅持している。

2 「第三のイタリア」と「第一のイタリア」

世界の長期的情勢から各国の経済産業史を描いたピオリとセーブルは、中小企業の「柔軟な専門化」（flexible specialization）に着目し、ポスト大量生産時代の産業経済のあり方を展望した。彼らはその歴史的著書『第二の産業分水嶺』（1993：原著 1984）のなかで、一九八〇年代のアメリカ経済の危機を分析し、その原因を大量生産に基づく産業発展モデルの限界によるものだと主張したのであった。当時、「ジャパン・アズ・ナンバーワン」と称賛されるほど日本の製造業や輸出が好調であったのに対し、アメリカは財政赤字と貿易赤字の双子の赤字に悩んでいたことに対する、自省のメッセージも込められていた。世界を見渡せば、「危機」と「成長」をめぐって二つの相反する国家と経済システムが存在していたのである。

とりわけ、彼らは、日本の産業集積地とともに、職人による伝統工芸が発展している地域として「第三のイタリア」に着目した。第三のイタリアは、中部イタリアのフィレンツェ、ボローニャ、北西部のヴェネチアの三地点を覆うエリアとみなされている。フィレンツェには、ルネッサンスの往時を投影した絵画や建築が町並みと一

写真4–1　ムラーノ島のヴェネチアングラス工場

体化し、ヴェッキオ橋には金銀細工の店がひしめき合い、職人芸の伝統が四〇〇年来残っている。水上都市ヴェネチアは世界中の観光客を集めるが、北にあるムラーノ島では、東方貿易の貴重な輸出品であったヴェネチアングラスを製造している。現在でも、ガラス工房で職人芸を間近に見ることができる。イタリアには伝統的な家族経営を基盤とする小さな工房が職人技を継承しながら、時代普遍的な価値を貫いて見事に存在し続けている。

一見、古い存在とおもわれていたこれら伝統的産地や中小企業は、ポストフォーディズムの時代に小さく持続するという可能性を提示し、いまや、中小企業によるネットワークに新たな資本主義の要素を見出す、という視点は広く共有されている。産地はものづくりだけでなく、観光資源としての要素を強めていることも、その背景にある。モノにあふれた現代の消費のあり方は、多様化しながらも、人間と自然の関係性を見つめなおす風潮も浸透し、伝統工芸や地場産業への関心は高まっている(5)。

しかし、第三のイタリアの産地も低価格競争と無縁ではいられない。一〇年ほど前(二〇〇五年)、ボローニャとフィレンツェの中間に位置するプラートを訪れたことがある。プラートは伝統的な繊維産業の町である。世界的ブランドのオートクチュールやプレタポルテを手がける、従業員数人の小さな縫製工場が集積し、丁寧な職人仕事によって高級ファッションを支えているのを目の当たりにした。と同時に、中国人移民による模倣品の店舗もそれ以上に目につき、当時、コムーネ(基礎自治体)人口の一〇人に一人が中国人であるとされていた。ミラノ・ファッションで発表された最新ファッションは、イタリア国内で製造されるよりも早く、中国で模倣されるというのである。産地の手仕事も、低価格量産品のあおりを受けている。消費社会がこれらとの共存によって成立しているのは紛れもない事実であるが、双方がひとつの小さな都市に共存しているのは、移民を広く受け入れている国だからこそである。日本とは大きな差異を実感した。

「第三のイタリア」に対して、「第一のイタリア」は、大量生産時代の発展をリードしてきたイタリア北部の工業都市ミラノ、トリノ、ジェノバである。そして、「第二のイタリア」はイタリア南部を一般的に指す。第三のイタリアにみる中小企業ネットワークがポストフォーディズムの担い手として脚光を浴びるほどに、第一のイタリアでは工業地域からの転換が模索されつつも、その動向については注目を集めることは少なかった。

だが、イタリアの小企業の勃興が大企業の危機、工場労働者の自立に端を発したことを考えると、トリノはじめ第一のイタリアの経済構造や社会的関係、地方政治の変化も、垂直統合型から水平分散型への移行の萌芽であったと捉えられる。一九七〇年代以降、プラートなどの産地では、下請業者が連合しはじめ、小企業群による技術革新が進んだ。エミリア・ロマーニャ州では、農器具や建築機械の分野で小企業が成果を上げた。当時、トリノを含むピエモンテ州は最も工業化が進んでいたが、両地域の賃金水準はほぼ同じになった。(6) さらにNC機器(コンピューター化した工作機械)の普及により、トリノは小規模のオートメ工場やロボット工場の集積地となっていった。小企業の新技術を促進する関連サービス業も生まれ、各地で小企業を主体とした産業ネットワークが形成された。

ピオリとセーブルは、小企業が競争力をつけた理由として、イタリアの家族主義や職人的な仕事が経済の一分野として認知されていることのほか、地方自治体が果たした役割を挙げている。小企業が自力ではまかないきれない産業基盤の創出を支援することが目的だった。産業団地や職業訓練学校を整備し、地域の研究センターを設置するところもでてきた。その点、日本と状況が似ており、自治体の産業振興、中小企業支援が地域の経済政策の主軸になっていった。

現在、トリノでは、後述するように産学官連携での起業家の事業化支援が成果を上げているが、それにつうじる最初の動きであったともいえる。「トリノによいことはフィアットによく、フィアットによいことはトリノによい」といわれるように、フィアットとトリノは一体の関係にあったが、フィアットの失墜により、トリノは大企業依存から脱却し、新たな産業基盤を模索するようになっていった。

二　都市再生とスモールビジネス支援

1　新生トリノへ

一九六八〜六九年のフィアット最盛期には、一五万八〇〇〇人もの従業員がいた。しかし、「熱い秋」を契機とするストライキに始まり、石油危機、一九八二年のリンゴット工場の閉鎖、生産縮小、度重なるリストラを経て、トリノ経済も変貌を遂げていくことになった。

ピエモンテ州の州都であるトリノ市は、人口九〇万人。ローマ（二七七万人）、ミラノ（一三三万人）、ナポリ（九五万人）に次ぐイタリア第四の都市である。一九七五年には人口一二〇万人を数えていたので、都市スケールはこの四〇年間で大きく縮小した。フィアットの成長と共にイタリア南部からの労働者や近隣国からの移民を受け入れ、自動車産業の従事者を集めてきた。最近は、かつてのように南部からの労働者でなく国外からの移民が多く、二〇一一年のトリノ在住の外国人は一二・九万人を数える。ルーマニア人が四〇%を占め、モロッコ人が一五%となっている。(7) 一九七〇〜一九九〇年代は南米やアフリカからの移民が多かったが、一九九〇年代以降はアルバニアやルーマニアなど東欧からの移民が目立っている。

現在でも就業者に占める製造業の比率は三〇％を超えており、移民がこれを下支えしている。経済危機と人口減が続いたが、二〇〇〇年代は一九九〇年代半ばからの都市マスタープラン、都市戦略プランが功を奏し、人口回復基調にあった。しかし、近年もフィアットの経営危機と相まって、二〇一四年の失業率は一一・四％に達している（二〇〇六年 四・一％）。さらに、同年にはフィアットはアメリカのクライスラーと経営統合し、フィアット・クライスラーとなり、本社機能がイギリスとオランダに移転し、トリノ経済への打撃はなおさら大きなものとなった。合従連衡はスポーツ界にも影響し、地元サッカーチームのユヴェントスはフィアットのオーナー一族であるアニェッリ家が設立したが、現在のユニホームの胸マークロゴはクライスラー社のＪｅｅｐである。トリノ経済の現況を象徴的に物語っている。

現在でもフィアット抜きにトリノは語れないが、それでもこの二〇年、トリノは時代の変化を果敢に取り入れながら変貌を遂げてきた。それは工業都市から文化・観光都市への転換である。産業面でも、ＩＣＴやハイテク分野の起業支援の成果が実を結んできた。

転機となったのが、トリノ市初の直接選挙で市民社会派のトリノ工科大学教授だったカステラーニが市長に選ばれた一九九三年以降である。都市戦略プランの立案にあたって、市民協働型で多様なセクターが参画し、一九九八年から二年間にわたり議論が尽くされた。多くの市民が市民会議やワークショップに参加し、産学官連携によって計画の立案から実行の受け皿へ、資金の拠出や活動の場づくりに、各主体が積極的に関与するようになった。とくに産業面では、トリノ工科大学が果たした役割が大きく、トリノ独自の技術や資産を基盤にした高付加価値の研究やイノベーション活動に向かっていくことになった。

都市戦略プランⅠは二〇〇〇〜二〇一〇年に、以下、六本の基本戦略を軸に進められた。

1　トリノを国際輸送・交通のハブとする

2　都市圏政府の構築
3　職業訓練、研究、戦略的資源を発展
4　事業化と雇用の促進
5　トリノを文化・観光・商業・スポーツ都市として推進
6　地域環境の向上による都市の質の改善

これら六本を基本理念とする都市戦略プランは、初代市長のカステラーニ（一九九三〜二〇〇一年）から二代目市長のチャンパリーノ（二〇〇一〜二〇一一年）に継承され、都市戦略プランⅡ（二〇一〇〜二〇一五年）、現在は第三期（二〇一五〜二〇二五年）へと発展を遂げてきた。第一期は都市プロモーション、第二期は知識経済、第三期は機会あふれる都市とするコンセプトで各期のプランが推進されてきた。いずれも官民パートナーシップ、市民参画の精神が貫かれていった。

その間、二〇〇六年の冬季オリンピックの開催をはじめ、数々のビッグイベント、市民参加型のイベントを実施して来た。トリノ国際ブックフェア（毎年）、トリノフィルムフェスティバル（毎年）、サローネ・デル・グスト（食の祭典、スローフード、二年に一度）、冬季オリンピック・パラリンピック（二〇〇六）、国際建築会議（二〇〇七）、イタリア統一一五〇年祭（二〇一一）など都市型の文化・スポーツイベントを成功させている。イベントを重ねていくごとに、産業都市から文化都市への色彩が濃くなり、トリノの対外的なイメージも変化を遂げて来た。二〇〇六年の冬季オリンピック開催にあわせて地下鉄一号線が開通したことも、自動車タウンからの転換を象徴している。

Verri（2011）によれば、フィアット自身も一九六〇年代、七〇年代にかけて産業経済だけでなく、イメージ戦略を展開し、文化、交流、デザイン面で影響力を増していった。それをけん引したのがふたりの偉大なマネージャー

（オリビエッティとヴァレッタ）であり、食品やファッションなどの業界にも新芽を植え付けていった。それが後に、トリノが転換する礎となっていく。一九八〇年代のトリノには、産業都市としてのアイデンティティしかなかったが、次第に地域の若手ディレクターやエンジニアが活躍するようになり、現代アートや映画祭、国際ブックフェアの実施など新たな経路を歩み、文化的な成熟期に入っていく。最初の国際ブックフェアは、四日間で一〇万人を集客して成功をおさめた。一九九〇年代には、FIFAワールドカップ開催の候補地になった。

一九九三年に新たなカステラーニ市長となると、それまで政策や文化交流について語り合う場がなかったが、政策決定と参画の方法が改良され、初めてローカルコミュニティが築かれた。もちろんそれは政策の効果だけでなく、一〇年来のアート、映画、ミュージアム界の動き、一九九〇年代前半の非物質的な発展志向性などが融合したものだった。一九九五年にふたつの重要なプロジェクト、先述の都市戦略プランと地下鉄計画が発表され、都市再開発であるスピナ・セントラル・プロジェクトを設定し、工場跡を転用してトリノ工科大学の敷地を二倍にし、スーザ駅を整備して超高層ビルを設置する計画が打ち出された。

都市戦略プランⅠは二千人の参加、九つのワーキンググループの議論を経て、先の六つの基本戦略、二〇の目標、八五の活動にまとめられた。二〇〇六年開催の冬季オリンピックはそのひとつだったが、誰もそれほど早く実現するとは考えてなかった。国際オリンピック委員会のサマランチとフィアット総帥のアニェッリが友人だったことが大きい。オリンピックは都市改造の強力な推進力であり、人びとに都市の豊かさや希望を気づかせることにつながった。ある調査によると、一九九八年にトリノに魅力を感じていた人は九％だったのが、二〇〇七年には四八％となり、二〇〇九年には五七％にまで伸びた（Verri 2011）。工業都市のイメージは後退し、文化・交流都市としての存在感を高めている証左である。

イベントのほかふだん目に見える都市再生の動きとしては、古い建物をリノベーションして現代的な拠点に転

写真4–2　リンゴット工場　屋上の試走コース

写真4–3　リンゴット工場　一角がスローフード食材店とレストランに

用していることが象徴的である。小さな工場や店舗がアトリエやギャラリーなどに生まれ変わった様子は町のあちこちで見かけたが、産業史的にも建築史的にも、トリノの転換点を象徴するのは、フィアットの拠点工場であったリンゴット工場をショッピングモール、ホテル、大学、劇場、ホール、美術館などの複合的な大規模施設に生まれ変わらせたことである。

一九三〇年に完成したフィアットのリンゴット工場は、床面積二四万六〇〇〇m^2、端から端まで五〇〇m。当時、ヨーロッパでは最大規模の建物だった。フォーディズムを追求した工場は、一階からスロープを上がっていくと自動車が組み上がる仕組みになっていた。完成車が屋上に出ると、そこは試走コースとなっている。一九七〇年代のフィアットの危機と共に生産機能は縮小し、一九八二年に閉鎖。その後、再開発計画によって一九八九年に新たに生まれ変わった。イタリアを代表する建築家レンゾ・ピアノによるデザインで、ピアノは、関西国際空港ターミナルビルを手がけたことでも知られる。屋上の試走コース、スロープも一部残され、ショッピングセンターと共存し、屋上のコースにも自由に上がることができる。ショッピングセンターの一角には、トリノ工科大学のエンジニアリング学科や建築学科の一部が置かれ、生きた建築を学ぶ場になっている。市民や大学生だけでなく、美術館やレストランもあり、一大観光拠点と化している。リンゴットでサローネ・デル・グストやトリノ国際ブックフェアなどのイベントがおこなわれ、世界最大級とされたかつての自動車工場は、集客施設に見事に変身した。

これほどの規模で、かつての産業の場が再生した事例は、世界的にもあまり例がない。とはいえ、日本でも規模の違いこそあれ、かつての工業生産の場がアートスペースやクリエイティブな活動拠点に生まれ変わるケースはみられる(8)。箱モノをイチから建てるのではなく、産業遺産をそのまま温存するのでもなく、使用しながら場の付加価値を高めていく手法として広がりをみせている。大胆なリノベーション、場の転用策を市政のアクションプランに取り入れていく発想は、縮小都市においてとくに高まっている。

2　産学官連携によるスモールビジネス支援

トリノの都市再生において注目すべきは、都市戦略プランで、経済を立て直すために投資を促進する環境を整備していったことである。スモールビジネスの支援策が産学官連携で取り組まれ、実績を上げてきた。ＩＣＴ関連のスタートアップ起業支援のインキュベーション施設（Ｉ３Ｐ）と通信産業の高等研究機関（ＩＳＭＢ）の二つの拠点である。いずれもトリノ工科大学の敷地内にある。

「Ｉ３Ｐ」（Incubatore di Imprese Innovative del Politecnico di Torino）は一九九九年に設置され、これまでに一七三のスタートアップ企業が入居し、金融支援からビジネスパートナーのマッチング、組織づくりまで幅広い支援がなされている。トリノ工科大学、トリノ県、トリノ市、トリノ商工会議所、フィンピエモンテ（ピエモンテ地域の地域金融機関）、トリノワイヤレス基金（ベンチャーキャピタル）が各二〇〇万ユーロを拠出し、コンソーシアムを立ち上げた。

企業はトータルで四年間入居できる。これまでに（二〇一五年三月の訪問時）一七三件のうち九三社がビジネスを軌道に乗せて卒業企業となり、訪問時には四一社が入居していた。三一件が撤退、七件が買収されている。政府や商工会議所、企業によって設立されたベンチャーキャピタル「トリノワイヤレス基金」が起業資金を援助し、I3Pの運営についてはEUからの助成金が充てられている。起業家の卵の大半が博士号の取得者で、地域の技術集積を生かして、自動車のナビゲーターの開発など製造業に関する業種が比較的多くみられた。起業家のうち三分の一が博士号を、三分の二が修士号を取得している。トリノ工科大学はじめ公的研究機関の学生、研究者、教員や、企業からのスピンオフなどの起業が目立つ。製造業が二一%、ICT三八%、電気・オートメーション一六%、環境技術一五%、バイオ技術一〇%の割合であり、ハイテク産業が多い。二〇一五年には、企業トータルで七六〇〇万ユーロの収入があり、二〇一五年までに計一四八〇人の雇用を創出した。

これまでの実績を平均すると、三〇〇のビジネスアイデアが出てきて、そのうち一〇〇ほどが実際のビジネスに発展し、一〇〜一五のスタートアップ企業が生まれているという。アイデアをビジネスプランに仕立て、資金調達、研究技術の事業化、特許取得へと段階を追いながら戦略的にコンサルティングがなされている。とくに製造業の起業に力を入れているのは、トリノ大都市圏の職業訓練に関連して、雇用の波及効果が大きいからである。大都市にベンチャーキャピタルが集積し、ミラノが最多で四四三件、ローマが二六四件、次いでトリノが一六二件である。イタリアには三三四八市町村あるが、ベンチャー・キャピタルは、この三都市に全体の二六%が集中している。

話を聞いたある起業家は、もともとエンジニアで良いアイデアをもっていたが、技術がなくI3Pに支援を求めるため、ジェノバからトリノにやって来た。通信技術関係の企業を起こし、インターンシップの学生や大学院生を積極的に雇うなどして、三年で従業員四〇人規模にまで企業を成長させたという。

Ｉ３Ｐのコンサルタントに聞くと、事業化支援と同様にスカウトの役割が重要とのことであった。ハイテク起業家とコミュニケーションをとったり、優れたアイデアをもつ人材を集めてイベントや研究会を実施したりするなど、人材発掘に力を注いでいる。また、起業家同士のネットワークづくりを重視している。スタートアップの支援は徹底しているが、卒業企業へのサポートはなく、商工会議所に卒業企業として名を連ねる。本社や工場をトリノに置く必要はないが、製造業は雇用機会があることからトリノで操業するケースが多い。

表4-2　I3Pの実績

	2011	2012	2013	2014	2015
スタートアップ件数	136	143	156	170	190
企業件数	105	106	119	130	142
雇用総数（人）	672	778	1176	1408	1480
所有特許件数	78	74	78	70	86
総売上(百万ユーロ)	44	50	61	75	76

出所：I3P資料、HP（http://www.i3p.it/en）より作成。

二〇一四年、Ｉ３ＰはＵＢＩ（大学ビジネスインキュベーター）指標により、世界的なＵＢＩ六七カ国三〇〇インキュベーターの中からヨーロッパ第五位、世界第一五位に選ばれた。イタリアを代表するインキュベーション機関として知られる存在となっている。

Ｉ３Ｐの隣には、サンパオロ財団によって設立された研究・インキュベーション施設「ＩＳＭＢ」（Istituto Superiore Mario Boella）があり、こちらではＩＣＴ関連の研究開発と事業化が支援されている。いずれも隣接しながら、大学と地域の政財界をあげて、研究開発とビジネス化を支援、都市再生の担い手育成に力を注ぐ。

これらのインキュベーション施設のほか、工業デザイン分野の教育・人材育成にも産学官が連携して取り組んでいる。フィアットのミラフィオリ工場の一角に、地域に開かれたデザインセンターがある。そこにトリノ工科大学のデザイン専攻の研究室や教室が置かれている。学生たちはフィアットの最新デザインはじめ歴史的なデザインの変遷に容易に触れることができる。工場の一角にあるカフェテリアで、授業の合間にコーヒーを片手に談笑する学生たちが印象的だった。

写真4–4　ISMB　トリノ工科大学の敷地にあるICTの研究開発・インキュベーションセンター

現場のなかに埋め込まれた工業デザインの人材育成であり、フィアットを筆頭に歴史的にデザインブランドの蓄積があるトリノならではの取り組みである。

トリノ工科大学は二つのインキュベーション施設を抱えるのみならず、フィアットのミラフィオリ工場と元工場をリノベーションしたリンゴットに、デザインとエンジンの教室を持つ。大学の外で生きた学習機会を提供し、市民から見えるかたちで教育が施されている。大学が先導する、地域の資産を生かした実践的教育活動として興味深い。まさに自動車関連の産業クラスターを形成し、その中心にトリノ工科大学がいて、州、県、市、商工会議所、銀行の財団、ベンチャーキャピタル、フィアット系企業、ＥＵの基金などの支援による産学官連携が進められている。トリノ工科大学の建築やランドスケープデザインの教員たちも、トリノ市の政策や活動に精通して官民に広いネットワークを持っており、都市活動家としての役回りも大きい。

3　社会包摂型のコミュニティ支援

Ｉ３Ｐのようなハイテク・スタートアップ支援は世界的にもよくみられるが、トリノの特徴は、これとは別に外国人労働者や移民、貧困層の自立支援を目的としたスタートアップ支援も積極的に展開されていることである。

近年のイタリアは、失業率、とりわけ若年層の失業率の高さ、無業者の増加が深刻な状況にある。ＩＬＯ（国際労働機関）の統計によると、イタリアの二〇一三年の失業率は一二・二％。ヨーロッパ主要国では、ギリシャ、スペインに次いで高い。若年労働者（一五〜二四歳）の失業率は四〇・〇％である。雇用されておらず、教育も職業訓練も受けていない若者（ニート）は二一・一％にのぼる。若者の失業・無業は社会問題となっていて根深い。失業対策のひとつとして、さまざまな団体がコミュニティレベルでの雇用創造、自立支援に取り組んでいる。

トリノ市、ピエモンテ州、ＥＵからの助成による「Urban Barriera di Milano プログラム」では、移民や貧困層が多く住む地区の生活改善、雇用創出に取り組んでいる。Barriera di Milano は地区名で、トリノ市北部郊外に位置し、二・三km²のエリアに五万三〇〇〇人ほどが暮らしている。移民を中心とした労働者街で廃業した小工場も点在する。二〇〇九年のデータによると、外国人居住者は二八・九％で市平均の一三・六％より高い。失業率も高く、とくに子どもを抱える若年世帯が深刻である。Urban Barriera di Milano は二〇一〇年に創設され、社会、経済、文化の再生を通して都市の質を改良し、住民の参画を促している。予算規模はＥＵの基金、市、州、国からの助成で三五〇〇万ユーロと大きい。

活動は多岐にわたるが、最も成果をあげているのは、失業者・無業者の自立にあたって自営業を立ち上げる実践的な支援である。該当者には、テント市などから商売を始めてもらい、飲食店などを自立して経営できるまで支援している。若年層や女性への支援も目立つ。地区にオフィスがあり、スタッフが常駐し、伴走型支援を実現させている。スタッフには博士号の資格を持つ者もおり、ここでも大学が寄与していた。

界隈はアートによるまちづくりも進められている。外壁をキャンバスに見立てたモダンアートの壁画で彩られている。われわれはトリノ工科大学のジアンカルロ・コテラ准教授の案内で、テント市から店を構えるようになったバーを訪ねた。ワインの立ち飲みの気軽な店で低価格なこともあって、たいへんなにぎわいで、コミュニティにしっかり根ざしていた。こうした飲食店、食料品店のほか、パン工房、ダンス教室、移民向けサービス、デザ

写真4–5　ミラフィオリ北地区のコミュニティ開発拠点

写真4–6　ミラフィオリ北地区　女性たちのサークル

イン事務所、シェアオフィスなど、多様な職種で起業しており、これまでに六〇以上の事業が生まれている。

　また、トリノ工科大学の建築家マッシモ・クロッティ教授に案内いただき、トリノ郊外のミラフィオリ北地区のコミュニティ開発の活動を見学した。トリノ南部、フィアットの工場があるミラフィオリ地区はもとは農村地帯だったが、自動車生産の拡大とともに南部からの労働者や移民向けの住宅団地が開発されてきた。しかし、スプロールが進んでコミュニティ機能は衰退していた。

　二〇〇二年、ＥＵのＵＲＢＡＮ Ⅱの資金を得て、クロッティ教授らが農業倉庫をリノベーションして複合型のコミュニティ拠点を手がけた。ソーシャル・インクルージョン（社会包摂）をテーマとした場づくりである。建物の屋根のかたちは以前の倉庫のままだが、日本の折り紙を意識した建物として建築雑誌に"origami"と命名され、掲載されていた。異世代参加型の場で、幼稚園、妊産婦の教室、ジム、エステ・スパ、女性たちのキルトの会などの活動、職業訓練、高齢者サロンなどが揃う。昼時にレストランで食事をしたが、地元の高齢者を中心ににぎわっていた。ユニークな社会包摂型のリノベーション事例といえ、クロッティ教授は、他にモデルがないなかでの再生プロジェクトだった、と振り返っていた。

イタリアには第三セクター、社会協同組合が根づいており、社会連帯的なコミュニティ支援は相互扶助を尊重する社会と親和的な動きといえる。他章でも触れているように、移民が多く暮らすトリノの玄関口の新駅に隣接するサン・サルヴァリオ地区では、社会包摂型のコミュニティ再生の取り組みが進められてきた。訪問した「地区の家」は、社会包摂型の多世代型のコミュニティ拠点で、カフェのほか、ギターやダンスなど習い事の場にもなっている。学校帰りの子どもらも多く集まっていた。住民は自身の得意な分野で気軽に教室を開いて先生になれる。建物は公衆浴場をリノベーションしたとあって、ここも地域の歴史を刻んで受け継ぐ場となっている。

ポスト工業化を象徴する移民の住空間エリアに、コミュニティを支える共助の原理を再生させている。自立支援や社会包摂型のコミュニティでは、支援する人・される人の隔てが低い、フラットな場を形成しているのが特徴である。政府やEUの予算や地域の基金によって運営されており、市場経済にはない再分配と互酬性の原理が複合している。建物の用途を変えつつ、新たな場の価値を追求していく試みは、ジェントリフィケーションの事例としても興味深い。

このように工業都市からの転換を模索するトリノでは、都市再生のなかでも、社会包摂型スモールビジネスの立ち上げやコミュニティ形成に独自の取り組みがみられる。起業支援と社会包摂型のコミュニティのいずれも、ポストフォーディズムの転換期に時代のニーズを象徴するかたちで立ち現れている。場がもつ意味の変容は、時代の転換を映し出す。

三　農村価値を入れた地域ブランディング

トリノの都市再生政策は、当然、トリノ市内だけで閉じたものではない。近隣に豊かな農村地帯が広がりをみせていることから、近年は食を核にした観光・文化都市としての色彩も濃い。トリノはモータータウンを象徴する産業都市であると同時に、車で三〇分も行けば、アルプスの麓に抱かれたランゲ・ロエロ地方にたどり着き、ワイン産地が広がる。スローフード発祥の地とされるブラ、アルバ、バルバレスコなど、なだらかな丘陵地に風光明媚な村が連なっている。ピエモンテの食材を丁寧に調理する、小さな質の高いレストランの宝庫でもある。二〇一四年には「ピエモンテのブドウ畑の景観――ランゲ・ロエロとモンフェッラート」が世界遺産に認定され、観光地としても注目を集めている。

トリノ工科大学やトリノ大学の研究者、商工会議所などから都市戦略や都市アイデンティティについて意見をうかがったが、異口同音に「食」「観光」「文化」をキーワードにした都市ブランディングが必要との認識であった。アグリツーリズムの広がり、一九八〇年代半ばからのスローフード運動、二〇〇六年の冬季オリンピック開催をきっかけに、食・観光都市としての性質を帯びてきたことも大きい。二〇一五年五月から一〇月まで、ミラノで「農」「食」「環境」をテーマにした万博が開催され、訪れたが、時代の流れを象徴するように科学技術・産業の発展から資源・食・環境保全へと世界的課題は大きくシフトしていることを感じさせられた。とくに日本館の人気は開催国イタリアをしのぐほどで、日暮れ時であったが入場には三時間待ちの長蛇の列だった。

二〇一五年三月と二〇一六年三月、バルバレスコを中心に、協同醸造所、エノテカ（ワイン店）、レストランを巡った。トリノからアスティを経由して南下し、ブドウ畑を縫いながら上っていくと、小さな村の入り口に着く。小さな役場の周辺には、バールや星付きのリストランテ、トラットリアが並ぶ。丘の上には石造りの教会がたたずんでいる。教会には、州立エノテカが入っている。その手前にバルバレスコ協同醸造所（PRODUTTORI DEL BARBARESCO）があった。現在、五一の農家が会員となり、協同でワインを醸造している。

バルバレスコは四つの村で構成され、七〇〇haの土地で毎年三八〇〇万本のネッビオーロ種のワインが製造されている。タナーロ川が流れる肥沃な土地である。EUの原産地名称保護制度において最上位のDOCGに認定され、ワインの王様バローロと並んで最高級ワインの評価を得てきた。アルバの東と西で土壌、気候、日照条件が違うことから、同じネッビオーロ種の産地として名高いバローロは色が濃く、タンニンのしっかりした渋みと深いコクがあるのに対し、バルバレスコは繊細で上品、スパイス風味とされていた。

写真4–7　バルバレスコのブドウ畑

バルバレスコのワインづくりは、一八四九年、アルバ醸造学校の創始者ドミツィオ・カバッツァが九人の農家を集めて最初の協同組合をつくったことに始まる。一九三〇年代、ファシスト政権の経済統制で組合は閉じられたが、戦後の一九五八年にバルバレスコ村の司祭が一九の農家を組織して復活させ、バルバレスコ協同醸造所が設立された。現在、組合では、毎年五〇万本が生産されている。そのうち九つの特別なブドウ畑から採れたブドウだけで醸造したワインも販売している。醸造所のマスターがバルバレスコの歴史から景観、生産方法、こだわりまで熱心に語ってくれたのが印象的だった。昼食は中世の城をリノベーションした星付きリストランテでいただいたが、極上ワインとトリュフや牛肉、新鮮野菜の地元食材、チョコレートと城内の雰囲気も手伝って素晴らしい饗宴であった。

バルバレスコからの帰り、バローロ方面に南下してラ・モッラに立ち寄った。高台の集落で広場からは眼前に丘陵が広がり、左にバルバレスコとアルバ、右にバローロが見渡せた。景観は農村の風景に馴染むように、家並みはじめ工場などの外壁の色も決められ、統一感が醸し出されていた。都市部だけでなく、農村も自然の風景と調和した景観を維持するべく、多大なる政策的配慮がなされている。

おわりに——小さな主体、産学官連携、コミュニティ再生

本章では、フィアット依存の都市経済からの脱却を象徴する三つの活動に焦点を当てた。産学官連携によるスモールビジネス支援、社会包摂型のコミュニティ再生、農村価値を取り入れた地域ブランディングである。いずれも小さな主体、企業、事業、農家などの連携と相互の作用による自律性、それにネットワークが重視されていた。環境変化とともに経済活動の意味も変わり、経済面だけでなく社会的な包摂も含めて、現代的なコミュニティの役割が増してきている、と考えられる。

もともとフィアット最盛期から労働者の団結が強固で、産業地域ならではの地域共同体が根づいてきたことと無縁ではないのかもしれない。他方で、柔軟な生産体制がみられる「第三のイタリア」の地域でも、グローバルなモノづくり環境の変化を受け危機に直面していったところは少なくない。一般にコスト競争にさらされ、地域内での適度な競争と調整がきかなくなると、地域産業は衰退する。そこで産業そのものだけでなく、むしろその本質やアイデンティティを支える文化的要素が重要になる。

産業都市からの脱皮を図るべく、トリノでは新たな可能性を求めて、都市内・地区内の大小あらゆるレベルで

都市アイデンティティを形づくる取り組みが展開されていた。都市戦略プランが重要であったことは間違いないが、その実行過程、各種のイベントを通して市民参画を促し、トリノの都市イメージを変革してきた。一〇年前のオリンピックは過去の記憶となりつつあり、フィアット経済に依存しない若い世代も台頭してきている。

今度の調査では、大学教員が実践的な活動拠点を各自の専門分野に基づいて切り拓き、中長期にわたって伴走支援をしていたことが深く印象に残った。それは、政治、建築、経済、産業、福祉、文化、景観と都市政策のあらゆる分野に関わっており、分野を超えた領域に広がりをみせている。

トリノはポストフォーディズムからの転換だけでなく、市民参加型の都市政策から顔の見える活動へ、持続可能な都市のあり方を模索してきた。じわじわ人口減少を続ける百万人規模の都市の取り組みや方向性は、人口減少時代の日本の都市・地域にも少なからず参考になるに違いない。

注

（1）内田（2016）一七九頁を参照した。
（2）岡本（1994）三七―三八頁を参照した。
（3）中国の生産台数は二〇一〇年に一八二六万台となり、改革開放前の一九八〇年と比べると実に八四倍もの規模である。日本は一〇〇〇万台を行ったり来たりしているので、今後はその差は広がるばかりであろう。中国の自動車生産は日系はじめドイツ系など外資系が現地企業と合弁を組んでの生産が主流であり、他国とは単純に比較はできないが、自動車はすそ野の広い部品産業であり、一国経済の成長をけん引する産業であることは間違いない。
（4）『世界国勢図会二〇一四／一五年版』による。元資料は国際自動車工業連合会資料に基づく。
（5）雑誌『地域開発』にて、筆者は編集委員として特集「クリエイティビティを追求する地場産業・伝統工芸」を組んだ（六〇二巻、二〇一四年一一月号）。地場産業・伝統工芸の普遍的な審美性とともに新たな展開に焦点を当てている。

（6）ピオリ&セーブル（1993）二九四頁。
（7）阿部（2014）四五頁を参照。
（8）たとえば、大阪では住之江区の名村造船所跡地をアート複合スペース「クリエイティブセンター大阪」にリニューアルした。大阪のクリエイターたちの活動拠点として市民にも認知されつつある。造船跡地を文化アート活動の場へと変えたのはおそらく日本では唯一であり、廃墟感を残しているのが特徴である。

参考文献

阿部大輔「市場や学校を核にトリノの移民街が再生する」矢作・阿部編、四〇―六六頁
稲垣京輔『イタリアの起業家ネットワーク――産業集積プロセスとしてのスピンオフの連鎖』白桃書房、二〇〇三年
内田洋子『イタリアからイタリアへ』朝日新聞出版、二〇一六年
岡本義行『イタリアの中小企業戦略』出版文化社、一九九四年
加茂利男・徳久恭子編『縮小都市の政治学』岩波書店、二〇一六年
島村菜津『スローシティ――世界の均質化と闘うイタリアの小さな町』光文社新書、二〇一三年
千厩ともゑ『トリノからバローロの丘へ』洋泉社、二〇〇六年
多木浩二『トリノ――夢とカタストロフィーのかなたへ』ベアリン出版、二〇一二年
多木陽介「優しき生の耕人たち／サン・サルヴァリオ・モナムール――イタリア・トリノ市のサン・サルヴァリオ地区における真の共同体づくり」『AXIS』
松永桂子『ローカル志向の時代――働き方、産業、経済を考えるヒント』光文社新書、二〇一五年
松永安光・徳田光弘『地域づくりの新潮流――スローシティ／アグリツーリズモ／ネットワーク』彰国社、二〇〇七年
宗田好史『なぜイタリアの村は美しく元気なのか――市民のスロー志向に応えた農村の戦略』学芸出版社、二〇一二年
矢作弘『縮小都市の挑戦』岩波新書、二〇一四年
矢作弘・阿部大輔編『持続可能な都市のかたち――トリノ、バルセロナの事例から』日本評論社、二〇一四年

アンドレア・ボッコ&ジャンフランコ・カヴァリア『石造りのように柔軟な——北イタリア山村地帯の建築技術と生活の戦略』鹿島出版会、二〇一五年
マイケル・J・ピオリ&チャールズ・F・セーブル『第二の産業分水嶺』山之内靖・永易浩一・石田あつみ訳、筑摩書房、一九九三年（原著一九八四年）
Alberto Vanolo, "The image of the creative city: Some reflections on urban branding in Turin", *Cities*, No. 25, 2008, pp. 370-382.
Alfred Mela, "Turin: the Long Transition, Space, Society", *The Kent State of the City*, Alinea, 2011, pp. 11-24.
Paolo Verri, "Believing in a Happy City", *The New Turin: The Kent State of the City*, Alinea, 2011, pp. 25-44.

第5章　トリノ・I3Pの事例に見るインキュベーションの案件発掘力

尾野寛明

工業都市として発展を遂げたトリノだったが、基幹産業である自動車産業の衰退を背景に、ハイテク関連の創業支援に手厚く力を入れている。こうした創業支援に際しては、インキュベーションという存在が注目されて久しい。

インキュベーションとは、英語で「(卵などが)ふ化する」という意味である。これになぞらえ、起業家の育成や、新しいビジネスを支援する施設をインキュベーション、またはビジネスインキュベーションと呼ぶ[1]。通常、ハード面とソフト面の両面で支援がなされ、ハード面では創業の様々なニーズに合わせてオフィスや研究室、試作工場などを安価で提供している場合が多い。また、ソフト面では、インキュベーションマネージャーと呼ばれる専門支援スタッフが常駐し、支援対象企業の経営的・技術的課題を解決に導くためのアドバイスや、公的機関による支援施策の紹介など各種情報提供を行う。その他、展示会や商談会、各種交流会を主催してビジネスマッチング支援を行っていることもある。

インキュベーションについて議論をする場合、支援体制構築やマネージャーの量的・質的拡充に関して論じられることが多い。相談窓口を設置し、安価で入居できるオフィスや試験施設を提供し、資金調達・販路開拓・技術開発を支援して起業家を成功に導いていくことは、インキュベーションの最も重要な役割である。そして、これらの業務を担う優秀なインキュベーションマネージャーを確保することが、インキュベーションとしての成否を左右することは間違いない。

インキュベーションと案件発掘

しかし、それは、優秀で意欲のある起業家が一定数集まれば、の話である。人口の集中する主要都市であれば、こうした点については気にすることはない。しかし地域の創業支援の現場にいると、多くの場合、起業家が集まりすぎて困るなどという話は聞いたことがない。起業家を一定数集めることが、まず、課題になっていることを痛感する。

トリノはイタリアでは第四の規模を誇る都市である。しかし、第二の都市ミラノには特急列車で一時間余り。普通に考えれば、起業家たちは、人・情報・資金などより恵まれた環境を求めてミラノを目指してしまうだろう。そのためトリノに人を集めようと思えば、「ミラノではないトリノ」をアピールし、創業案件を発掘していかなければならない。

筆者も日本国内において、島根県江津《ごうつ》市や雲南市をはじめ、全国いくつかの地方都市にて創業支援に携わっている。いずれも中核都市「ではない」場所である。江津市は島根県西部の中核都市、浜田市に接している。雲南市も県庁所在地の松江市や、県内第二の都市である出雲市に接している。

こうした地域において創業支援を手がけていると、支援窓口を設置して待っているだけでは誰も来ない。いずれの地域も少子高齢化に悩む典型的な条件不利地域であり、大学進学や就職を機会に大多数の若い世代は地元を離れることになり、近くのより大きな都市へ移り住むこととなる。二十代〜三十代の人口が極端に少なくなり、それは必然的に、創業意欲のある人々が少ないということになる。そのため、支援以前に、創業案件の確保に走り回るのが最初の仕事となる。案件となるような優秀な若者を見つけてようやく、各種創業支援がスタートする。これが中核都市ではない地域の現実である。(2)

こうした視点から、インキュベーションが数多くの創業支援実績を輩出していくのにあたって、創業案件を発掘していく能力の重要性について、ここでは探っていきたい。ポスト自動車産業を模索する中、ハイテク関連の創業支援に力を入れる一環でトリノ工科大学に設置されたイタリア初のインキュベーション施設「I3P（アイスリーピー）」。この施設がこれまでに一〇〇件近くの創業を成功させてきた経緯に着目したい。また、I3Pが一貫して行っているアイデア発掘の取り組みに着目することにより、縮小社会におけるインキュベーションのあり方を考えてみたい。

トリノ工科大学と産学連携

トリノ工科大学の前身にあたる工業専門学校の創立は一八五九年。イタリアにおける最古の工科大学であり、理系の大学としては、ミラノ工科大学に次ぐイタリア第二番目の規模である。また、EUの第七次研究・技術開発のための枠組み計画（FP7）において、工学系重点大学として指定される研究機関であるなど、イタリアを代表する工科大学である。大学評価機関「クアクアレリ・シモンズ」が公表する世界の大学ランキング（二〇一五年）において、三三位（土木・構造工学分野）、六六位（電子工学分野）にランクインしている。車両工学や航空工学では、ヨーロッパの中でも有数の教育機関として認知されている。

工学部キャンパスの後背地の工場跡地には、一七万m^2の新キャンパス「チッタデラ・ポリテクニカ」が造成され、産業遺産を活用し、都市の文化創出活動の一環としての産学連携の場の創出が進んでいる。同キャンパス内には、企業のオフィス・研究施設を収容するビジネス研究センターが設置され、これまでにモトローラ、GM、マイクロソフトをはじめとする一八の産学連携研究センターが整備された。後述のインキュベーション施設「I3P」も含め、これまでキャンパス内に二千人を超える雇用を生み出してきた。

一〇〇件近くの創業を成功させたインキュベータ「I3P」

I3P（Incubatore di Imprese Innovative del Politecnico di Torino：トリノ工科大学イノベーティブ事業インキュベータ）は、トリノ工科大学に設置されている起業家育成のためのインキュベーション施設で、イタリアでは初である。これまでに九二件の創業を成功させており、二〇〇四年には、サイエンス・インキュベータ・アワードの最優秀賞を受賞。二〇一四年の世界六七カ国・三〇〇カ所の大学発インキュベータのランキングにて、ヨーロッパ第五位、世界第一五位として認定されている。

設立は一九九九年。行政や大学、通信事業者など七者による非営利の共同事業体として設立された。学生や教授はもちろん、トリノの他の公共団体関係者や、大学所属ではない起業家にも自由にアクセスできる場所となっている。これまで一七一社の創業に携わり、現在の入居企業は四一社。その他、九二社が創業に成功し、活躍中である。残り七社は既に買収済み、三一社は撤退しているが、高い成功確率を誇るインキュベータといえる。今もなお毎年一五件の新規創業を迎え入れ、これまでに一一七〇名の新規雇用が創出されてきた。

入居までのプロセスは、まず、三〜五カ月のプレインキュベーション期間から始まる。創業メンバーの固定と、財務アドバイザーを交えた資金調達が行われた後、正式に入居となる。入居は基本的に四年間で、家賃は年間一〇〇〇ユーロ程度と格安に抑えられている。入居形式も、実際にオフィスをI3Pに構える通常入居の他に、各種アドバイザーの支援やビジネスマッチング支援のみ受ける「バーチャル入居」方式も準備されていた。

写真5–1　工場跡地を再生して作られたI3Pの施設

裾野を広く、斬新な技術創業アイデアを発掘

Ｉ３Ｐのこのような実績は、基本的には優秀なインキュベーションマネージャーたちの高いコンサルティング能力、そしてイタリア屈指の工科大学が運営母体として存在することに起因する。また、基幹産業であった自動車産業の衰退により、小さな創業を数多く仕掛けていかなければならないという危機感もそこにあったと思われる。

しかし、それと同時に、彼らの高い発掘能力も成功要因として挙げなければならない。Ｉ３Ｐでは、毎年新規創業を迎え入れているが、その背景として「毎年三〇〇のアイデアを集め、一〇〇のビジネスプランを審査し、一五の新規創業を迎え入れる」という具体的数値が徹底されている。

その中核にあるのが、毎年夏に実施されるビジネスアイデアコンテスト「スタートカップ」[3]である。これにより、アイデア発掘が計画的に実施されている。年間の流れは大まかに以下の通りである。まず、夏に向けた四〜七月がコンテストの準備期間。この期間に三〇〇の技術的に斬新なビジネスアイデアを発掘し、戦略コンサルタントを交えてのビジネスモデルの構築が行われ、一〇〇のビジネスプランへと絞り込まれていく。そしてコンテスト本番となり、受賞した一五のプランが実際にインキュベータに迎え入れられる、という仕組みである。その中でさらに優秀なものは、全イタリアのコンテストの出場権が得られる。

三〇〇のアイデアを発掘するのも容易な話ではない。大学のネットワークを活用するのはもちろんのこと、世界七〇〇都市以上で開催されているアメリカ・シアトル発の起業家発掘イベント「スタートアップ・ウィークエンド」[4]をトリノにて開催するなどしている。これは金曜夜から日曜までの二泊三日、合宿形式で集い、仮想のチームを結成してビジネスアイデアを構築するイベントである。このように裾野を広くして様々な技術アイデアがトリノの地で実現されるための仕組み作りが行われている。

ミラノではなく、トリノで創業する意味

ただ、それでもイタリア第二の都市ミラノまで特急なら約一時間で行ける。トリノにこのような創業支援の場を用意することに関して、疑問が生じる。人々は、結局ミラノで起業してしまうのではないか、そしてトリノで創業したとしても、ある程度の創業ステージになった際には、ミラノへ拠点を移してしまうのではないだろうか。

入居する数社の代表にインタビューする機会を得たが、誰もがまず口にするのは、「このネットワークを失うのは損である。ミラノへの移転は考えられない」ということであった。卒業後に拠点を移してさらなるビジネス拡大を狙うことも彼らにはできる。しかし、入居企業や卒業企業が参加する定期的な交流会が行われるのはもちろん、それ以外にも様々なつながりがあるといい、自社のネットワークも自然と広がっていくので助かる、というコメントが印象的だった。さらに、なぜミラノではなくトリノで創業したのか、と聞いてみた。これに対しては、創業者自身が地元だから、研究室に所属していたからなどの答えが先に出るものの、それに続いて「この雰囲気の良さ、横のつながりは貴重で、ここから離れる理由はない」とのことだった。

二〇一四年にトリノ工科大の大学院を修了し、そのままＩ３Ｐにて働くことになった女性スタッフは、インターンシップを通じての経験が大きかったという。彼女は機械工学を専攻したが、在学中にＩ３Ｐ入居企業の創業支

写真5–2　開放感のあるI3Pの内部

援に三年間実際に携わり、事業拡大ステージまで押し上げることができたという。ここで働くのは本当に楽しく、学生にとっても狭き門であるが人気の就職先の一つと話していた。

明確なデータはないが、入居企業同士のネットワークが構築されていること、そして雰囲気の良さにより、起業家が次の起業家を呼ぶ好循環ができているという。訪問では、支援スタッフを含め、全体としてＩ３Ｐの雰囲気の良さが十分に伝わってきた。

締め切りを明確に設定

それでも課題は残されている。創業件数や雇用創出効果など成果は出ているが、こうしたスタートアップ企業の成長に対しては好意的な環境とは言いづらく、経済界全体が成長を後押しする雰囲気になるには、まだ時間がかかるとの認識であった。しかし、コンテストを核にした明確な発掘モデル、そして居心地の良さで（ミラノではない）トリノを明確に位置づけること——それが創業案件の発掘力につながっている。

単に年間発掘目標件数を設定するだけでは、件数の達成は難しい。そこにコンテストという明確な締め切りがあり、コンテストをイベントとして盛り上げるためにスタッフが一丸となって応募者探しに回る体制がある。それが案件発掘をうまくさせているのではないかと思われる。四年間の入居期間を支援するだけでなく、その後のつながりや雰囲気まで気を遣うことで、次の案件探しに寄与している。これがトリノ流の案件発掘力なのだろう。

日本においても一部の大都市を除き、本格的な人口減少にさしかかる。そうした中では創業案件の発掘すら難しくなってくる。優れた創業案件がインキュベータに応募しなければ、インキュベーション自体が成り立たないという視点をもち、中核都市以外の地域でも創業を活性化していくには、何かの挑戦をしようと思った人がミラノやローマではなく、トリノが良いと一人でも多く興味を持ってもらうために、一貫した仕組み作りを丁寧に行っているI3Pの事例は、大いに参考にすべきであろう。

注

（1）中小企業基盤機構ホームページ『インキュベーション事業について』http://www.smrj.go.jp/incubation/index.html を参考にした。
（2）筆者の島根県における取り組みに関しては、松永桂子・尾野寛明編著『ローカルに生きる・ソーシャルに働く』（農山漁村文化協会、二〇一六年）が詳しい。
（3）I3Pのホームページに設置されている募集ページが詳しい。https://startcup.i3p.it/
（4）世界各地で非営利組織として活動している。日本の組織概要ページ http://nposw.org/ が参考になる。

第6章　産業転換による工場転用と地域の活性化

和田夏子

はじめに

北イタリアの都市トリノは、アルプスの麓にあり、ミラノからも特急列車で一時間弱の距離にある。自動車産業が栄えたフォーディズム時代はフィアットの企業城下町であったが、オイルショック後の自動車産業の衰退とともに人口が減少し、都市も衰退していった。しかし、その後トリノは、工場跡地や工場だった建物を利用して再開発し、新しい産業へと転換することで衰退都市から脱却し、人口減少を食い止めて増加に転じ、観光都市としての地位も向上していった。本稿では、工業都市であったトリノに大量に残された「負の遺産」である工場建物の利活用に注目し、工場建物が産業転換に伴いどのような用途に転用され、新しい空間として蘇っているかを報告する。

一　トリノの産業と土地利用の歴史

トリノは、一八六一年にイタリアが統一されてから首都がフィレンツェに移るまでの数年間はイタリアの首都だった。最初に工業が栄え始めた一九世紀後半のトリノは、繊維工業が中心だった。工場に使う電力は滝を使って発電していたため、ポー川やドーラ川の近くに集積していた。図6―1によると、繊維産業の工場は、小規模なものが川の近くに点在しているのが分かる。その多くが羊毛や綿の紡績工場だった。

一八九九年にフィアットが創業し、一九〇〇年に最初の工場が開業した。そこから機械工業の時代へ移っていった。フィアット最大の工場である「リンゴット工場」は、アメリカ・フォード社の工場をモデルに一九一五年に着工、一九二二年に第一期完成、一九三〇年に全体が完成した。続いて、ミラフィオリ工場が一九三九年に完成した。一九五七年には「フィアット500」が大ヒットし、フィアットは益々発展していった。トリノは、フィアットのワン・カンパニー・タウンとなった。フィアットの工場で働く従業員は、一九五七年には七万一千人、一九七一年には一五万一千人となった。トリノの人口もフィアットの発展とともに急激に増加し、フィアット創業前の一八八一年には二五万人、一九一一年には四二万人、一九二一年には五〇万人、ミラフィオリ工場ができた一九三九年には七〇万人、そして、ピークの一九七五年には一二〇万人にもなった。

フィアットの経営が傾き始めたのは、一九七三年のオイルショック後だった。一九七三年には、生産を二〇%削減し給与の不払いが生じた。一九八〇年には、二万三千人を解雇。最も衝撃的だったのは、一九八二年のリンゴット工場の閉鎖だった。フォーディズムの象徴だったリンゴット工場も負の遺産となってしまい、その後、フィアットは一〇万人の雇用を削減した。トリノの人口も減少をしはじめ、二〇〇〇年には八六万人まで減った。ブ

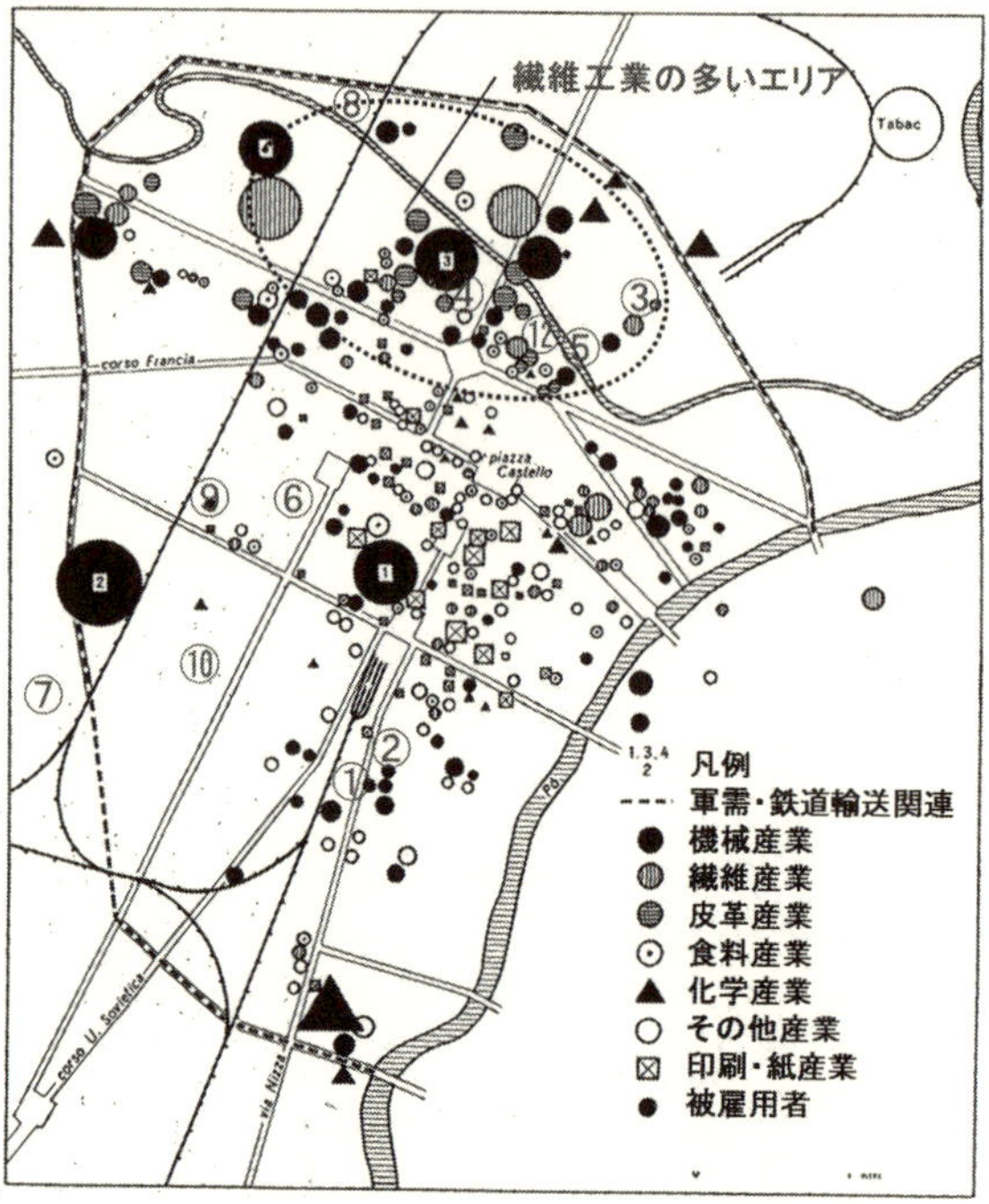

①Lingotto
②Eataly
③Basic village
④Cortile del Maglio
⑤Cineporto
⑥I3P
⑦Cascia Roccafranca
⑧Parco Dora
⑨Fondazione Merz
⑩Fondazione Sandretto Re Rebaudengo
⑫その他の小さなギャラリー

図6–1　19世紀後半のトリノの産業立地（1889年）

出典：矢作・阿部編（2014）106頁、Gabert, P., *Turin. Ville industrielle: Etude de géographie économique et humaine*, Paris: PUF, p. 109.

ラウンフィールドと呼ばれる工場跡地も二〇〇万m^2となり、二五万m^2を超える広大な跡地が六カ所も出現した。

もはや、トリノ＝フィアットではなくなり、トリノはフィアットに頼らない新しい産業で街づくりをしなければならなくなった。

一九九〇年代には、ＥＵが都市に注目するようになり、一九九八年の「ＥＵ内のサスティナブルシティ開発の行動計画骨子」の発表以来、工場が撤退してブラウンフィールド化した土地の再開発プロジェクトに積極的に補助金を出すようになった。トリノの大規模な再開発には、「スピナ1」から「スピナ4」までの、トリノのスピナ（背骨）のように続くプロジェクトがある。また、それ以外にも、工場をコンバージョンして、美術館や商業、オフィスなど様々な用途転用がされていった。特に現代アートは古い建物を利用して、街おこしの原動力となっている。その結果、二〇〇〇年以降人口は微増し、現在八七万人に回復した。

二　衰退後の復活と工場コンバージョン

フィアット以前の繊維工業等の工場や、フィアット時代の機械関係の工場、また、軍事工場や発電所など、トリノには様々な工場の建物が残されているが、これらは時代の変遷とともに、商業や美術館など様々な用途に転用されていった。建物の用途として「工場」が多かった二〇世紀から、様々な消費や知的欲求を満たす活動などへの人々の生活の変化を表しており、時代に合わせてコンバージョンすることに成功している。これらの事例を用途ごとに紹介する。

1　商業施設

商業利用の事例はとても多い。製造業からサービス業に産業構造が変わりつつあることが分かる。フィアットの主力工場だったリンゴット工場も、ホテルとショッピングセンターを中心とした商業複合ビルと転用されている。

①Lingotto（写真6―1）　リンゴットは、フィアットを代表する工場で、フォーディズムを体現した歴史的工場だった。一九一五年に着工し、一九二二年に第一期が、そして全体としては一九三〇年に完成した。一九八二年に工場が閉鎖された後は、「フォーディズムの負の遺産」と言われたが、「ポストフォーディズム時代の到来

写真6–1　Lingotto

を体現する建物」に転換して使われることとなった。レンゾ・ピアノ設計で、EUの「都市の衰退地区支援プログラム」の資金を使い、商業複合施設に生まれ変わった。

建物の長辺が約五〇〇m、延床面積二四・六万m^2の広さで、屋上にはテスト走行ルートがあり、建物内部には、屋上から地上へ車が下りてくるための車路が残っている。巨大な構造体を残したままで、二つのホテル、コンベンションセンター、ショッピングモール、美術館、二つの大学（トリノ大学歯学部と、トリノ工科大学エンジニアリング学科）等が共存している。ホテルは、メイン棟の方に二四〇室のNHトリノリンゴットコングレスが、別棟に一四〇室のNHトリノリンゴットテックが入っている。合わせて三八〇室の規模である。低層の一階二階は、コンベンションセンターやショッピングモール、ホテルのロビー、レストランとし、客室は三階以上の階に配置されている。屋上から降りてくる車路の周りは、大学として使われている。

② Eataly（写真6—2）

この建物は、二〇世紀の初

写真6–2　Eataly

写真6–3　Basic Village

めに建てられたカルパノ（Carpano）のワイン製造工場だった。カルパノは一七八六年創業のトリノのワインメーカーである。一九九六年にこの工場が閉鎖し、二〇〇七年にスローフードで有名な、イタリア・トリノ発の高級食材とワインを扱うイータリー（Eataly）の本店として生まれ変わった。ワイン工場だった当時の外壁やタンクも利用している。地下一階には、ワインを樽から量り売りするコーナーがある。

③ Basic Village（写真6—3）　一九三〇年から一九五〇年の間、ニットや靴の製造工場の複合施設だったこの建物は、一九九七年に、物販店舗・レストランと、オフィス、住宅の複合施設に生まれ変わった。延床面積は約二万m^2である。当時は工場転用の事例が少なく、工場転用の先駆けとなったプロジェクトである。工場から商業複合施設へとコンバージョンする際には、住宅とそれ以外の用途とのバランスを崩さずに行った。一階は物販店舗、二階はオ

写真6–4　Cortile del Maglio

フィス、三階は住宅として使われている。

④ Cortile del Maglio（写真6—4）　ここは、ドーラ川に近いエリアで、かつて軍事工場として使われていた工場のコンバージョンである。主に第一次世界大戦から第二次世界大戦の間に使われていたこの建物は、一九九四年に商業複合施設にコンバージョンされた。中心には四〇m×四〇mの屋根の掛けられた広場がある。四本の太い鉄骨で支えられたこの屋根は、集成材で作られている。広場の真ん中にはかつて鉄を鍛えるために使ったハンマーが置かれ、Cortile del Maglio（ハンマー広場）という名前はそれから取られている。広場の周りには、アーチ状の開口部のある壁が囲み、陶芸や、自転車、アート作品をつくるアトリエなど、ものづくりのアトリエ兼ショップが多く並んでいる。室内の天井は二層分あり、各々、ロフトを設けるなどして豊かな空間が作られている。また、カフェなどの飲食店があり、その周辺は夜遅くまでにぎわっている。

写真6–5　Cineporto

写真6–6　I3P

2　オフィスとインキュベーションセンター

①Cineporto（写真6―5）

この建物は、一九一五年に建てられた紡績工場だった。工場閉鎖後、地方自治体が公共サービスのために買った建物で、現在は、Film Commission Torino Piemonteという会社の本社兼研究所として使われている。工場当時の壁を再利用しているが、屋根はトップライトを多く取り入れて掛け直している。また、中庭を設けるなど構成を工夫している。通りに面してカフェもあり、明るく活気のある建物に生まれ変わっている。

②I3P（Incubatore di Imprese Innovative del Politecnico di Torino）（写真6―6）

I3Pは、トリノ工科大学のインキュベーションセンターである（本書所収尾野論文参照）。産業転換の時代を迎え、新しいビジネスを生み出していくために、一九九九年に設立された。建物も昔の工場の屋根を取り換えて、スタートアップした企業のためのオフィスとして利用している。科学技術に基づく起業のサポートをしており、トリ

写真6–7　Cascia Roccafranca

ノ工科大学の教授や学生による起業支援がメインである。毎年ビジネスコンテストを行い、三〇〇のアイデアを集め、それから一〇〇のビジネスプランに絞り、毎年一五社が新しく起業している。一九九九年の創立以来、これまでに一七一の企業が起業され、そのうち九二社が成功して独立し、七つの事業が買収され、四一の企業が継続してI3Pのサポートを受けているとのことである。インキュベーションセンターとしては、ヨーロッパで五位、世界で一五位の評価を得ている。写真は、明るいガラスの天井から明るい光の入るオフィスフロアの共用部と、ここで立ち上げられた歴代のビジネスの紹介が壁に貼られたホールである。二〇世紀の自動車を中心とした機械産業からの転換において、建物の転用だけでなく、新しいビジネスの創造にも力を入れていることで、都市の活性化へと結びついている。

3　コミュニティセンター

①　Cascia Roccafranca（写真6―7）

ミラフィオリ地区のここはかつて農場であり、農家の納屋や牧畜の

写真6–8　Parco Dora

小屋などだったが、一九六〇年代に閉鎖され、その後廃墟となっていた。二一世紀の初め、ＵＲＢＡＮ Ⅱのプロジェクトとして市がこの建物を買い取り、革新的なモデルであり実験的な試みとして、二〇〇四年にコミュニティセンターとして再生させた。ミラフィオリ地区の人々の需要とも一致し、「毎日の生活のための家」として参加型のデザインで作られた。誰でも利用できる場所として、図書室、カフェ、レストラン、コミュニティ活動をするためのスペース、オフィスから成る。様々な年齢層を対象としたプログラムが毎日行われている。建物は、昔の外壁を残しながらも、一部鉄骨とガラス張りの建物を増築し、昔ながらの空間を生かしつつ、新旧の調和したデザインとなっている。

4　公園

① Parco Dora（写真6―8）

工場跡の建物は、公園にも活かされている。ドーラ公園は、ドーラ川の両岸に渡り、四五エーカーの広さがある。この公園には、工場の柱を残しているところや、柱と屋根や階段を残しているところなどがあり、かつての建物の一部が公園のランドスケープになっている。工場の屋根は日除けにもなり、日差しの強い時は、この屋根の下でボール遊びをしている人々の姿を見られる。

写真6–9　Fondazione Merz

5　美術館

ポストフォーディズムの時代になると、現代アート等の文化領域の活動が重視されるようになった。そこで、「負の遺産」である工場跡が現代アートの空間として利用されることが多くなった。大規模なブラウンフィールドは再開発されたが、点在する比較的小規模な工場は、美術館やギャラリーとして利用されているところが多い。トリノも「イタリア現代アートの首都」と呼ばれるようになった。

①Fondazione Merz（写真6—9）　トリノ中心部から少し南西に行ったこの場所は、かつて、ランチア（Lancia トリノを本拠地とする自動車メーカー。一九〇六年トリノで設立、一九六九年よりフィアットグループの傘下）の工場があり、この建物は、一九三六年に建設されたランチアの火力発電所だった。二〇〇二年にコンバージョンして、現代アートの企画展等を行うために、美術館として再生された。コンバージョンではシンプルさが重視され、三二〇〇m^2の広さ、高さ一〇mの天井高を生かして、地下一階から二階まである三層の展示室となっている。カフェやライブラリー、本屋などがあり、かつての水槽を展示スペースにした場所も見られる。

②Fondazione Sandretto Re Rebaudengo とその周辺（写真6—10）　トリノ中心部から南西に位置するこのエリアは、サンパオロという地区で、労働者階級

写真6–10　Fondazione Sandretto Re Rebaudengoとその周辺

が住み、工業が盛んな地域だった。その中にあった、自動車用スチールホイールのファーガット（Fargat）の工場があったエリアが、一九七〇年代から空いていたが、ものづくり活動やアートの場所として生まれ変わった。この場所は、約一万三〇〇〇m^2の敷地に、約一万m^2の建物が建っていた。すべての建物を保存するわけにはいかなかったが、七八〇〇m^2の建物が保存されてコンバージョンされた。そのうち四五〇〇m^2はものづくり活動に使われていて、一八〇〇m^2は公共サービスに使われている。その他にも、多様な用途に使われており、その中の一つが、美術財団の本部になっている。

　このプロジェクトにより、サンパオロ地区は、ファーガットの工場から新たな文化地域へと転換している。

　この地区の中心は、美術財団の本部 Fondazione Sandretto Re Rebaudengo である。屋外空間が広く、芝生で整備されており、建物は一面だけ高さ九m、長さ一三〇mの範囲に渡って石が貼られている。一部ギャラリーとして公開されていて、外壁のスリットからこぼれる光と、トップライトからの光が効果的で、窓の少ない工場の空間を

写真6–11　その他の小さなギャラリー

うまく利用している。中にはモダンなカフェもあり、人々がゆっくり休めるようになっている。

③その他の小さなギャラリー（写真6―11）　トリノ市内の北部、ドーラ川周辺の繊維工業が盛んだったエリアには、小規模な工場跡が多く残っている。これらは、小さなギャラリーとして運営されているところが多い。工場の屋根形状がトップライトから柔らかい光を取り入れられるようになっていたり、天井高が高かったり、工場建物はギャラリーに転用するには利点が多い。

④Paratissima の活動　トリノのアート活動として近年注目されているものに、Paratissima（パラティッシマ）という団体がある。

二〇〇〇年から活動を始め、毎年一一月に五日間、都市の空いている場所を見つけてアートイベントを行っている。空いている場所を探して活用することと、多くのアーティストに発表の場を提供し、新たなアーティストを発掘することが特徴である。

もともと、政府が主催しているArtissimaというアートイベントがあり、その開催日に合わせて、非公式に開催するゲリラ的なアートイベントとして始まった。Paratissimaという名前は、Artissimaにpararell に（並行して）開催するという意味と、parasite（依存して）開催するという意味を込めて名付けられた。現代アートは、非常に限られたアーティストによってつくられ、価格も非常に高いということに問題意識を持ち、その現代アートの世界を変えるべく、すべての人に開かれたアートイベントとしている。

ファッションデザイナーや写真家なども含め、応募してくる人は選考なくすべて受け入れることをモットーにしている。最初は七人のアーティストから始め、三年後には一五〇人のアーティストとなった。開催する場所も、毎年新たに探している。今後は、空き施設となっているトリノオリンピックの建物を使えないかを、市に提案をしている。

年に五日間のイベントが活動の基本だが、それ以外にも、トリノ市内のギャラリーやアートイベントの紹介の活動を、「Paratissima 360」という名称で行っている（一年三六五日のアートイベントの五日間以外の三六〇日という意味と、三六〇度全方位という意味）。トリノ市内には、美術館やギャラリーにコンバージョンされた建物や、ギャラリーとして使うことが適している空き建物も多いが、Paratissimaのような活動があるからこそ、その空間が活かされ、都市も活性化される。都市の活性化には、ハードの整備だけでなく、そこでの活動であるソフトが重要である。

おわりに

トリノは、自動車工場のフィアットで有名であるが、工場建物は機械工業だけでなくそれ以前の繊維工業のものや軍事工場など、長い期間の多様なものが残されている。大規模な工場跡地は全体が再開発されているが、それだけでなく、街中に多数残る築一〇〇年になる工場建物が、その空間のダイナミックさを残しながら商業、ギャラリー、オフィスなどの新たな収益源にコンバージョンされているところは非常に興味深い。これからの、他の地域のまちづくりにも参考になる事例である。時代が変われば、一つの産業が長続きすることもなく、産業構造も変わらざるを得ない。トリノは、新しい産業や文化の創造により、「負の遺産」だった工場建物を価値ある施設に転換し、人口減少から増加に転じて活性化することに成功している模範事例である。

参考文献

矢作弘『縮小都市の挑戦』岩波新書、二〇一四年
Urban center Metoropolitano, *Contemporary Turin Guide to architectures*, List Laboratorio Editoriale, 2011.
矢作弘・阿部大輔編『持続可能な都市再生のかたち——トリノ、バルセロナの事例から』日本評論社(地域公共人材叢書、第三期第二巻)、二〇一四年

第7章 「スロー」的思考とソーシャル・イノベーション
――メトロポリタン都市化に向けた食文化ネットワークの新たな展開

大石尚子

はじめに

旅の醍醐味の一つに食がある。筆者は海外に行けば、地元の食堂や市場に足を運ぶ。地元食材、味付け、調理方法や、食器やテーブルクロスなどインテリア、また歓談する地元客の様子に、その地域の特産品や食事マナーを知ることができる。市場に行けば、売られている商品のみならず、地元客の商品の選び方や買い方、店員とのやりとり、お金の払い方、陳列方法等に、その地域の暮らしを垣間見ることができる。食を通じて、その地域の風土や歴史、文化に触れるだけでなく、その地域、あるいは国の社会システムを知ることができる。

昨今は旅行の在り方も多様化し、グリーンツーリズムや農家民泊など、都会の喧騒を離れて田舎のスローライフを体験できるようなライフスタイル体験型観光が増えている。地域の魅力を体験するコンテンツとして必ず食に関わるイベントが用意されている。つまり、食をめぐるサービス産業は、地域経済の活性化に大きく関わっている、というよりもそうした産業の在り方を通じて、その地域の暮らしの質が見えてくる。

トリノは自動車産業の都市としてのイメージが強いが、フードビジネス業界では、「美食の町」として有名である。世界的な食のネットワーク「スローフード協会」が発足した地域の州都でもあり、豊かな食文化を持つ。サヴォイア家の支配下にあった時代に栄えたカフェやチョコレートの文化、イタリアワインの王様、女王様と称され世界的に有名なバローロ、バルバレスコを筆頭に高品質のワインの宝庫であり、白トリュフといった希少な食材など、その他名前を挙げればきりがない。スローフード協会に関連して、トリノ近郊にはスローフードの理念を施策として実践する「スローシティ」（後述で説明）も存在する。スローフード協会では、各地の伝統的食材を保護・発展を目的とした「プレシディオ（Presidio）」プロジェクトを展開しているが、そうした貴重な食材として認定された産品やPDO／PGIに認定された食品も多く[1]、これらを活用した食農体験観光のアグリツーリズムも盛んである。

スーパーマーケットの概念を変えた「Eataly」が生まれたのもトリノである。「ハイクオリティの商品を適正価格で提供する」を信条に、イタリア全土で産する高品質な伝統食材を販売するだけでなく、試飲食会、読書会、各種講演会やワークショップ等を開催している。単に食を消費するのではなく、食を通じたエンターテイメント空間の創出である。今や、店舗はイタリア全土のみならず、アメリカ、日本、中東、アジアにも進出している。

このように、トリノを中心として食農に関わるグローバルネットワークが張り巡らされているかのように見える。食農分野の産業が脱工業化を目指すトリノに、自動車産業に代わって少なからず地域経済の発展をもたらしていると考えられる。

本稿では、トリノが持続可能な地方都市に転換するための一つの解として食農分野を取り上げる。そして、これまでに培われてきたイタリアにおける多様な食農ネットワークに注目し、それらがトリノにおいてどのような機能を果たしてきたか、また一つの解となり得るためにはどのようなかじ取りが求められているのか、検証したい。

一　メトロポリタン都市化に向けて

1　グローバル・フードシステムのドライバーとしての都市

トリノは、二〇一五年より、三一五市町村を束ねるイタリアで最も大きなメトロポリタン都市として生まれ変わった。メトロポリタン都市としてのトリノでは、都市と周辺地域が包括的に持続可能な発展を遂げるために、ハード面・ソフト面においても構造転換を進めるべく、政策立案のための調査研究が進められている。都市と農村をつなぐ経済として、フードシステムに関する研究プロジェクトも目立つ。その一つとして、「The Altas of Food」が進められている[2]。フードシステムの分析方法の開発を目的とし、地理学者、都市計画専門家、IT専門家、プログラマー、農学者等など異分野の専門家によるアクション・リサーチプロジェクトである。フードシステムとは、食の生産、加工、流通、消費、廃棄マネージメントをつなぐ一連の活動のことである。その改革に向けた戦略的政策を立案・実施することを目指している。

これまでイタリアでは、メトロポリタン都市等都会レベルでのフードシステムについての研究はほとんどなされてこなかった。食問題は、田舎の問題とされてきたからだ。しかし、今や地域のフードシステムもグローバル化によってグローバル・フードシステムに組み込まれてしまった。そこで重要となるのは、グローバル・フードシステムの結節点となる都市である。The Altas of Food の研究チームは、フードシステムの研究対象を都市とした理由として、以下の三つを挙げている。第一に、都市社会は、フードシステムの結節点として大きな役割を果たす。第二に、フードシステムの危機に都市社会は一番影響を受け、脆い。第三に、都市は政策展開の場であり、直接的にも間接的にもフードシステムに対する戦略や政策が行われる。農山漁村地域に対する施策を軽視しているのではない。農山漁村は農作物や自然資源を産出する場であるのみならず、景観保護や国土保全、伝統文化の伝承、レクリエーション等多面的機能を有し、重要な役割を果たす。しかし、都市地域を含めたグローバル社会のレジリエンスを構築していくためには、そうした地域が、生活空間としても健全に維持されていくことが重要である。その意味において、メトロポリタン都市トリノにおけるフードシステムの解明とイノベーションに向けた方法論の開発は、その他の地方都市の構造転換においても重要な意味を持つとしている(3)。

2　ソーシャル・イノベーションに向けた戦略的取組

メトロポリタン都市化に向けたソーシャル・イノベーションの動きには、ＥＵ（欧州連合）のプロジェクトである「スマートシティ」事業や、多様な産業と雇用創出を通じて地域再生を図る取り組みがある。その中でも、食農分野は重要なテーマとして取り上げられている。ここでは、ＥＵ戦略とソーシャル・イノベーションについて述べる。

2―1　ＥＵ戦略とソーシャル・イノベーション

二〇一〇年、欧州委員会は、二〇二〇年までに達成すべき目標を掲げた『ヨーロッパ二〇二〇（Europe 2020）』を公表した。その目標は「知的で持続可能で包摂的な成長（smart, sustainable and inclusive growth）」とされ、次の一〇年間のＥＵの経済社会政策の基軸となる戦略を提示している。

『ヨーロッパ二〇二〇』は、重要政策課題七つの柱（人材の高度化と高雇用、ＩＣＴ推進、環境・エネルギー問題など）で構成されている。その基本コンセプトの一つとして「ソーシャル・イノベーション（ＳＩ）」を据え、包括的イノベーション政策「イノベーション・ユニオン（Innovation Union）」を打ち出し、ソーシャル・イノベーションを醸成する環境整備を進めている。ソーシャル・イノベーションを引き起こす人材の発掘や育成、革新的な人材のネットワーク、革新的な諸活動を支援する資金調達などを包摂する制度システムの構築である。そして、そうしたソーシャル・イノベーションを醸成するエコシステム構築の基盤形成にむけて、ＳＩＥ（Social Innovation Europe）というソーシャル・イノベーションネットワークを設立した。

そもそもソーシャル・イノベーションとは何か。「イノベーション」研究の始源は、シュンペーターが「（イノベーションは）新たな財やサービスを創出する」思想／技術革新と捉え、経済社会学を発展させたところにある。ソーシャル・イノベーションという表現は、一九九〇年代以降に使われるようになったが、社会的起業を意味する場合が多かった。それは、市場重視の米国では、企業利益と社会利益の同時達成型ソーシャルビジネスがソーシャル・イノベーションの主流とされてきたためである。一方、欧州では、ソーシャル・イノベーションを「産業、市民社会、行政それぞれのセクターにおける社会環境の革新」と捉え、ソーシャル・イノベーションを醸成する社会システムに注目する研究が主流になっている（J. Hochgerner 2011）。ビジネス技術の革新に加え、社会全体を変革する制度／組織的イノベーションを推進する公共セクター、官民パートナーシップのあり方の研究が重視されている。このＥＵのソーシャル・イノベーション政策の一環としてのＳＩＥは、欧州のソーシャル・イノベーション研究の当面の到達点である。

2―2　トリノにおけるソーシャル・イノベーション

（ⅰ）起業家育成事業

ＳＩＥでは、欧州各国にソーシャル・イノベーションの拠点を設置し、そこにインキュベーション機能や、ファンディング機能を集約させている。また、それらの拠点をネットワーク化してグッドプラクティスの共有やコンペティションを開催することで、社会的起業の醸成、人材育成を推進している。

ＳＩＥで各国のソーシャル・イノベーションの拠点となっているのは、地域連携事業や社会的起業の醸成で実績のある地方都市の大学や大学に付属する研究センターである。トリノでは、トリノ大学およびトリノ工科大学に起業家育成のためのインキュベーションセンターが設置されている。そこでは、二〇代〜四〇代の若者が地元企業の支援やコンサルティングを受けながら起業に取り組んでいる。実績を上げているのは、トリノ工科大学に設置されているインキュベーションセンターＩ３Ｐおよび、高等職業教育機関ＩＳＭＢ（Istituto Superiore MARIO BOELLA）のイノベーション研究センターである。Ｉ３Ｐでは、先に紹介した The Atlas of Food と関連して、二〇一六年五月にフードシステムのイノベーションに関するフォーラムが開催された。イノベーションのプロセスデザインを進めるイノベーション・デザイン・ラボ（IDlab）の主要テーマとして食のシステミックデザインが位置づけられ、アクション・リサーチプロジェクトが推進されている。

Ｉ３Ｐは、一九九九年に設立された。トリノ工科大学、および公共研究センターの学生、研究者、教員が所属し、有望なビジネスアイデアや人材の発掘、起業のためのコンサルティング・アドバイスを提供している。これまでに一〇〇近くの起業を成功させている。世界の大学インキュベーションセンター三〇〇のうちで、ヨーロッパでは五位、世界では一五位にランクインするほど大きな実績を上げている。その理由として、企業や研究センターのネットワークを活用して事業ごとに具体的な専門家を紹介していることや、スポンサーから資金調達の援助を受けられることなどが挙げられる。スタートアップのための資金調達については、一事業につき平均九千ユーロの投資が公的資金から提供されている。これまでに創出した仕事数は一一七〇に上るという報告があり、Ｉ３Ｐが地域イノベーションの一端を担っていることが窺える。

（ⅱ）ソーシャル・イノベーター発掘と育成事業――FaciliTo

トリノがスマートシティ事業の一環として進めている、トリノ・ソーシャル・イノベーション（以下ＴＳＩ）に関する事業について紹介したい。

TSIは、二〇一三年から始まったEUのファンドを活用したソーシャル・イノベーション促進事業である。若いソーシャル・イノベーターを発掘し、彼らに投資して、社会的起業などの育成・促進事業を進めるものである。TSIの目的は、①ソーシャル・イノベーションの文化の促進、②創造的なコミュニティ創造のためのサポート、③社会的経済の新たなカタチを発展させるためのサポート、④社会的経済市場をよりダイナミックで包括的、かつ持続可能なものにする起業家事業の発展を促進すること——とされている。特に若者の起業促進に焦点が当てられている。その施策として実施されているのが、二〇〇八年から始まった「FaciliTo Giovani Innovazione Sociale」である。ファシリテート（Facilitare）とトリノ（Torino）の頭文字をとって名付けられた。若者の起業に向けたサポートと事業自体への助成を行うために、二〇一三年には約八七万五千ユーロの予算を付けた。

まず、トリノ市では、特別窓口を設置し、二年間起業家を募集する。目的に合致したアイデアであれば、起業家はインキュベーターのサポートを受けながら事業計画を練り、銀行から融資を得て起業することができる。応募資格者は、応募時点で四〇歳未満。新規に立ち上げるものだけでなく、立ち上げから四八カ月以内であれば、すでに事業を開始している事業主でも応募ができる。メンバーの大半が四〇歳未満であることが条件である。企業形態は、欧州委員会が規定している零細・小規模企業の枠組みに該当しなければならない。生産労働組合、社会的組合も認められている。事業に求められる要素は、ソーシャル・イノベーションのコンセプトを「よりよい社会福祉を実現するための、喫緊の社会的課題にむけた新たな回答」を提供することである。新しい製品、サービス、問題解決方法を生み出すことを通じて、地域社会の問題に答え、社会的経済の発展に寄与するものでなければならない。本事業の目的がICTなどの狭い意味でのテクノロジーのイノベーションの推進ではないことを明記している。

この事業は、募集をある特定地区に区切って展開し、都市再生計画と連動した形で進められてきた。際立ってその成果が見られたのが、トリノ市北部のUrban Barriera di Milanoという歴史地区である。この地区では、歴史的に移民が多く移り住み、住居の老朽化、麻薬・売春等の犯罪の多発など社会的問題を多く抱えている地区でもあった。二〇一一年から、トリノ市、ピエモンテ州、EUからの助成を受けたUrban Barriera di Milanoプログラムがスタートし、環境整備から、地域経済・雇用促進、社会文化、コミュニケーションと社会的包摂といった問題に対して、自治体、教育機関、アソチアツィオニズモ（非営利組織）、住民、企業等の多様なステークホルダーが多角的に関わって地区の再生を推進している。

そうした中で同地区ではFaciliToが実施され、起業した若者が地域の再生に寄与するようになった。**写真5―1**は、Urban Barriera di Milanoの公報誌に掲載されたFaciliToの一覧である。移民向けサービスなどエスニック系事業、イベント企画事務所、デザイン事務所、広告宣伝、現代アートプロデュースといった文化芸術系事業、金属加工、伝統工芸、修復など職人技術系事業等、多様な職種で起業していることがわかる。その中でも、エノテカ（ワイン店）・レストラン・食材店・食育など食農関係事業が多い。毎日の暮らしに欠かせないものだから、当然なのだが、この事業は単なる企業支援ではなく、ソーシャル・イノベーション、すなわち、新たな社会サービスを生み出す革新性ある事業であることが条件である。例えば、地ワインを中心として、地元食材をつまみに気軽にグラスワイン一杯を楽しむことができるエノテカ「Purnotte」は、トリノやトリノ近郊の生産者から直接、ワインを樽で仕入れる。そのため安く提供することができている。赤・白ワイン、それぞれ三種類ほど置いている。そして、店員がそれぞれの特徴を説明してくれる。こうしたビジネスは、市場競争力のない小規模生産者の支援につながっている。老若男女が集い、安価でありながら質の良いワインを楽しめ、談義を交わすことができる、いわゆる第三の場を提供している。

こうしたトリノ市のソーシャル・イノベーション推進プロジェクトは、ヨーロッパの公的資金のみならず、プライベートファンドとの繋がりも生む。ローマに本拠地を置くジャコモ・ブロドリーニ基金（以下FGB）[4]は、ヨーロッパ都市にネットワークを持つプライベート財団である。二〇一六年に食農分野に特化したソーシャル・イノベーション推進事業Social Roots - Open innovation in Agrifoodを立ち上げた。九月には、ソーシャル・イノベーション事業コンペOpen Innovation Campをトリノで開催する。ちょうどスローフード協会の二年に一度の食の祭典「サローネ・デル・グスト」（第二節1を参照）と時期を合わせて開催される。スローフード協会は食農イノベーションの象徴である。会場となるトリノで開催されるのは、当然のことである。

写真7–1　Urban Barriera di MilanoのFaciliTo事業家たち
月刊誌 *IL CORRIERE DI BARRIERA 15*、2013年11月号に掲載

トリノをめぐって新しい食農分野におけるソーシャル・イノベーションに向けた取り組みが、行政・民間双方で活発化している。重要なのは、こうした一連の動きによって、都市住民が食農に対する意識変革を起こしつつあることだ。食べることは、単なる消費行為ではない。何を買うか、どこで食べるか、その選択が農山漁村地域を支えることにつながり、フードシステムを変える社会的行為になる。トリノはその可能性に溢れている。

二　トリノを取り巻く多様な食ネットワーク

トリノを州都とするピエモンテ州には、豊富な食材とそれらをはぐくむ自然・文化が存在する。トリノはメトロポリタン都市として周辺地域と連携し、そうした周辺地域の地域資源が市場にアクセスできる仕組みをつくることによって、都市においては、都市住民の食の確保と食関連産業の発達による経済発展が期待され、農山村地域においては、農業の活性化や六次産業化、農村観光などによる地域経済の再活性化が可能となる。つまり、州単位で地産地消を基礎とするフードシステムを確立し、グローバル化に対抗し、都市と農村の共存共栄が可能となる。その場合、トリノが周辺地域のハブとしての役割を果たすことが求められる。

実際、ピエモンテ州では、スローフード運動に代表されるように、食農に係る多様な民間活動が生まれた。それは自然が豊かだったからだけではない。ファシズム支配下におけるレジスタンス運動、工業都市化の時代に活発だった労働組合等左翼的な団体活動、そして相互扶助の民間活動や社会運動の長い歴史——そうした運動を通じて培われた市民自治の精神が、食農に係る多様な活動を育んだと考えられる。しかし、トリノは、そうした動きと連動し、ハブ都市としての機能を果たしてきたか、あるいは、果たそうとしてきただろうか。本節では、農山村漁村の再生に寄与した食に係る多様なネットワークとトリノとの関係に焦点を当て、トリノが食のハブ都市としての役割を果たしているのか考察する。

1 「スロー」という新たな価値観と「スローフード運動」

まず、グローバル化に対峙し、地域の食文化を救い、地域再生に寄与した運動として、今やイタリアのみならず全世界に広がる食のネットワーク「スローフード協会」に触れなければならない。トリノに隣接するクネオ県の片田舎の町ブラに発足したスローフード協会は、元々、アルチ・ゴーラ（ARCI GOLA）という美食クラブだった。アルチ（イタリア文化レクリエーション協会）は、イタリア全土に約一一〇万人の会員、五千以上のサークルを持つ、巨大な組織である。その歴史は古く、戦後のレジスタンスから生まれ、住民自らの力で作る互助団体として結成された。アルチについては後に詳しく説明する。アルチ・ゴーラはそのサークルの一つで、土地のワインや食材、伝統料理を楽しむ一市民サークルだった。ゴーラ(GOLA)は、イタリア語で「喉」の意味である。

一九八六年、アルチ・ゴーラは、アメリカ・ファーストフードの象徴であるマクドナルドのローマ一等地への出店に反対して「スローフード宣言」を発表した。その後、一九八九年、「スローフード協会」を発足させた。

今や、世界一五三カ国に一〇万人以上の会員、一五〇〇以上のコンヴィヴィウム(地域団体)を持つ巨大NPOである。スローフードの定義は「BUONO(おいしい)PULITO(きれい)GIUSTO(正しい)」である。「おいしい」は、高級料理や高級食材を意味するのではなく、その土地の風土が育んだ伝統的な方法で作られた食を意味する。「きれい」は、農薬の大量使用、無理な集約的農法など生産環境に負荷をかけていないこと。「正しい」は、生産工程で不正な行為がなく、その地域の風土・伝統・文化を守るものである、という意味である。そのミッションは、誰もが食を享受する権利があり、その権利を守り、食を享受するために必要な「生物多様性、文化、知識(Biodiversity, Culture, Knowledge)」を保護していくことである。

スローフード協会の「かたつむり」のロゴマークは、市民へ強いメッセージ性をもってそのイメージを植え付ける。六〇年代の民主化運動の時代に活躍した会長のカルロ・ペトリーニは、左翼系情報誌などにも執筆するなど批評家としても活躍した文才の持ち主であり、彼の発する言葉や文書には、インテリ層が引き付けられた。ペトリーニのみならず、アルチ・ゴーラを結成したメンバーは、七〇年代後半、当時禁止されていた民間ラジオ局を立ち上げるなど、メディアに精通した革新派の知識人だった(松永 二〇〇七)。知的で崇高な理念を掲げながらも、一般人に受け入れられたのは、「ファースト」に対抗して「スロー」、またロゴマークの「かたつむり」といった、どこかユーモアある言葉の選択があったからである。グローバル化に対抗しつつも真向から対立するのではなく、発達するIT等の情報メディアを駆使してうまくグローバル化の波に乗ったこと。それが飛躍的な発展の大きな要因である。

スローフードの活動は、①地域の食品と生産者の保護、②生産者と消費者をつなぐこと、そして③食農教育に重点が置かれている。①に関する事業としては、「味の箱舟」と「プレシディオ」という認証制度を実施している。「味の箱舟」は、そのまま放っておけば消滅してしまうかもしれない希少な食材を保護することを目的に、基準を設けて食品を認定し、プロモーション活動など支援策を通してその生産や消費を維持し、地域における食の多様性を守ろうというものである。現在、九〇三を越える動物、果物、野菜の品種と加工食品などが認定されている。「プレシディオ」は、生産者グループを作り、生産者自身が販売促進を調整できる環境を整え、彼らの商品の品質と評価の基準づくりを支援する。小規模生産者による食品の生産技術を安定させ、伝統的な食物の発展を保証する取り組みである。簡単に言えば、プレシディオに認定されれば、手間をかけて丁寧につくられ、安心安全で高品質であることが保証されることになる。現在、四五〇種、一万三千の生産者がプレシディオに認定されている。料理人や専門家たちに限らず、一般消費者もその価値を認知し、購入している。プレシディオの成功は、良質な食品は、一般のものよりは値段は高くなるが、それでも意識の高い消費者はその値段を支払い、生産が経済的に成り立つことを証明している。

②の生産者と消費者をつなぐことについては、大きな事業として、二年に一度、トリノのリンゴットを会場に開かれる食の祭典「サローネ・デル・グスト」(味のサロン)がある。一日では回りきれないほどの多様な食材のブースが並び、生産者自ら商品の説明をする。来場者の楽しみは、日ごろ手に入らない食材を買うことができる、というだけでなく、その場で生産者と対話することができることだ。「サローネ・デル・グスト」の開催と同時に、「テラ・マードレ」(母なる大地)という食の国際会議が五日間開催される。九〇カ国以上から生産者が招待され、世界中のあらゆる食農問題について、生産者、学者、民間企業、行政職員、調理人、学生等が一堂に会して議論を

繰り広げる。

③の教育面では、ブラ近郊に食科学大学・大学院を設立し、食農の未来を担う人材育成に取り組んでいる。大学では、味覚を学ぶための子ども向けの体験型教育プログラムを開発するなど、食育にも熱心に取り組んでいる。

全世界に広がるスローフード運動は、食の地産地消の推進にとどまらず、スローフードの理念に則った自治体ネットワーク「スローシティ連合」を生み出し、それまでにイタリア全土で農村地域の復興運動の中で勝ち取ってきた制度や施策（アグリツーリズム法や有機農業規則）とのシナジー効果を生み出し、地方小都市の再生に大きく寄与している。しかしながらこの運動の真価は、大量生産・大量消費という物質至上主義に疑問を呈し、本当に豊かな暮らしとは何か、人間にとって本当の幸せとは何か、ということを社会に問いかけ、社会の価値観の変革に寄与したことである。そのことが、一般消費者の意識を地域へと向かわせたのだと考えられる。

2 小都市ネットワーク「スローシティ」の発足

スローフード運動に寄り添う形で発足したのが、小都市間のネットワーク「スローシティ連合」である。一九九九年に発足したこのネットワークの理念は、「modern times counterpart (il controtempo della modernita)」。現代のスピード社会に距離を置き、人間が主役である暮らしを実現することである。地域の食材、郷土料理、職人技による工芸品といった地域の風土や伝統を現代に最大限活用することによって、質の高い暮らしを目指している。「スローフード」の哲学を、食にとどまらず暮らし全体で実践する。「速さ」がいつも競争力を持つとは限らない。「ゆっくり」こそ、グローバル社会の中で小さな町がそのアイデンティティを守りながら存続していく上で競争力を持つ、という逆説的な仮説である。

現在、スローシティ連合に加盟している自治体は五大陸に渡り、三〇カ国二一三都市（二〇一六年五月現在）。まさに世界的ネットワークである。日本では、気仙沼市が認定を受けている。こうしたネットワークを生んだのはイタリア首相でもEU議長でもない。イタリア中部トスカーナ地方にある人口一万五千人足らずの小さな都市グレーベ・イン・キャンティの、当時の市長パオロ・サントルニーニである。

一九九七年、スローフードの国際フォーラムの開催地オルビエートの市長ステーファノ・チミッキの挨拶での言葉――「人間サイズの、人間らしい暮らしのリズムが残る小さな町をつくろう」に感銘を受けたパオロは、早速、スローフード協会会長のカルロ・ペトリーニに電話をかけ、ブラ（スローフード協会発祥の地・本部がある）やポジターノといったスローフードの理念に賛同する小都市市長をグレーベに招待した。その二年後の一九九九年、その小さな話し合いは「スローシティ宣言」として結実することとなった（島村 二〇一三）。

2―1　認証機関としてのスローシティ連合　スローシティ連合へ加盟するには、人口五万人以下でスローシティが規定している認証項目をクリアしなければならない。地域の暮らしの質を保証する仕組みとなっている。その指標は、七つのカテゴリー、七二項目から構成され、そのうち必須項目の三〇項目を満たしていなければならない（表7―1参照）。また、認証料として最低六〇〇ユーロを支払う。認証は一度取得しても永久ではなく、五年ごとに受け直す必要がある。

スローシティ連合は、本部、調整委員会、科学委員会で構成される。調整委員会が議決し、専門家で構成される科学委員会は、スローシティのガイドラインを提示している。主な活動は、スローシティ国際会議や、ベストな取り組みを選定するコンテスト「Chiocciola Orange（オレンジのかたつむり）」、調整委員会の開催、スローシティ活動情報の提供などである。EUなどの国際機関の研究調査プロジェクトにも参画している。小さな田舎町の集まりであっても、その会議は国際レベルであり、世界中の多様な知見を得ることができる。

スローシティに関する調査報告（二〇一五年六月二日 Citta Solw Assembly "Second Global Report 2005 on Citta Slow Town"）に

表 7–1　認証評価基準—7 つのカテゴリー（うち、30 項目が必須項目）

1. エネルギーと環境政策　12 項目　（公共的再生可能エネルギーの活用、生物多様性の保全　他）
2. インフラ政策　9 項目（公共施設へのアクセス整備、自家用自動車に代わる交通手段整備　他）
3. 都市政策の質　17 項目（利用可能植物あるいは果樹による緑地化、特産品販売所の設置等の販促活動、職人工房の保護・推進　他）
4. 農業、観光、伝統工芸に係る政策　10 項目（エコ農業の推進、手仕事・職人・伝統工芸の保護と増産、できるだけ地元産オーガニック食材の利用　他）
5. ホスピタリティーに係る政策　10 項目（観光案内の指導方法、国際的な標識の整備、ボトムアップによる政策決定方法の採用　他）
6. 社会的包摂　11 項目（若者活躍の場の創出、多文化共生　他）
7. パートナーシップ　3 項目（地域食材・伝統食推進活動、スローフード理念普及のための協力）

表 7–2　認証の流れ

1. 自治体は、申請書類（①市 PR、②加盟する目的、③達成している項目および取り組んでいる項目を証明するもの、④協会との連絡窓口）をスローシティ連合調整委員会に提出、申請書類が受理された後、申請自治体は一時金 600 ユーロをスローシティ協会に支払う。
2. 局長、政策室長、事務員で構成される認証事務局が設置され、局長は調整委員会の指示を受ける。
3. 調整委員会は当該市が申請条件を満たしているか確認する（市民の人口は 5 万人以下でなければならない。また、県庁所在地は申請できない）。
4. 申請する市は、市長名の文書（①申請理由、②スローシティとなる根拠、③候補市の担当窓口および認証事務局と直接交渉できる専門家の配置）を作成し、国際スローシティ協会会長に送付。
5. 認証事務局は、申請準備チームを結成し、必要であれば候補市に派遣することができる。
6. 候補市は、認証事務局より認証書式を受理し、必要であれば認証事務局の助言を受けることができる。
7. 候補市は、人口規模によって規定されている一時金（600 ユーロ～ 3,500 ユーロ）を支払い、認証書式を完成させ、本部に送付する。
8. 認証スコアが必要項目達成度 50%以上であれば、次のスローシティ連合協議会で公式宣言される。
9. 認証された市長は、国際スローシティ協会会長よりスローシティ認定証明書を受理する。

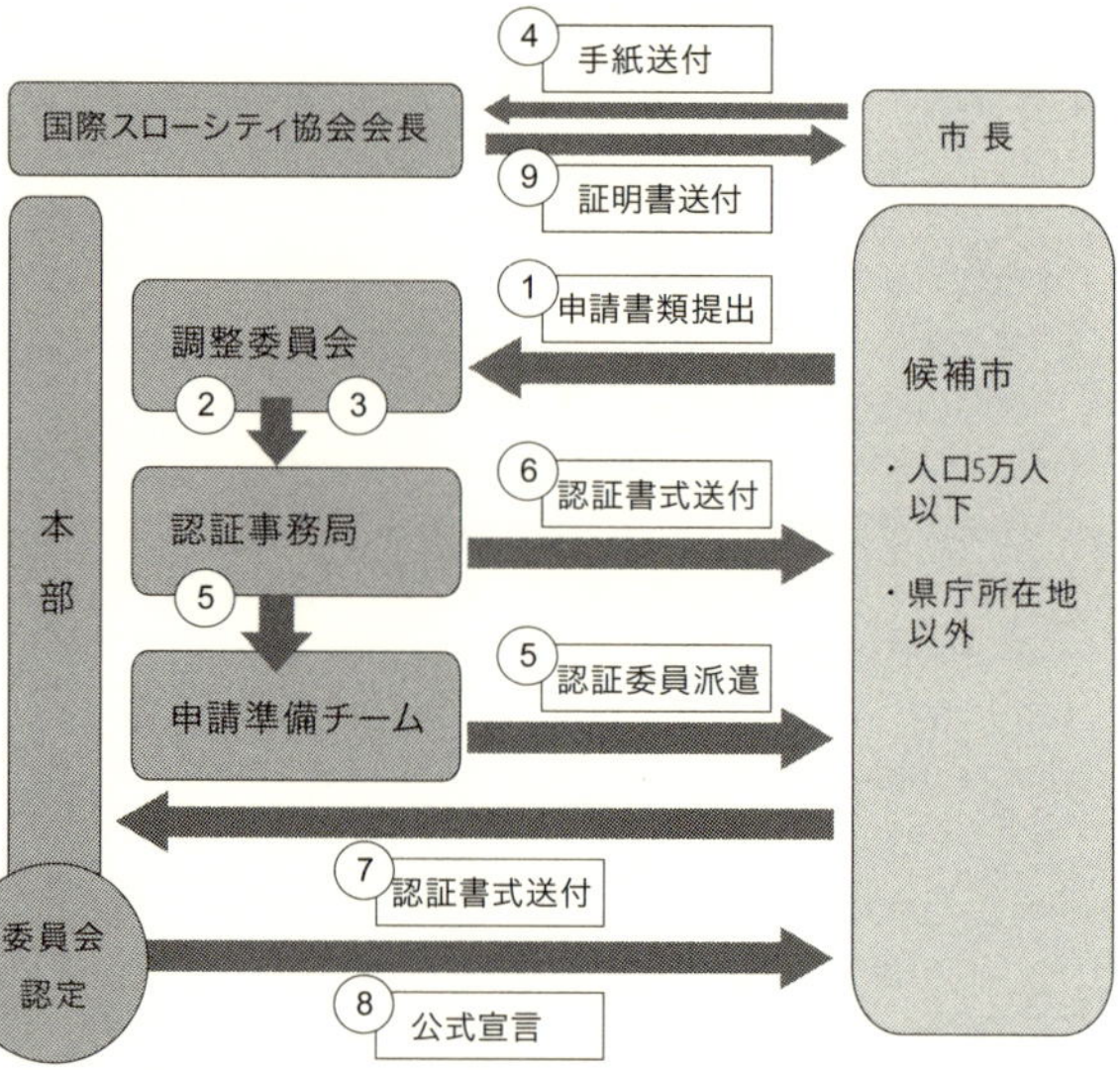

図7–1　スローシティ認証の仕組み

よると、イタリアでは七九％の自治体が中山間地域に位置し、これらの都市の六五歳以上の人口割合は、二三％と高い。しかし、一四歳未満の人口も一四％を占める。定年後にハイクオリティの生活を求めて移住する人々が多いが、それだけではなく、クリエイティブ産業、農業、観光事業を始めようと小都市を目指す若者も多く、この新しいミックスが地域再生に寄与している、と報告されている。

2―2　小さなスローシティ Chiaverano（キャベラーノ）

実際のスローシティはどのようなものなのか、認証の仕組みが地域活性化に機能しているのか、また、この地方都市連合とトリノとの関係性について検証するため、トリノ近郊にある小都市キャベラーノを訪問した。

キャベラーノは、トリノから北東五五kmに位置する人口二一五〇人の、アルプスの側の小さな村である。ヨーロッパ最大規模の円形劇場型氷堆石の山脈が楕円状に二五kmにわたり広がる景勝地（Serra セーラ）であり、エコミュージアムとしてEUから認定を受けている。開村は中世時代。当時の石垣が今でも街中に張り巡らされ、往時の風景を今にとどめている。周辺に広がる森には五つの湖、中世のお城や教会が点在し、これらを結ぶトレッキングコースが整備されている。こうした大自然の環境の中にアグリツーリズム施設がある。

市は、伝統行事のカーニバルや食の祭典、ロック音楽フェスティバルなどを開催している。ユニークなのは、国際写真アートフェスタである。世界から写真家やアーティストが村に滞在し、野生動植物のアート写真を中心地の建物の壁一面に展示する。主にヨーロッパ諸国から観光客が詰めかける。

筆者が宿泊したのは、La Campagnetta というアグリツーリズム施設。三〇代半ばの二人の女性が経営する。キアーラはトリノ市職員、クラウディアは看護師でもある。夏のバカンスの忙しいときはアグリツーリズムに専念し、冬場など宿泊客の少ない時期には、週の半分、市役所、病院の仕事に従事する。土地と施設は、野菜農家がアグリツーリズム用に建てたもので、中古物件として購入、共同経営することとなった。イタリアでは、アグリツーリズム法が定められており、建物の外観や設備要件のほかに、食事はできるだけ自家製食材や地元食材、特にPDOやPGI認証（EUの地理的表示保護制度[5]）を受けているものや有機農産物を提供する、など細かく基準が設けられている。宿泊施設と畑があればよい、というわけではなく、地域性を活かした食文化を楽しめる観光施設でなければならない。こうした食文化に重点を置いたイタリア独特の農村観光に、世界中から人々が訪れるようになったのは、スローフード運動の躍進があったからに他ならない。

写真7–2　La Campagnetta

周りは森林に囲まれ、セーラの絶景を眺めながら一番近くの湖までの散策コースを楽しむことができる。夕食は、地元産のワインやチーズ、自家製サラミ、自家農園でとれた野菜サラダ、自家製ソースの伝統パスタ料理など。シンプルだがどれも体に染み渡る美味しさだ。彼女たちは、地元出身ではなく、特に農業を学んだわけでもない。最初は野菜の栽培方法もわからず、収

写真7–3　キアーラとクラウディア

穫もろくにできなかった。近所と馴染むのも大変だったが、クラウディアが地元クリニックに勤めて評判がよかったことがきっかけで、今では地域の人々は農業指導をしてくれたり、施設の修理を手伝ってくれたりと協力的で親切である。彼女たちの目標は、将来的にはアグリツーリズムだけで生計を立てることだという。

　宿泊客は、大半は外国人。特にドイツ人が多い。夏のバカンスシーズンは満員となり、リピーター率も高い。ここで出会ったカップルが結婚することになり、結婚披露パーティを開催したこともある。彼女たちのおもてなしは自然体だ。接客される、というより仲間を迎える、という感覚に近い。奇をてらうのではなく、何か懐かしい場所に帰ってきたような気持ちにさせてくれる。日本でも、若者のシェアハウスが流行っているが、都会の喧騒を逃れて余暇を楽しむ、ということだけではなく、人との繋がりを求める第三の場としての役割を果たしている。

　アグリツーリズムにとって、食事は最も大切なイベントである。特に地ワインは欠かせない。La Campagnettaでいただいた Terra Sparse のワインは、地元のブドウ品種一〇〇％で作られ、イタリアワイン格付け最高ランクDOCG（統制保証付原産地呼称ワイン）を獲得していた。しかし、値段は一五〇〇円程度と高いものではない。ワイン畑はLa Campagnettaに隣接し、ワイナリーも見学できる。経営者は二十代の新規就農者。祖父がブドウ畑を持っていたが、食糧小売店を始めたため栽培はやめてしまい、農業については家庭菜園を母親が行う程度だったという。しかし、孫のマテオは昔祖父と一緒に農作業したことが忘れられず、父親が定年で店を閉めるのをきっかけに農業法人を設立、ワインやジャム、オリーブオイルなどの加工品の製造販売を始めた。トリノ大学農学部を卒業して間もない弱冠二十九歳ながら、自分でワイン醸造場・ジャム加工場を建て、ワイン用ブドウや加工用果物・野菜の栽培、加工製造、販路開拓まで一人でこなす馬力のある若者だ。

農業法人を経営する傍ら、地域の活性化のための活動にも余念がなく、製品倉庫の一角に地元野菜販売コーナーを設けて地域の小規模農家を支援する。また、市役所職員でもあり、地元PRのためにガイドも務める。筆者が訪問した折には、中心地から観光スポットまで車で案内し、丁寧に説明をしてくれた。

図7–2　「スローシティ」ロゴマーク

アグリツーリズムを副業にすることで自分たちの目指す農的ライフスタイルを実現しているキアーラやクラウディア、農業を通じて地域活性化にとりくむマテオ。彼らが次世代の地域の担い手であることは間違いない。キャベラーノはトリノ近郊に位置するが、アグリツーリズムの顧客も大半が外国人である。ワインも、ターゲットとするマーケットは外国である。自治体の地域活性の施策も、その目指すところはトリノに向いていない。キャベラーノでは、外国人でも市のホームページに登録すれば、様々な住民サービス案内や芸術イベント・野外コンサート等の案内、防災や保険等のセーフティネット情報など、暮らし、レジャーに係るあらゆる情報が自動的に配信されてくる。トリノに近いという立地条件を地域の強みにしてはいない。それよりは、スローシティとして、上質な暮らしを実現できる地域として打ち出し、直接、世界とつながっている。

3　グローカルなスーパーマーケットチェーン――Eatalyの挑戦

スローフード運動は食農の活性化だけでなく、自治体施策にも影響を与えたが、そこにとどまるものではない。消費者のみならず、販売側にも革新をもたらした。高品質の食品を販売するスーパーマーケットEataly（イータリー）

の誕生である。

今やイタリアに一九店舗、シカゴ、ニューヨーク、ドバイ、東京、大阪、イスタンブール、サンパウロなど全世界に店舗を持つグローバル・スーパーマーケットである。PDO、PGIを取得している食品など高品質の食品を取り扱っているが、品質の割に手の届く価格帯で、トリノ店では客足が絶えない。地元客というよりも、観光客でにぎわっている。Eatalyの最大の特徴は、店舗内で販売されているものを試飲食できることだ。それも出来たてを食べられるピザ、パスタの専門コーナー、ワイン、ビールテイスティングカウンター、スウィーツ専門コーナー等メニューも豊富である。それほど安いわけではないが、店頭に並んでいるのと同じ高品質の食品が調理されて出てくるから、つい足が向く。書籍や食器類等食材以外のものも充実している。頻繁に料理教室や講演会等のイベントが企画されており、テーマパークのように買い物以外にも楽しみがある。

このようにスーパーマーケット界に革新をもたらしたのは、オスカー・ファリネッティ。一九五四年、アルバ（ピエモンテ州）に生まれた。父親のパオロが経営していたスーパーマーケットを引き継ぎ、家電製品販売チェーンにまで拡大させて成功を収めた。しかし、二〇〇二年にヨーロッパ最大の電化製品販売グループDIXONに会社を売却した。自分の理想のスーパーマーケットを設立するためだ。そうして誕生したのがEatalyである。二〇〇七年、トリノのリンゴットに第一号店を開設するや世界中の話題となり、瞬く間に店舗を広げていった。リンゴットのEatalyは、いつも人で溢れかえっている。子どもから高齢者まで買い物や試食、試飲にいそしみ、イートインコーナーでは待ち客が列をなしている。

Eatalyはスローフードの理念をコンセプトに設立された。まさに、スローフードが消費される場である。ただ、スローフード協会側は一線を引いている。スローフード協会設立からペトリーニの右腕として協会を支えてきたロベルト・ブルデーゼは、インタビューの中で、「スローフード協会は、かたつむりのロゴを、ある特定の商品に使用することは禁じてきた。ファリネッティがどんなに細心の注意を払って選んだ商品でも、スローフード協会はこの規則を変えることはしない」と述べている(6)。

スーパーマーケットの概念を変えたEatalyのビジネス戦略は革新だったが、スローフード協会が目指すところの地域のローカリティを育むものではないということだ。確かに、イタリアの食材を、それも高品質のものを世界中に販売しているのは事実である。その恩恵を受けている生産者も少なからずいる。しかし、Eatalyの店頭には、スローフード協会が救おうとしている小規模生産者の製品が並ぶことはない。

4　ソーシャル・イノベーションを支える民間ネットワークと自治体との連携

ヨーロッパでは、「社会連帯」を実現する「社会的経済」の概念が注目され、一九八〇年代には政策的にも位置付けられるようになった。いわゆる非営利セクターである。Eatalyは社会的経済とは言えず、あくまでも一つの新しいビジネスモデルである。それ故に、非営利団体であるスローフード協会側は距離を置こうとしたのである。

イタリアにおける非営利セクターの歴史は長い。イタリアでは「第三のセクター」と呼ばれ、その担い手は、法制化されている組織としてボランティア団体・社会協同組合・アソチアツィオニズモの三団体とされている（佐藤　一九九七）。アソチアツィオニズモは、イタリアの非営利セクターを特徴づける組織である。現在は、Associazione di Promozione Sociale（社会促進アソシエーション）として法制度化されているが（二〇〇〇年三八五法）、その代表として、第一節で紹介したようにスローフード協会の前身の母体組織であるＡＲＣＩ（イタリア文化レクリエーション協会）がある。ＡＲＣＩの歴史は古い。Casa di Popolo（人民の家）という市民団体を基盤にして一九五七年に結成されたが、その起源は産業革命後の労働組合にある。大戦下のファシズム抵抗運動等の組織基盤となり旧共産系と強いつながりを持っていた。一九七〇年代に進められた地方自治の分権化の過程で、公共機関との連携を発展させてきた。個別の社会ニーズに対応して分岐した団体も多く、スローフード協会の母体となったアルチ・ゴーラもその一つである。他に、環境系で一〇万人の会員数をもつLegambienteなど全国組織もあり、七〇カ所の環境大学の運営、水汚染調査など大規模な社会活動を行っている。現在、全国に会員数一一一万五千、一七州、一一六県に事務局を構え、四八七六のサークルを運営している。

トリノのARCIの歴史は古く、Casa del Popoloから分岐する際に集まった組織の一つである。会員数も全国で四番目に多い。コンサート、食育プログラム、第三の年齢の健康増進、幼児のための文化活動、心理療法セミナー、アート展示会などサークル活動は多岐にわたる。会員証を提示すれば、割引される博物館、書籍店、食材店、映画館、劇場、レストラン、ハローワークなどがある。しかし、一般の見方は、単にコンサートやライブを開いて楽しんでいる団体で、社会的ミッションを達成する団体としては理解されていない。ただ、実際には、Urban Barriere di Milanoのプログラム案内には共催団体として、アソチアツィオニズモと明記されているところを見ても、地域再生の担い手の一部を構成していることは間違いない。網の目のように張り巡らされたネットワークは、巨大化しすぎて各々が好きなように活動しているだけで横の繋がりが薄い。もし、今後、自治体などが戦略的に活用できれば、地域間連携を促進するものとして機能する可能性はある。

三　ネットワークの機能

これまで見てきたように、食に係る革新的な活動のネットワークは、トリノを取り巻いて発展していることがわかる。しかし、トリノ自体はそのネットワークとどのような関係を築いているだろうか？　食を取り巻くネットワークが張り巡らされていながら、そのハブ拠点のような機能を持っているだろうか。あるいは、ネットワークがトリノに恩恵をどれぐらい与えているだろうか。

松永は、スローフードのネットワークを「差異のネットワーク」と呼ぶ。各地域の食文化を「プレシディオ」という制度によって再評価し、それらの地域が横に繋がることによって、お互いの地域の特徴・差異を顕在化していく仕組みだ。つまりネットワークによって、各地域は自己の存在意義を確認する。そうして結ばれたネットワークは、強固に拡大していくという。ネットワーク全体をまとめているのは、スローフード運動にあったような哲学である。目に見えないものであるからこそ、繋がりは強固なものになる。松永は、スローシティのネットワークは、スローフードのネットワークを下敷きに出来上がっているという。確かに、ネットワークの形成プロセスを見るとそのようである。ただ、実際には、自治体側には、ネットワーク化するより重要な理由がある。単に哲学を同じくした仲間が集まってネットワークを形成した、というより、市長たちには、このネットワークに参加する、より実利的なメリットがあったと考えられる。

スローシティというコンセプトの実現をめぐっては、具体的な施策と財源が必要である。しかし、小さな都市の財源は潤沢ではない。つまり、農村観光、農業推進、環境保全等を推進するために、州、国、EUの制度・施策を最大限活用することが求められる。アグリツーリズム法やPDO／PGI制度、有機農業推進法、景観法など国家・地方制度やEU政策に係る助成や補助金を獲得して、自治体政策に活用できる。もう一つ重要な点は、スローシティ連合は、ヨーロッパにとどまらず、全世界に広がっていることだ。国際ネットワークを形成することのメリットは、異国間交流によって、まったく違う文化圏のアプローチや方法を学びとることができる。つまり、グローバル化するネットワークに参加することで、良いところだけを取り上げることができる（宗田 二〇一三）。

こうしてみてくると、スローフード協会やスローシティ連合は、地域が自立するために横繋がりで広がるネットワークである。どこか特定の地域を中心に広がるハブ型ネットワークではない。つまり、スローフード協会がトリノを舞台に二年に一度の食の祭典を開催しても、それはスローフードの祭典であって、トリノの祭典になり得ていない。協力団体としてトリノ市もピエモンテ州も名を連ねているが、参加者・来場者にとっては、それはあくまでもスローフード協会に参加しているという理解なのである。

哲学を共有して結びつくスローフード運動は、他の要素が相いれないほど強固なものである。その結びつきの強さによって、ネットワークはトリノを通過しているにすぎず、トリノはいわばネットワークの水面下に沈んでいる。

Eatalyの場合はどうだろうか。Eatalyは、革新的なビジネスモデルとして世界中に店舗を展開しているが、発祥地ということでトリノの本店はEatalyの顔となっており、発信基地として機能している。しかし、Eatalyは地元のものばかりを売っているのではない。イタリア中の食材を扱う。店頭には、当然、顧客のニーズに応じた商品が並ぶ。すなわち、都市であるがゆえにグローバル化の影響を受け、トリノの地域性は薄れ、アンテナショップとしての機能は果たしていない。

レジリエントなメトロポリタン都市を形成していく上で、都市部と農村部の連携がますます求められる。食農分野は、両者を繋ぐ重要な接着剤になる。トリノはこれまで、トリノ周辺の民間レベルで進められてきた食農イノベーションをサポートするアクターではあっても、主体にはなっていなかった。トリノが、食農という接着剤を効果的に活用して新しい食農産業モデルを構築するためには、戦略的な政策展開が求められる。実際、先に紹介した「The Altas of Food」など、次の一手を描き出すための研究事業も展開されつつある。トリノには、まだまだ地域資源が詰まっている。具体的な例を一つ挙げると、トリノ市内で世界遺産に登録されているサヴォイア家の別荘、ヴィラ・デラ・レジーナには、都市ワイン畑がある。これはヨーロッパではパリとウィーンと合わせて三都市にしかなく、非常に希少である。しかも、そのワインがＤＯＣの格付けをされているのは、唯一、トリノだけである。こうした物語性が高く、トリノの歴史・文化を反映し、さらに質が保証されたものを一つ一つ拾い上げ、推奨していくなど、選択と集中の中で具体性をもって進める必要がある。

四　今後の展望――戦略的イニシアティブの発動に向けて

脱工業化都市を目指しているトリノの今後の展望として、現在新たに展開されている国際プロジェクト「Food Smart Cities for Development」について触れておきたい。これは、欧州委員会の教育開発プログラム基金（ＤＥＡＲ）で推進されているプロジェクトである。スマートシティ事業の一環として実施されている。トリノの他、バルセロナ、ビルバオ、ブルージュ、ゲント、ユトリヒト他三大陸に渡る一二都市による、食農政策のコーディネーションを通じた共同活動である。これまで貧困問題は、農村地域における問題とされてきたが、今後四〇年以内に、貧者の三人に二人が都市部に居住すると予測され、貧困は農村部ではなく都市部において深刻化すると考えられている。今後、都市部で持続可能な食糧システムを構築していくために、食品生産の在り方や消費モデルの変革を推進しようとしている。目的は、①ＥＵの政策インパクトに対する市民意識を高めること、②持続可能な発展と食糧保障のためのグローバル戦略の推進にむけてヨーロッパの都市が果たす役割を強化していくことである。このプロジェクトの実施によって、スマートシティ・ネットワークを構築し、市民が食農政策について議論を交わし、食品供給問題や食品廃棄の削減、食育、持続可能な食糧生産等に関連する問題を解決するグッドプラクティスを共有していくことを目指している。

今後、トリノ市がどのような方向に転換していくのか、スマートシティとしてコンパクト化し、都市機能を高めていく方向へ舵を切るのか、あるいは、キャベラーノで出会った若者のように、農ある暮らしの中に豊かさを見出す人々の農村移住、あるいは二拠点住居を促進させ、都市と農村の関係性を社会的亀裂という対立軸に置くのではなく、協同・共創する新たな関係性を構築し、持続可能な社会に資する新たな都市農村連携を目指すのか。どちらの方向に進むのか、それは、市民一人一人に、これからどのように生きるかが問われている、と感じる。毎日繰り返される消費行動の中で、何を買い、消費するのか、ということである。その商品の生産過程を見抜く知識を身に着け、正しい選択を繰り返していくことが社会革新につながる。スローフード運動がそのことを示している。

現在でも八億人の飢餓者を抱え、今後、食糧問題は全世界でその深刻さを増していくことは間違いない。暮らしの豊かさに直結する食と農。トリノ市民が人間として真にスマートな選択をし、新たな都市農村連携の仕組みをつくることによって、持続可能な社会のかたちを創ることを期待したい。

注

(1) 現在プレシディオに認定されている食材はトリノを含むピエモンテ州では、イタリア全土二六八品目中三三品目と、シチリアに続き第二位。DOPに認定されている品目は、三三品目中九品目と第一位である。

(2) 参加大学は、トリノ大学、トリノ工科大学、スローフード食科学大学(ポレンツォ)。

(3) Egidio Dansero, Giacomo Pettenati, Alessia Toldo, "The Altas of Food. A space of representation, a place for policy, a methodology of territorial analysis" Geoprogress Global Forum 2016 "FOOD, GEOGRAPHY AND SECURITY POLICIES".

(4) 一九七二年元労働省のジャコモ・ブロドリーニの文化的社会的偉功を立て、その遺志を受け継ぐべく設立された。研究調査に基づいて政策立案、応用・施行・評価を支援している。現在は、都市・農村レベルに、イノベーション拠点を置き、インキュベーターを配置して起業支援を推進している。ローマを本拠に、ミラノ、バルセロナ、ブリュッセル、アンカラに拠点を置く。

(5) 農畜産物に知的所有権を認める制度。例えば、「パルマの生ハム」のように地名を冠した食品について、その権利を保護する。地理的表示を取得する産品は、原材料の育成方法から加工に至るプロセスにおいて、その土地の風土と密接にかかわり、伝統技術によって生産されなければならない。

(6) Corby Kummer, "The Supermarket of the Future", May 2007.

参考文献

大石尚子・Giancarlo Cotella『未来を拓くソーシャル・イノベーション——欧州連合戦略と社会的起業』地域開発第六〇八号、日本地域開発センター、二〇一五年

佐藤一子「イタリアにおける『第三』セクターの現代的発展と『社会・教育・文化』活動」『生涯学習・社会教育学研究』第二一号、一九九七年

島村菜津『スローシティ』光文社、二〇一三年

松永安光『地域づくりの新潮流——スローシティ アグリツーリズモ ネットワーク』彰国社、二〇〇七年

宗田好史『なぜイタリアの村は美しく元気なのか』学芸出版社、二〇一三年

Carlo Petrini、"Buono, Pulito e Giusto" Einaudi s.p.a., 2005.

参考ウェブサイト（以下すべて二〇一六年七月三〇日最終確認）

・J. Hochgerner, *The Analysis of Social Innovation as Social Practice*, 2011
https://webgate.ec.europa.eu/socialinnovationeurope/sites/default/files/sites/default/files/Country%20Summary%20-%20Italy%20%282014%29_0.pdf

・http://www.foodpolicymilano.org/food-smart-cities-for-development/

・http://www.torinosocialinnovation.it/post-it/social-roots/

第III部

都市再生の表裏——変容するコミュニティ

第8章　ジェントリフィケーションを考える
――都市再編過程にあるトリノを事例に

矢作　弘

はじめに

1　調べようとしたこと

「産業構造の転換」は「都市地理全体の再編」につながる。再編の「かたち」は、都市のある部分では、街区・街路の変容として表出する。トリノについて語れば、フィアットのワン・カンパニー・タウンの時代が終焉し、脱製造業都市に再編されるプロセスでは、文化や歴史、娯楽が強調され、ツーリズム・消費活動を重視する都市政策が展開されるようになった。本稿では、産業構造の転換に伴って地区（街区・街路）レベルで観察されるようになった変容についてその意味解釈を試みることにした。ここでの変容は、具体的には、ジェントリフィケーションを指す(1)。さらに帰納的に思考し、地区レベルの変容を通し、再び、産業構造の転換が引きおこす都市地理全体の再編について考える(2)。

昨今、トリノでは中央駅の代替わりが進行している。流線形のガラス張り駅舎が完成し、新装開業したスーザ駅は、イタリアの主要都市を結ぶ新型特急列車「イタロー」が発着する一方、パリ、リヨンに走るTGV（高速鉄道）の始発駅である。二一世紀を迎えて以降、スーザ駅は、トリノ中央駅になるための地歩を着実に固めつつある。

しかし、歴史的には、旧市街に近接する「新駅」が中央駅である。現在もイタリア半島のつま先を出発した特急列車がアドリア海沿いを走り、一〇時間余かけて到着する北の終着駅は新駅である。一日の乗降客数はローマのテルミニ駅、ミラノ中央駅に次ぎイタリア第三位。呼称は「新駅」だが、豪華なバロック様式の駅舎は、一九世紀半ばの建築である。イタリアの他の主要都市にある中央駅と同じように、幾本も並ぶホームは、ターミナル形式になっている。

この五年余の間、トリノを頻繁に訪ねた。トリノは二〇世紀の一〇〇年間、フィアットと二人三脚の歴史を織りなしながら成長／拡大、衰退／縮小、そして再生を経験してきた。訪問の目的は、その変容について調べることだった。二〇一五年夏の滞在では、新駅の東側地区サン・サルヴァリオ（San Salvario）で進展するジェントリフィケーションについて調べることにした。ジェントリフィケーションが地区のステークホルダーの間に軋轢を生み、社会的不公平をつくり出している。その実態に迫ることにした。

新駅に近接したホテルを常宿にしてきた。ヴィットリオ・エマヌエーレ二世大通りが新駅の正面を走っている。石造りの回廊、そして夏場は豊かな緑陰を作るプラタナスの並木がとても美しい。トリノを代表するアヴェニューである。駅舎を出、ヴィットリオ・エマヌエーレ二世大通りを右に曲がるとサン・サルヴァリオ。逆に、左に折れればクロチェッタ（Crocetta）。両地区は、新駅や旧市街までの距離など地理的条件は同じである。開発されたのは一九世紀後半から二〇世紀初頭。いずれも新開地だった。

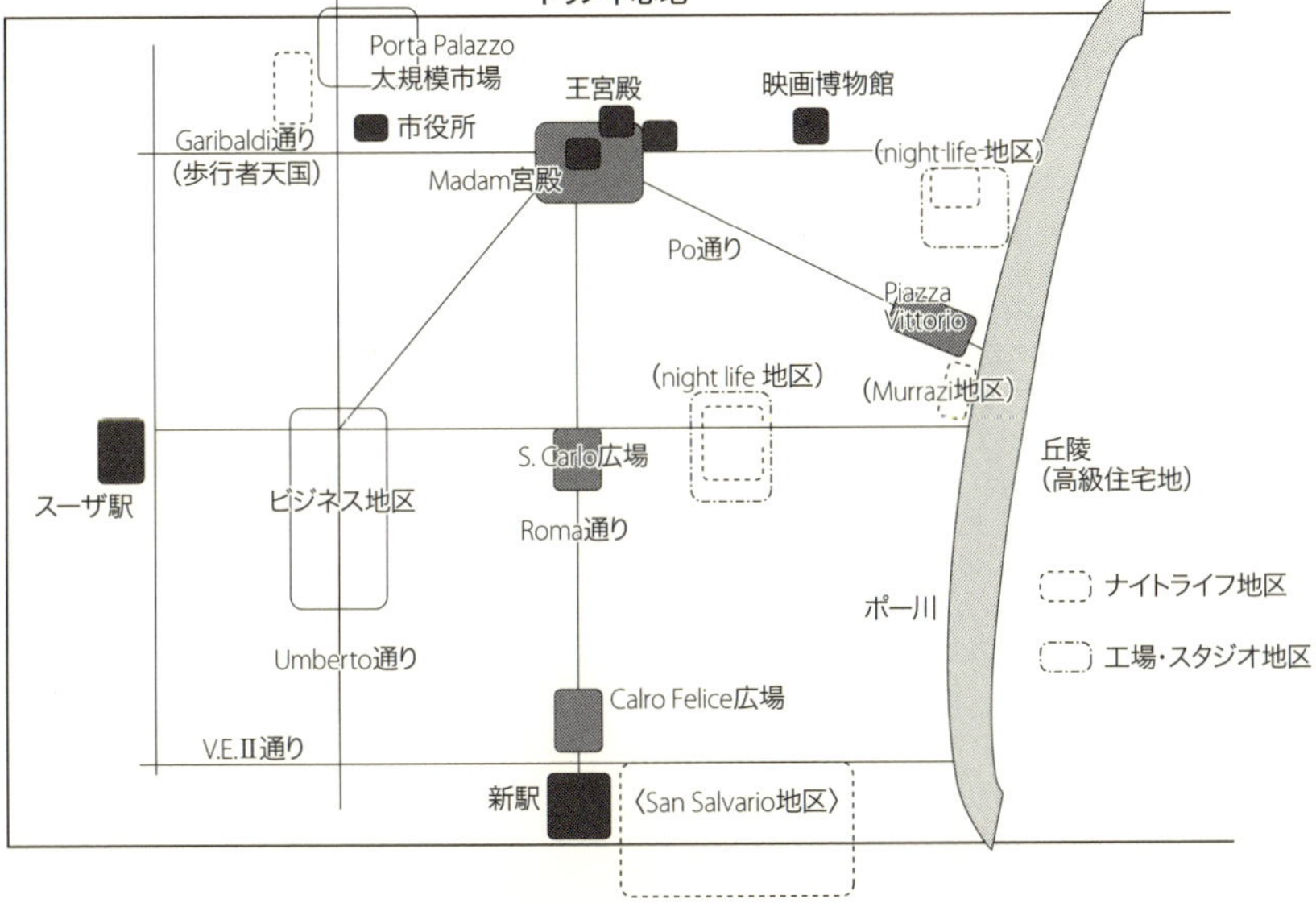

図8–1　トリノの旧市街の南にあるサン・サルヴァリオ
（VE II＝ヴィットリオ・エマヌエーレ二世大通り）

トリノ中央駅(新駅)の西側街区の風景

トリノ訪問の都度、駅の東側地区（サン・サルヴァリオ）と西側地区（クロチェッタ）の風情が大いに違っていることが気になっていた。ジェイン・ジェイコブズは著書『アメリカ大都市の死と生』で、コミュニティが安全で活力を維持するためにはコミュニティに多様性があることが重要であると指摘し、多様性を育むための四条件（「ジェイコブズの四条件」）を提示したことで有名である。トリノでは、サン・サルヴァリオが「ジェイコブズの四条件」を満足している。それにもかかわらず、長い間、地区の衰退と治安問題を抱えてきた。逆に、クロチェッタは「ジェイコブズの四条件」をまったく外しているが、二〇世紀を通じて中間階層の安定した、治安のよい住宅地だった。似た時空間に位置しているのに、なぜ、両地区にそうした違いが生じているのか。「ジェイコブズの四条件」の妥当性について考えることにした。

①両地区の都市計画に注目しながら、歴史的な形成にどのような違いがあったのか。

②昨今の縮小都市再生戦略（文化や歴史、娯楽を強調し、ツーリズム・消費活動を重視する都市政策）が両地区の違いを促進するのにどのような影響を与えているか。

――を調べた。政府の介入と「地区の変容」、あるいは「地区の安定性」との関係である。そのことは取りも直さず、トリノという都市の再編過程を注視しながら、サン・サルヴァリオで進展するジェントリフィケーションの経済的、社会的な意味を読み解くことにつながる。

2　サン・サルヴァリオとクロチェッタ――対照的な風情

両地区の風情の違いを描写することからはじめる。新駅を出てニッツァ通りを渡るとサン・サルヴァリオである。市内に数カ所あるエスニック街区の一つである。夕刻になるとアフリカ系黒人、アフリカ・アラブ・トルコ系イスラム教徒の男たちが屯す。路上にベッタと座り込む者、ビール瓶のラッパ飲みをする者、ピザを立ち食いする者、歩道をふさいで立ち話する者……。界隈には、できれば避けて回り道したくなる、少々、不穏な雰囲気が漂っている。しかし、実際は、夜、筆者自身が幾度も行き来し、一度も危険を経験したことはなかった。したがって筆者に、そうした風情に対し先験的な、階級的、人種的な偏見があることは認めるのだが、それでも馴れないツーリストはつい身構え、「注意深くなってしまう」街区である。(3)(4)

この街区を抜けると、ジェントリフィケーションがサン・サルヴァリオで急進展している街区に至る。レストラン、カフェ、バール（軽食中心の飲食店）の開店、集積が急である。週末は、午前三、四時まで営業している。客は「新しい中間階層（new middle）」と呼ばれる人々である。[5] 教会広場では、深夜、七〇〇〜八〇〇人の学生風が集まり、飲み、食い、おしゃべりしている。学生が集住し、あるいは屯して地区が変容することを「学生街区化（studentfication）」と表現し、[6] 学生と地区変容の関係をめぐる研究が都市社会学や都市地理学の分野で注目されるようになっている。サン・サルヴァリオは、まさに学生街区化の舞台になっている。

また、サン・サルヴァリオには、エスニック系の店が多くある。ケバブレストラン、イスラム教徒を相手にする飲食店・スーパーマーケット、移民のための両替ショップなどである。アフロヘア系の理髪店・美容院がある。貧しいためにパソコンや電話を買えずに、祖国の家族と連絡するのに困っている移民を相手に、電話・パソコンブースを提供している情報店舗もある。

街区を東に移動し、マダマ・クリスティーナ通りを越えると中間階層が暮らす集合住宅地に通じる。さらにその東の、ポー川河岸の公園に面するアヴェニュー沿いには、豪華な集合住宅が連棟している。サン・サルヴァリオは人種的にも、所得階層の面でも、また、建物の用途も、混在が基調になっている。

一方、駅の左側を線路に沿って走るサッキ通りの西側はクロチェッタ。駅に近い街区がサン・セコンド。そこを南北に抜けているのがサン・セコンド通り。庶民的な、素敵な商店街である。精肉店、青果店、菓子店、製パン店、靴店、カフェ、スーパーマーケットが並び、「街区に暮らす住民の、日々の生活をしっかり支えています」という風情がある。食料品店の合間に小じゃれたブティックや美容院、インテリアショップがある。今度の滞在では、アパート式ホテルに投宿して自炊暮しをした。サン・セコンド商店街のお蔭で、一月半の間、買い物に困

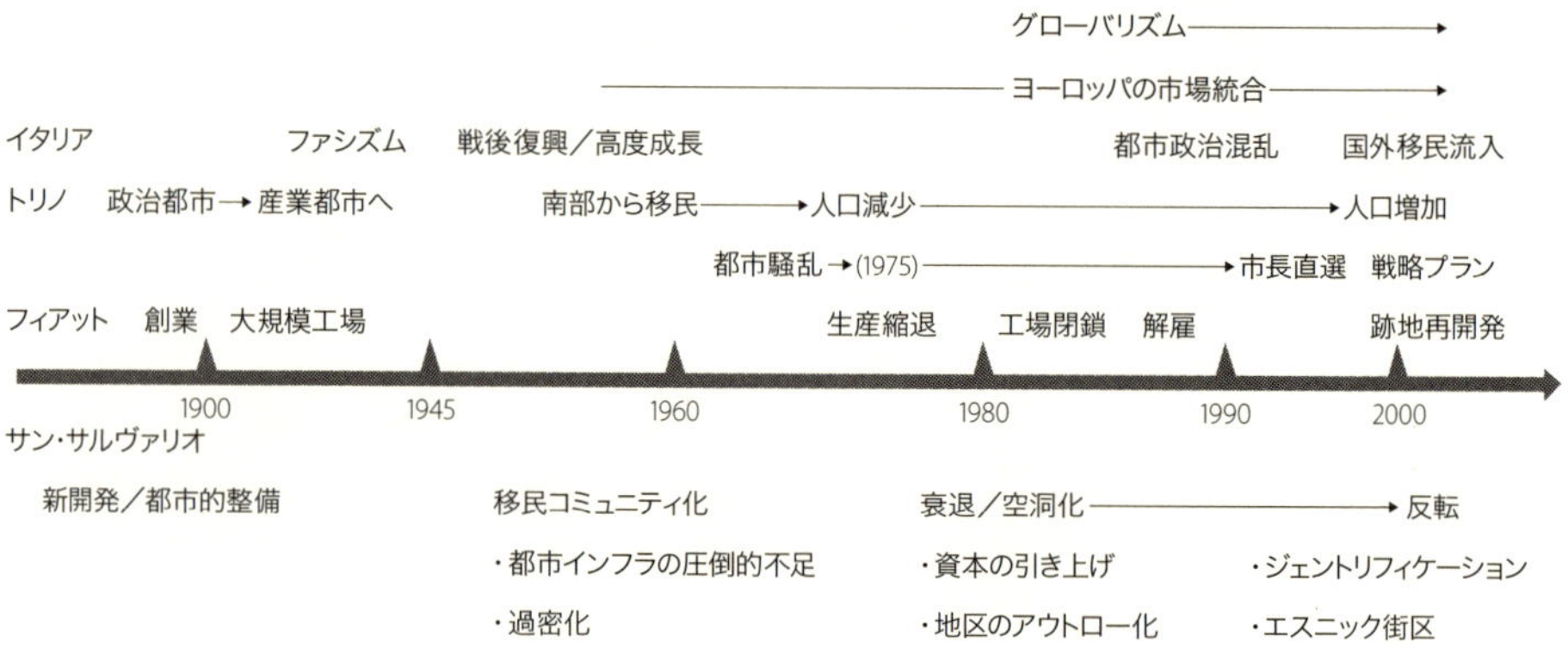

図8–2　トリノ、サン・サルヴァリオ小史

る経験をすることなしに過ごすことができた。

サン・セコンド広場には、露店が毎日並び、野菜、チーズ、肉、生花を売っている。毎朝、買い物に来るのだろうか、布製の買い物袋をぶら下げた中年の女性が店主と長話をしている。調べていた論文に、サン・セコンドの露天市とは別に、「クロチェッタには、毎日、トリノで最もファッショナブルな露天市が立つ」という記述があった。七月下旬の晴れた日に、その露店市を訪ねた。教会を中心にごく狭い範囲だったが、ざっと見渡して一〇〇店ほどの露店が出ていた。ここの露店市では、野菜、果物、チーズ、肉などの生鮮店は少なく、九割ほどが衣料、アクセサリー、袋物、靴、化粧品、帽子店。件の論文には「ファッショナブル」とあったが、高級品を並べている店はごく少ない。多くは露店に相応しい、中級品以下の品揃だった。

教会の脇に「トリノ物語」という説明碑があった。それによると、界隈は「一九〇〇年代初頭の開発。弓型張り出し窓や塔のあるアールヌーボー建築など、『中の上クラス』の市民のための住宅街として開発されました」とのことだった。木曜日の午前中だったが、それ風の奥様方が大勢いた。週末の賑わいはいかほどか、と思わせた。

地区内を、路上観察を兼ねて幾度も散策したが、結局、クロチェッタでは、ケバブレストランを見かけることはなかった。路上でビール瓶のラッパ飲みをするアフリカ系黒人に出会うこともなかった。親の代、さらには祖父の時代からクロチェッタに暮らしているという中間階層、あるいはそれ以上の所得階層が圧倒的に多い。ヤッピーとか、「新しい中間階層」とか呼ばれる金融バブル時代以降の中間階層とは別の、幾代かそこに暮らし続けている階層の人々である。また、イタリア人の単一人種コミュニティである。

3　サン・サルヴァリオ

サン・サルヴァリオは鉄道と並行して走るニッツァ通り、東はポー川沿いのマッシモ・ダゼリオ大通り、南北はヴィットリオ・エマヌエーレ二世大通りからブラマンテ大通りまでの範囲である。南北に二km、東西に七〇〇m、広さ一・四km²。ポー川を越えるとゆるい丘陵地になる。九十九折りの坂道沿いには、裕福層の暮らすヴィラが緑に埋もれるように点在している。

トリノは一九世紀中葉までサルデーニャ王国の首都だった。それでも小さな地方都市だった。一八五三年の都市マスタープランが市域拡張計画を決めた。その前後に城壁が撤去された。城壁を壊し、その跡地がヴィットリオ・エマヌエーレ二世大通りになった。サルデーニャ王国の国王の名前に由来する命名である。統一イタリアの初代国王である。そのため他の多くのイタリア都市でも、目抜き通りは「ヴィットリオ・エマヌエーレ二世」の名前を冠している。

サン・サルヴァリオは城壁が撤去された後、ヴィットリオ・エマヌエーレ二世大通りの南側に開発された。それ以前は、都市的整備がまったく行われておらず、農牧地か荒地だった。新駅の建設がはじまったのも、ちょうどその時期である。名前が「新駅」になったのは、駅開発された地区が新開地だったためである。また、当時は蒸気機関車だったから、「真っ黒い煙を吐くような異物は旧市街の外に置け」という事情もあった。

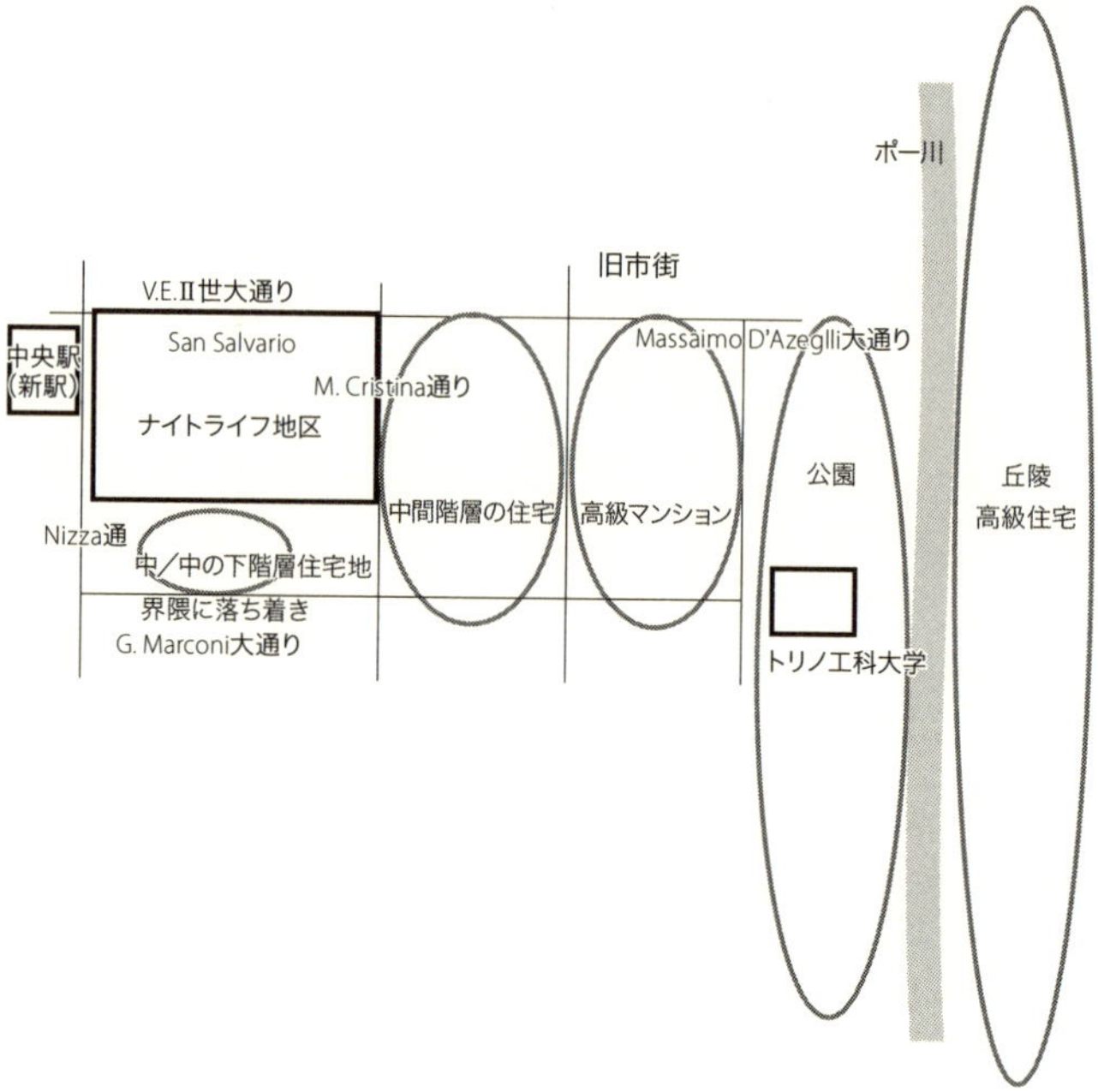

図8–3　サン・サルヴァリオ

ヴィットリオ・エマヌエーレ二世大通りの北側は旧市街。大通りの南側沿道に、ネオゴシック様式のプロテスタント教会が建っている。イタリアでは、プロテスタントは長いこと暴力的な迫害を受けてきたが、一八四八年に発せられた王令（その後、イタリア憲法の基礎になった）によってプロテスタントに対してもカソリック教徒と同じ市民権、参政権が付与された。信仰の自由が認められたのである。その子弟に対しては、イタリアの学校で教育を受ける権利が保障されるようになった。その時代に建てられた教会である。近接してプロテスタント系病院や出版社、学校が建設された。プロテスタント教会、そしてその関連施設を建てるのに、新開地のサン・サルヴァリオは旧市街とは違い、旧弊に縛られることなく何事にも自由だった。サン・サルヴァリオには、四塔それぞれが絢爛たる装飾の玉ネギ型ドームを戴く、ムーリッシュ様式のユダヤ教会がある。このシナゴーグも一八八〇―八四年に建造された。また、地区内にイスラム教のモスクがある。

サン・サルヴァリオが蒸気機関車など新奇なものを受け入れたり、異教徒に対して寛容だったりしたことは、新開地であったことが決定的に重要だった。そうした土地柄は、まるでDNAのように時代を越えて後の世に受け継がれて来た。そして次第に異質なモノ、あるいは外来のモノを受容する、そうした寛容な精神風土が育つことにつながった。

サン・サルヴァリオでは、一九世紀末から二〇世紀初めにかけて街路整備が行われた。五、六階建ての建物が連棟して建設された。アールヌーボー時代と重なったために、イタリアン・アールヌーボー（リバティスタイル）やウイーン分離派の影響を受けた装飾豊かな建物が建てられた。その幾棟かは、街区の東側、及び南側に残っている。

フィアットが創業したのはサン・サルヴァリオである。一九世紀末だった。次第に生産規模を拡大し、二〇世紀を迎えると間もなく、拠点を市南部に移転した。フィアットが最初の大規模工場をリンゴットに建てたころまでは、その労働力需要を満たしたのはトリノ都市圏、あるいはトリノのあるピエモンテ州内の地方都市やその田舎町の出身者だった。戦後復興期（一九五〇―五九年）から「奇跡の高度成長」期（一九六〇年代）に、フィアットの旺盛な労働力需要に応えたのは、今度は開発の遅れたイタリア南部からの移民労働者だった。イタリア南部発の、通称「太陽号」と呼ばれた夜行列車が朝九時五〇分に新駅に到着すると、長旅に疲れ、ぐったりした表情の移民労働者がプラットホームを埋め尽くした。

戦後復興期には、ナポリのあるカンパニア地方、半島の先っちょにあるカラブリア地方、それにシチリアから合計八万五〇〇〇人がトリノに移民して来た。一九六〇年代には、その数は三倍の、二四万五〇〇〇人に膨れ上がった。現在も、毎日、トリノと半島のつま先の都市レッジョ・ディ・カラブリアや、ナポリの南にあるサレルノを結ぶ特急列車が走っている。南部からの移民労働者とその家族の「ふるさと便」になっている。

トリノを題材にした映画「いつか来た道」（監督ジャンニ・アメリオ、一九九八年）は、高度成長期のイタリアを舞台にシチリアから出てきた兄弟の葛藤を描いた物語である。物語は、新駅から大量の移民が吐き出される情景からはじまる。雨に沁みるトリノの街が美しい。映画の場面がそうだったように、プラットホームを過ぎ、コンコースを抜けて駅舎を出た移民は、そこで右折れし、サン・サルヴァリオに向かうのがふつうだった。サン・サルヴァリオの安い駅前ホテルや木賃宿を、最初の止まり木にしたのだった。その後は、界隈の安アパートを賃貸するか、郊外（市周縁部）のフィアットに仕事が見つかれば、工場に近い市域南にある労働者団地に移り住むのが一般的だった。

「駅に近い」「家賃が安い」「ゾーニングが混合用途」「歴史的に異質なモノの受け入れに寛容だった」ことなどが、サン・サルヴァリオが国内移民の、そして世紀末にはイタリアやヨーロッパ以外からの移民の、最初の滞留地になった理由だった。しかし、北部の人々は経済開発の遅れた南部を見下す傾向があった。そのため南部からの移民が最初に到着し、集住するようになったサン・サルヴァリオに対するトリノっ子の視線も、差別的で冷たいものだった。一〇〇年以上むかしも、旧市街に暮らすカソリック教徒は、プロテスタント教会やシナゴーグができ、新参の異教徒に寛容だったサン・サルヴァリオに対し反感を懐き、差別的な、見下しの感情を抱いていたが、その当時のサン・サルヴァリオ、そしてエスニックタウンになった昨今のサン・サルヴァリオ——その双方に対するトリノっ子の感情の間には、確かに通底するものがある。

一九八〇年代になってフィアットの経営がつまずきはじめると、たちまち「フィアットに都合の悪いことはトリノにも都合が悪い」状況になった。(7) 実際のところ悪い話は、その都市の脆弱な地区に露出する。トリノの場合、サン・サルヴァリオが劣化し、売春婦や麻薬の売人がうろつき、「もはや、窃盗などはニュースにもならないほど」

治安が悪化した。空き家、空き店舗が増え、家賃が下がった。ニール・スミスの地代差額の考え方によれば（後述）、その当時は、サン・サルヴァリオでジェントリフィケーションがおきる環境が熟成していった、ということになる（Smith 1996）。

その後、今度はグローバル移民の時代と重なり、サン・サルヴァリオに東ヨーロッパ、アフリカ、イスラム圏から貧しい移民が流入するようになった（ルーマニア、モロッコ、ペルー、エジプト、アルバニア、ブラックアフリカなど）。一九八〇年代後半以降、世紀末にサン・サルヴァリオのエスニックタウン化が急進展した。そこでは、従来からあった零細商店がエスニックショップに駆逐されるということがおきた。

Monica Massari, "Ecstasy in the City: Systhetic Drug Markets in Europe" (*Law and Social Change*, August, 2005) は、アムステルダム、バルセロナ、トリノのドラッグ市場の研究である。トリノでは、①二〇〇〇年前後はまだ、麻薬取引が常態化していた、②そこでは、伝統的なマフィア組織ではなく、海外からの移民が売人だった――などを明らかにしている。当時のサン・サルヴァリオのイメージは、「4D (danger, decline, decay, drug-dealing)」に要約することができた。しかし、エスニックタウンも二〇一〇年前後以降、急速にジェントリファイされ、今度はエスニック系の飲食店／物販店が排除されるようになった。

以上がサン・サルヴァリオ小史である。歴史的にサン・サルヴァリオは、旧市街やクロチェッタ、ポー川沿い丘陵地のお金持ちからは「変なところ」「危なかしい」「用事がなければ行かない（おそらく一生行かない！）」地区として見下されてきたのである。

4　クロチェッタ

クロチェッタはヴィットリオ・エマヌエーレ二世大通りの南側にある。U字型を描いて走る大きな街路に囲ま

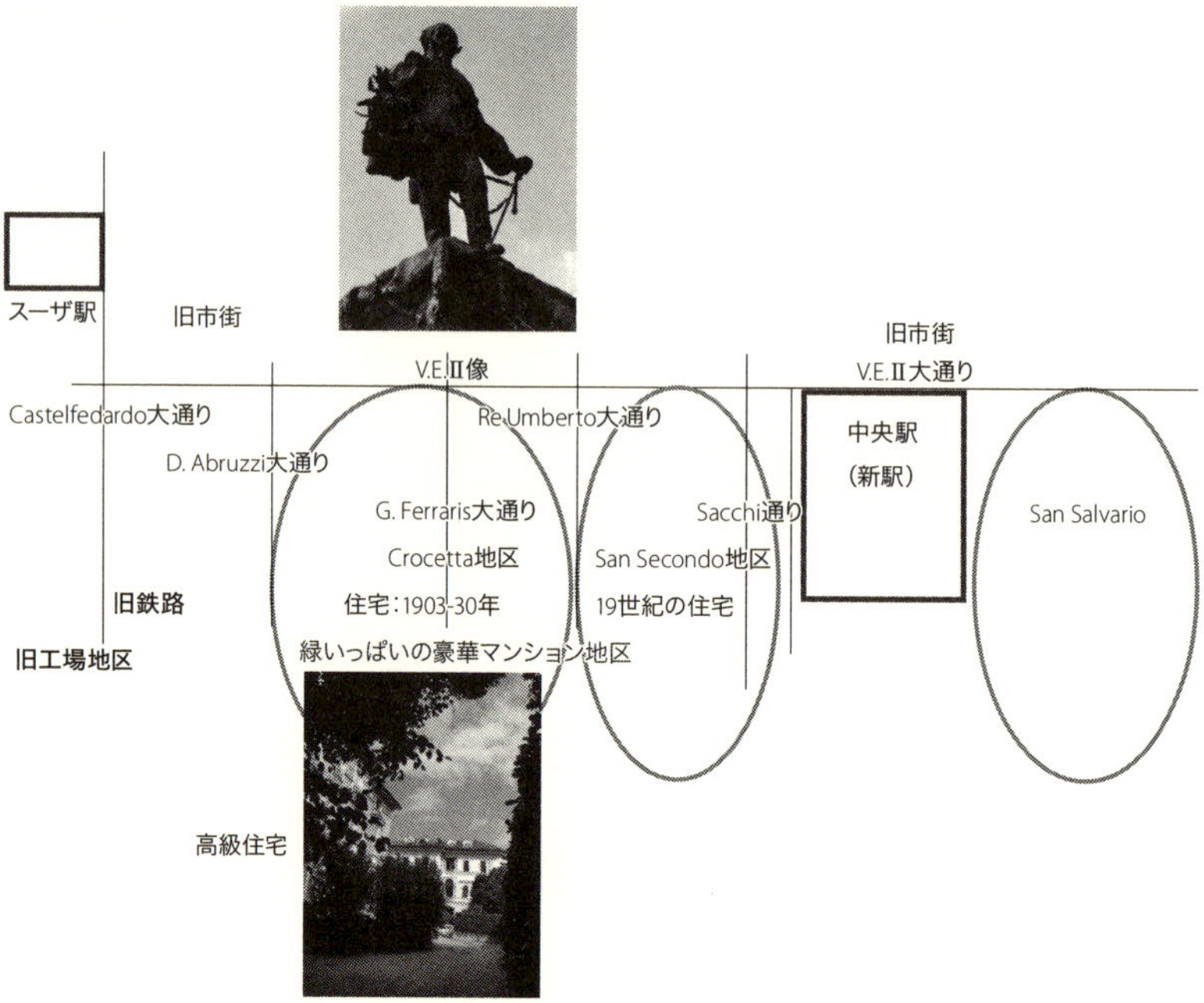

図8–4　クロチェッタ

れた地区である。東側からサッキ通り、その続きがフィリッポ・トゥラーティ、U字の底がデ・ニコラ大通り、西側がメディテッラーネオ大通り、そしてカステルフィダルド大通りが北西の角でヴィットリオ・エマヌエーレ二世大通りと交差している。メディテッラーネオ大通り／カステルフィダルド大通りでは、鉄道を地下に埋設し、その跡は路幅六〇mの高規格道路に整備された。路幅をたっぷり確保したプロムナードは、個性的なデザインの街路灯とストリートファニチャーが並ぶモダンな風景になっている（スピナ・セントラル「Spina Central＝中央背骨地帯」と呼ばれている）。

　イタリア語で「Corso」は、アヴェニューを意味する。クロチェッタの場合、U字型の内側を一三本の「Corso」が東西、南北に走っている。これらの大通りはトリノの都会性を象徴するように、いずれもきれいに整備され、立派な並木道である。レ・ウンベルト大通りとガリレオ・フェッラーリス大通りに並ぶポプラは、背丈が五階建て建物の窓辺まで届く高木である。お蔭で蒼々たる並木道になっている。

地区の北西には、戸建ての豪邸が建ち並び、そのセンターにあるドゥカ・ダオスタ広場からは放射線状に「Corso」が走っている（ドゥカ・デリ・アブルッツィ、トレント、ドゥカ、トリエステ大通り）。ドゥカ・デリ・アブルッツィ大通りを渡ると、モダニズム建築のトリノ工科大学の本部キャンパスである。近くには、トリノ近代美術館、GAM―近現代美術館、イタリアでは最大規模の銀行系財団（サンパオロ財団）の本部がある。界隈は文教地区になっている。

クロチェッタは街区によって開発された時期が前後している。新駅に近いサン・セコンドは、サン・サルヴァリオに少し遅れて一九世紀末期に開発された。ネオゴチックの壮大なサン・セコンド教会がある。街区の名前はその教会に由来している。風呂場のない賃貸アパートが建てられたために、公衆浴場／洗濯場がサン・セコンド通り沿いにつくられた。現在、その跡地はサン・セコンド露天市場になっている。サン・セコンド通りは、生鮮品を含む食料品から日用雑貨まで不便なく買い揃えることができる最寄り品型商店街である。それに対してレ・ウンベルト大通りの西側は、二〇世紀（一九〇三―三〇年）に開発された住宅街区。リバティスタイルやネオクラシック様式の、豪華な装飾の建物が連棟し、市内では最上位に属する高級住宅街区である。

サン・セコンドからヴィットリオ・エマヌエーレ二世大通りを渡ったところにダゼリオ高校がある。市内の街角には「トリノ物語」という解説碑が立っており、教会や広場、公共施設の由緒を説明している。ダゼリオ高校の前にもそうした解説碑が立っている。解説碑があるということは、トリノの名門高校である。クロチェッタの開発がはじまった一九世紀末に創立し、一〇〇年の歴史を誇る高校である。

解説碑は「イタリア文学の批評家、特にダンテ研究の権威で反ファシズム運動に参加したウンベルト・コズモ、それにレオーネ・ギンズブルグ（『ある家族の会話』などの作家ナタリア・ギンズブルグと結婚し、反ナチズム運動で獄死したロシア文学者）などが教師を務め、チェーザレ・パヴェーゼ（『美しい夏』などの著作がある作家）、ノルベルト・ボッビオ（トリノ大学教授になった著名な政治哲学者）などが学び、卒業しました」と説明している。ダゼリオ高校の学校区になっていたクロチェッタには、そうした子弟を育てる教養豊かな「中」、あるいは「中の上」の階層に属する家庭が多く暮らしていた。

一　都市計画――政府の介入（1）

1　混合用途の都市マスタープラン（一八五三年）――サン・サルヴァアリオ

クロチェッタの中央を南北に抜けるポプラ並木のアヴェニュー、ガリレオ・フェッラーリス大通りがヴィットリオ・エマヌエーレ二世大通りと交差するところに、ヴィットリオ・エマヌエーレ二世像が建っている。左右の揉み上げまで届く立派な口髭を蓄え、顎をギュッと引いて正面を凝視する威厳たっぷりの立像である。地図などの表記は、ラルゴ・ヴィットリオ・エマヌエーレ二世像となっている。「ラルゴ（Largo）」には、「ゆったり堂々とした」という意味がある。国王が没して二〇年後の、一八九九年に除幕式が行われた。ヴィットリオ・エマヌエーレ二世大通りや新駅から北に延びるローマ通りをイルミネーションで飾り、像の完成を祝ったといわれている。トリノっ子がサルデーニャ王国の国王が統一イタリアの初代国王になったことを誇りに思い、建てた像である。

当時のトリノがラルゴ・ヴィットリオ・エマヌエーレ二世像を、既に開発が進展していたサン・サルヴァリオ側のヴィットリオ・エマヌエーレ二世大通りではなく、これから地区開発に着手する段階にあったクロチェッタ側に建立したことは、時の都市計画（権力者）が両地区をどのように評価し、その将来を見定めていたかを考える上で興味深い事実である。

市域拡張計画を決めた一八五三年都市マスタープランは、城壁を撤去し、(1)サン・サルヴァリオ地区、(2)北東部のポー川×サン・マウリツィオ大通り×レジーナ・マルゲリータ大通りに囲まれた三角地区を、第一次市域拡張地区に指定した。両地区とも、街路は旧市街地の道路をそのまま延長し、グリッド状に計画された。この市域拡張計画には、その後のサン・サルヴァリオの「かたち」を決定的にする内容が含まれていた。ここで「かたち」は、物理的、建築的な意味に止まらず、経済的、社会的な意味を含めて使っている。そして計画は、以後、サン・サルヴァリオの発展、衰退、そして変容に大きな影響を及ぼし、サン・サルヴァリオの「かたち」を規定することになった。

まず、物理的な環境として路幅が狭く計画された。地区内を走るアヴェニューは東西に二本(グリエルモ・マルコーニ大通り、ダンテ大通り)あるが、南北にはない。車社会の幕開けは、もうしばらく時代が下ってからである。そのため、車の通過交通を考えて路幅の広いアヴェニューを通す、という計画には至らなかった。それ以外の道路は、いずれも路幅がおよそ一二m。そこに五、六階建ての建物が建ち並ぶことになった。それでも近代都市計画の黎明期に行われた市域拡張計画である——路幅一二mは、産業革命以前の、隘路が蜘蛛の巣状になった都市とは違い、風通しや日射などの公衆衛生を配慮したものだった。一街区の広さは、最も広いところで九〇m×九〇m。他は、大方、その二分の一か、しばしば三分の一以下である。狭い。

もう一つの都市計画は、「建物の一階は原則的に商業用途にする」「住宅は二階以上」というゾーニングの採用だった。小売り、飲食、宿泊施設、あるいは職人の工房、機械工場、二〇世紀を迎えるとフィアット関連の工場、車の修理工場、印刷・製本工場……などが一階のスペースを埋めた。初めから「混合用途」を重視したゾーニングになった。すなわち、サン・サルヴァリオは、蒸気機関車などの新しい文明や異教徒に対して寛容だったが、都市計画も「混合用途」としてスタートし、「多様なもの、新規なものが入り込む余地が大きく」「異質なものに対する受容性が高かった」のである。

一階は「混合用途」、二階以上は職人、商業者、産業化に伴って生まれてきた中間階層の住宅として使われてきた。したがって居住者も多様である。二〇世紀後半には、国内外の移民労働者が混住するようになった。それでもサン・サルヴァリオの住宅階は、（1）個人所有比率が高く、（2）ある特定のどの階層・職種の住民が他を圧倒することもなく混住している（異なる時期の移民、多様な職業従事者、中の下／中／中の上階層）――という状態が継続した。混合用途／多様な居住者は、経済社会状況が悪化した時期に、「住宅価格の値下がり、アパート家賃の落下」を経験しながらも、スラムに転落することなく、その途中で踏み止まることに貢献してきた。また、高い持ち家率は、二階以上の住宅フロアでは住宅価格・家賃が安定し、ジェントリフィケーションがおきない背景の一つになってきた(8)。

2　単一用途の都市計画――クロチェッタ

当時のトリノ政府が新駅の西側の新開地クロチェッタにラルゴ・ヴィットリオ・エマヌエーレ二世像を建立したのは、この界隈を一九世紀末以降に勃興してきた中間階層が暮らす、市内でも一等地の住宅街区に仕上げようとしていた意気込みと符合していた。半面、飲食店や町工場のあるサン・サルヴァリオには、たっぷり髭をはやし、サーベルを提げた国王の立像は不釣り合いだったのである。

実際、クロチェッタには、高規格の、ポプラ並木のアヴェニューが縦横に敷設された。そこには、広い庭に囲まれた瀟洒な造りのヴィラ、精緻な装飾のファサード造りの五、六階建て集合住宅が建ち並ぶことになった。計画がアヴェニューづくりに熱心だったのは、車社会の到来を思い描いていたためである。同時に計画者には、車を所有することがふつうになる中間階層の住宅街区を開発する、という目論見があった。クロチェッタでは、「混合用途」は新駅に近接した、一九世紀末開発のサン・セコンドに限られている。それ以外の街区では、「住宅単一用途」に純化したゾーニングである。クロチェッタが開発された時期は、単一用途主義の近代都市計画思想が隆盛してきた時代である。その影響があったと考えることができる。街区の単位面積も、サン・セコンド以外は、サン・サルヴァリオに比べて広い。イタリアのカフェは、コミュニティの寄り合いの場になっている。そこで飲む一杯のエスプレッソは、イタリア人にとって暮らしの必需品である。ところがクロチェッタには、カフェが所々にしかない。当然、町工場などはない。そういう性格の街区である。

クロチェッタは、二〇世紀を通じて「トリノの高級住宅地区」の名声を維持してきた。不動産の仲介情報誌(*CASEMAGAZINE* 二〇一五年七月二七日―八月三〇日号)は、トリノ市内を二三地区に区分して「売り住宅」情報を掲載している。地区ごとに掲載された物件の平均価格を計算すると、クロチェッタ‐サン・セコンドの住宅価格は、市内で三番目に高い。最高値は旧市街。次はポー川を越えた丘陵地の戸建て住宅地区である。イタリアでは、ナポリなどの斜面地都市を別として、一般的に富裕層は旧市街に暮らしている。トリノでも旧市街の住宅価格が最高なのは、そうした事情を反映している。丘陵地の宅地開発は、戦後、特に高度成長期以降に急進展した(9)。

3 ジェイコブズの四条件

以上のように、サン・サルヴァリオとクロチェッタでは、その新規開発の段階で都市計画の考え方が違っていた。「混合用途に対して単一用途」「小ぶりな街区に対して広い街区」「高規格のアヴェニューが『少ない』『多い』」という物理的、建築的な「かたち」の違いである。この可視的な「かたち」の違いが経済的、社会的な「かたち」の形成にも影響を及ぼした。

ここまで記述してくると、都市計画やまちづくりを勉強したことのある人ならば、近代都市計画思想を嫌悪し、ゾーニングの純化を徹底的に批判したジェイコブズの所説を連想すると思う。都市の魅力は、未知の人々が集住し、協働を通して創造的な活動を生み育てる空間に具現する。ジェイコブズはそうした空間には、「多様性を育む」四条件が備わっている、と述べている。「混合用途の必要性」「小規模街区の必要性」「高密度の必要性」「ふるい建物の必要性」である。

ジェイコブズの『アメリカ大都市の死と生』は、なぜあるコミュニティが繁栄し、他のコミュニティが衰退するのかを、徹底した路上観察を通して読み解く、という流儀で書かれている。四条件も、「現場から考える」帰納的な考察方法から導き出された。そしてジェイコブズは、ニューヨークのグリニッジヴィレッジこそ――彼女自身が暮らし、スラムクリアランス計画が明らかになった時には、身体を張って阻止運動を闘い、大規模開発から守った――四条件をよく備えたコミュニティである、と考えていた。

一八五三年の都市マスタープランは、新開地サン・サルヴァリオの開発方針として「混合用途」と「小規模街区」を重視していた。サン・サルヴァリオは、開発当初からジェイコブズの四条件のうち二条件に適合していたのである。また、サン・サルヴァリオの（1）人口密度は市平均の四倍、（2）ビジネスの立地密度は五・四倍――というデータが示しているように、市内でもっとも「高密度」な地区である。ジェイコブズの「高密度の必要性」の条件を満足している。

地区内には、様式建築が点在して残っている。したがって、サン・サルヴァリオは「ふるい建物の必要性」という条件も相当程度に満足している。知人の建築スタジオを訪ねた時に、ふるい建物に、旧式の、総ガラス張りのエレベーターが螺旋階段の中央を快走しているのに驚いた。地区内では、グリエルモ・マルコーニ大通り沿いに、唯一例外的に近代建築ビルが連棟している。界隈にフィアットの関連工場があったために、連合軍の空爆の対象になった。戦後、焼け跡に新しいビル街が開発された。それ以外の街区は、大方、戦前、それも一九世紀末〜二〇世紀初期の建物である。しかも、それほど立派ではない建物である。そのため家賃が安い。地区の中心に公設の公衆浴場があったが、そのことは内風呂（シャワー室）のない、安い住宅が多かったことの証左である。

（1）サン・サルヴァリオには、「建築散歩」などの本に掲載されている華麗な様式建築だけではなく、安い家賃のふるい建物がある、（2）開発当初から異物（蒸気機関車など文明の利器）・異教（プロテスタント、ユダヤ、イスラム）に寛容な気質があり、そのDNAを継承してきた地区である——ことは、トリノの高度成長期、すなわちフィアットの業容拡張期に、イタリア南部から職を求めてやって来る移民労働者を受け入れる素地が備わっていた、ということになる。そして二〇世紀末の、労働力移動がグローバル化した時代には、今度はアフリカ、そしてイスラム圏から多くの求職移民を受け入れることになった。その結果、サン・サルヴァリオは人種的に混在が進展し、極めて多様性に満ちた地区になった。例えば、（1）住民の外国人比率は二六％（トリノの平均は一四％）、（2）外国人経営のビジネス比率は二六・五％（同一二・二％）に達している。

「混合用途」と小規模街区によって形成された街区は、出会いの機会を増やす。人々に賑わいを提供し、界隈性を高めることにつながる。そして多様性を育む。多様な人々を引きつけ、人々の間に新しい関係性を構築し、それが地区の経済的、商業的な繁栄につながる。ジェイコブズはそう考えていた。しかし、既に述べてきたように、「ジェイコブズの四条件」を満足しているサン・サルヴァリオだが、サン・サルヴァリオの二〇世紀後半史には、「街区に生気が漲り、活気に溢れたまちが育まれた」とは言い切れない時期が長く続いた。フィアットの衰退と共に貧困が忍び寄り、ふるくなった建物は修繕されることなく放置され、アウトロー活動や犯罪が日常茶飯事になった。確かに現況は、「改善」「活性化」が進展している。何か新しいものが創りだされてくる、という雰囲気はある。それでは、全体として「望ましい状況」が出現しているか、となると話は単純ではない。現在のサン・サルヴァリオは、ジェントリフィケーションと社会的排除の真っただ中にいる。また、ジェントリフィケーションが呼びおこす「賑わい」の裏面では、「空洞化」がおきている。さらに「賑わい」それ自体が、コミュニティに複雑なトラブルを引きおこしている。

一方、ジェイコブズは、単一用途のゾーニングは、まちを単調にし、活力のないつまらない街区にしてしまうと論じ、「活動を殺し、街路を殺し、結果として都市を殺してしまう」「目に見える単調さやつまらなさは、その結果でしかない」と述べている。単一ゾーニングのクロチェッタの場合、サン・セコンドを除けば連棟する建物の一階で商売しているところは少ない。下階から上階まで基本的に住宅である。したがって街路景観は、サン・サルヴァリオに比べて単調である。また、閑静な住宅街区である。昼間、人通りが少ない。夜になればなおさらである。サン・サルヴァリオのようにナイトライフを楽しむ人々の喧噪が伝わってくる、というようなことはない。「小規模街区の必要性」「高密度の必要性」「ふるい建物の必要性」の、ジェイコブズの三条件をいずれも満足していない。街区に賑わいがなく、実際のところ気怠さのようなものはあるが、それでは、クロチェッタでは、「街路が殺され、地区が殺されているか」と考えると、そういう状況ではない。

車社会の到来を想定し、新開地に開発されたクロチェッタは、「トリノの郊外住宅地一号」だった。しかし、ジェイコブズが毛嫌いし、デヴィド・リースマンが気怠さの漂い、孤独な群衆が暮らす場所として活写したアメリカの郊外住宅地とは様子が違っている。ここでは、路面電車やバスが縦横に走り、公共交通機関が重要な移動手段になっている。地下鉄駅が二カ所ある。なによりも大半の街区は、新駅まで歩ける距離にある。広場に露店市が立つ。そのことも「活動が殺され」「街区が殺される」ことにならずに、地区が健康を維持することに貢献している。

元来、新開地だったが、ヴィットリオ・エマヌエーレ二世大通りを越えれば旧市街である。高級ブティックが並ぶローマ通りも徒歩圏内である。ダウンタウンから高速道路を三〇分以上走ったところにあるアメリカの郊外住宅地とは違う。一週間分の食料品をショッピングセンターでまとめ買いをする、という立地ではない。庭付き豪邸街区があるが、大方はビル式の集合住宅である。上下階の近隣付き合い、あるいはコートヤード（中庭）でも付き合いがある。そうしたことも庭付きの戸建て住宅が坦々と並ぶアメリカの郊外住宅地とは、大きく違っている。ある日の午前中のことだが、近隣公園は幼児連れの母親や祖父母で賑わっていた。だれもが知り合い、という様子だった。地区内にカフェは少ないが、それでも街角にあるカフェに立ち寄ると近隣住民が頻繁に出入りし、繁盛している風情だった。

クロチェッタは新規開発されて以降、二一世紀の現在まで、経済的、社会的に「よく安定した住宅街区」としてその評判を維持してきた。当初から中間階層の住宅街区として開発され、その後、官民いずれかを問わず、地区から〈資本が引き上げる〉というような空洞化現象はおきたことがない。したがって麻薬の売人や売春婦、強請りたかりをするチンピラが屯す「衰退地区」になったことがない。建物の壁面にグラフィティーが描き込まれている風景も見かけない。バンダリズム（破壊行為）を経験したことがないのである。「衰退地区」になったことがないから、ジェントリフィケーションを経験するという状況に置かれたこともない。クロチェッタはこの一〇〇年弱の間、建築的、可視的、そして経済社会的な「かたち」を変えることなく現在に至っている。

「ジェイコブズの四条件」は、ジェイコブズがニューヨーク、ボストン、フィラデルフィアを主に路上観察し、そこから帰納的に到達した理論仮説である。その意味では、アメリカ的な都市解説である。ヨーロッパとアメリカでは、都心（旧市街）居住に対するこだわり方、持ち家比率、郊外のスプロールの仕方、衰退地区のスラムクリアランス……などの事情が違っている。それゆえに、「ジェイコブズの四条件」をめぐっても、機能の仕方に違いが出る。

二　都市再生――政府の介入(2)

1　都市戦略プラン

スペインのマドリードやバルセロナで都市再生投資がはじまり、新たな道が切り拓かれることになったのは、フランコのファシズム政権の崩壊と都市政治の民主化が起点になった。オリンピックを起爆剤にするなど、バルセロナの都市再生戦略に学び、それに倣ったトリノの都市再生も、汚職政治が崩壊し、フィアットと蜜月関係にあった都市政治が民主化されたことがきっかけになった。バルセロナでもトリノでも、都市再生は民主化と伴走して始動した。

トリノでは、ポスト工業化は、ポストフィアット化とほぼ同義である。一九八〇年代には、製造業分野で雇用機会の劇的な喪失がおき、失業者が路上に溢れるようになった。市内各地で治安が悪くなった。ところが二一世紀を迎えると状況が反転し、今度は都市圏、国内、さらには海外から来訪するツーリストを目当てに、サービス、小売り、飲食関連ビジネスが市内各地区で繁盛するようになった。この産業構造の変容は、都市地理の総体を再編すると同時に、地区レベルでは新しい街路景観を造り出している。ジェントリフィケーションである。サン・サルヴァリオは、その典型的な事例になっている。

二〇世紀後半のイタリア諸都市は、汚職まみれの、腐敗政治の極致にあった。その反動が一九九〇年に地方分権を加速する力になり、都市政治の民主化がはじまった。トリノでは、市民が市長を直接選挙で選ぶ制度がスタートし、トリノ工科大学教授のヴァレンティーノ・カステラーニを市長に選出した。カステラーニ市長が特に情熱を傾けたのは、トリノの「都市イメージ」を刷新することだった。(1)「デトロイト色に塗り潰された」「煤煙がいっぱい」という工業都市の「都市イメージ」を破棄すること、そして、(2)トリノの新しい「都市イメージ」を内外に売り込むことだった。実際、インタビューで面談した時に、カステラーニ市長は、「当時のイタリア観光ガイドブックには、トリノを紹介するページがないものがあった」と苦笑していた。

カステラーニ市長の熱い思いは、イタリア第一号の都市戦略プランIにまとめられた。都市戦略プランIでは、(1)歴史と文化を前面に打ち出し、(2)ツーリストを引き付けるために、都市マーケティングや都市ブランディング戦略を積極果敢に展開することが市政の重要課題になった。都市戦略プランには、規制力や拘束力はないが、都市が目指すべき方向や、将来ヴィジョンを提示している。都市戦略プランIは、戦略的六領域／二〇政策課題／八四行動項目で構成されていた。通覧すると、「訪ねたい」「暮らしたい」、そしてトリノ製品を「買いたい」というニーズに応える、そのための都市戦略である、という意図が伝わって来る。製造業都市から消費都市への構造転換である。そこには、新自由主義的な都市思想を垣間見ることができる。

筆者は、カステラーニ市長が打ち出した都市戦略プランIを、「トリノを再位置化する」戦略と表現することにした。物理的、建築的なハードの「都市空間」、及び経済的、社会的なソフトの「都市空間」の再位置化である。新しい「都市イメージ」は、この二つの「都市空間」の交差上で決定されるはずである。

トリノが都市戦略プランIで目指した新しいトリノは「これなのか!」、と合点させられる経験をした。トリノ国際空港の荷物引き取りラウンジで、印象深い壁面広告に出合った。壁面広告は「ようこそトリノに」と大文字で書かれ、キーワードを九つ並べていた。訪問客に対し、これらのキーワード関連産業が二一世紀のトリノを牽引することになる、とアピールする広告だった。「文化、革新、チョコレート、歴史、芸術、ナイトライフ、映画、味覚、買い物」である。トリノのチョコレート史については以前から多少の知識があり、驚かなかったが、それ以外はことごとくソフト関連産業である。換言すれば、「トリノはポスト工業化で先行します」という宣言だった。

キーワードの中で本稿と直接関係して興味深いのは、「ナイトライフ」と「味覚」である。トリノはフランス文化の影響を受け、市内に美味しいレストランが多くある、という話はよく知られている。ピエモンテ産ワインも有名である。後年になってからのことだが、スローフード祭（サローネ・デル・グスト）が、隔年で開催されるようになった。したがってトリノを表現するキーワードとして「味覚」は納得だった。一方、トリノをイメージするキーワードとして「ナイトライフ」が列挙されていたことには、意外性があった。以下の引用を読むと、意外性の事情をよく理解できると思う。トリノ・フィルム・コミッション会長を務めたステファノ・カサに、「一九七二年のある日の風景……」と書きはじめるエッセーがある。

「街はとっても朝起きでした。五時には路面電車は通勤客で満杯になり、大路は職場に向かう労働者や従業員を乗せた車で渋滞しました。夜は早々と寝てしまいます。そのため二三時過ぎまで営業しているピザ店は街に二店しかなかった」「街には色というものがないに等しく、薄らとスモッグがかかっていました」

フィアットやサンパオロ銀行の経営者、幹部社員が通う高級レストランが旧市街にある。しかし、トリノは「労働者の街」だったから、暮らしの基本は早寝早起きである。ふつうの市民には、ナイトライフを楽しむ、というような習慣はなかった。現在でも、繁華街以外にある立ち飲み店やちょこっと腰掛けスタイルのバールは、二〇時前には閉店してしまう。

当時のトリノのまちの「かたち」は、トリノっ子の謹厳実直なピエモンテ気風、労働者気質をよく具現化していた。それが最近は、トリノを表現するキーワードとして「ナイトライフ」が掲げられるようになったのである。トリノが都市戦略プランIや都市マスタープラン（一九九五年）、その他の都市政策などの政策介入を通じ、「ナイトライフ」を内外に喧伝し、それを自慢できる都市に変容してきたことを示している。

2　商業活動規制の緩和

この項は、少々、閑話休題的な話題から書きはじめる。

イタリアでは、旧市街の商業に賑わいがある。それは地方の中小都市でも例外ではない。トリノに滞在中、心がけて中小都市めぐりをした。トリノからローカル線で小一時間のところにあるオリベッティ創業の町イヴレーアにア（二万四〇〇〇人）は、オリベッティの経営が傾いて以後、人口減少が顕在化し、縮小都市になった。しかし、週末に訪ねた中心市街地商店街は、いっぱいの人混みだった。オレンジをぶつけ合うカーニバル「オレンジ戦争」が有名である。ミラノ中央駅から電車で二〇分のところにある、ふるい大学町パヴィーア（六万八〇〇〇人）の場合、その旧市街は半日歩きを満喫するのに十分な広さがある。洒落たブティックやレストランが並び、ミラノにわざわざ出かけて行く必要がない、という充実ぶりだった。

ハムで有名なパルマ（一七万六〇〇〇人）では、商店街が曲折しながら駅から歩くこと三〇分以上の距離まで延びている。狭い横道にもバールや店舗が張り付き、商業に面的な広がりがあった。ピサに近いトスカーナの海辺町ヴィアレッジョ（六万五〇〇〇人）は、旧市街に常設の大きな露天市がある。そこを中心に商店街が縦横に延びている。日本の地方都市の惨状と比べると、商店街の「かたち」に雲泥の差があった。トリノとミラノの間にある稲作地帯の中心都市ヴェルチェッリ（四万七〇〇〇人）、隣町の交通の要衝ノヴァーラ（一〇万五〇〇〇人）の場合も、中心市街地商店街に空き店舗が散在する、という風景にはぶつからなかった。どこの横丁にも活気がある。

イタリアでは二〇世紀後半、中規模以下の都市では、旧市街の疲弊が深刻だった。商業活動も衰退した。上記のパヴィーアを訪ねた時に、一九九〇年ごろの旧市街には空き家・空き店舗がゴロゴロあった、という話を聞いた。大都市の旧市街地でも空洞化がおきた。そのイタリアでは、法律で商業活動をコントロールしてきたことが、賑わい復活の基本になってきた。一九七〇年代以降、地方分権が行われ、都市政府が都市の「かたち」を転換するために、商業活動の規制・緩和をテコに〈資本の呼び込み〉を画策するようになった。本稿で扱うサン・サルヴァリオのジェントリフィケーションは、その事例に関係している。


以下は、宗田（2000）に学び、サン・サルヴァリオのジェントリフィケーションに詳しいマグダ・ボルゾーニ（都市社会学専攻）に聴き取りし、同時に彼女の博士論文（Bolzoni 2013）を参考にしている。

イタリアでは、一九七一〜二〇〇八年の間、都市内を幾つかの地区に分割し、地区ごとに商店の売り場面積を総量規制した。地区内の消費需要を商品部門別に予測し（人口、世帯、消費支出などをベースに）、その需要を満たすのに必要な売り場面積の上限を示す、という方法である（以下、「店舗の総量規制」と記述）。地区内でその業種の売り場面積が需要を満たし、上限に達していると判断すれば、閉店が出るまで新規開店を認めない、という制度である。二〇〇九年に、この店舗の総量規制が廃止された。また、二〇一〇年には、営業時間規制が撤廃された。政府が介入して地区商業の需給調整をしてきたが、その判断を「市場に委ねる」新自由主義的な政策に転換したのである。

店舗の総量規制を目指したこの法律は、地方分権がはじまった時代に制定された。総量規制の具体的な内容を、それぞれの都市政府が決めることができた。そしてこの法律には、適用除外規定があった。都市政府が都市戦略上の、あるいは地区活性化のためにその必要性・有用性を、適切、かつ合理的に説明することができれば、条例でゾーニングの内容を変更することができた。すなわち、規制を撤廃し、「新規開店自由」のゾーニングを指定することができた。

実際、トリノでは衰退が顕在化し、街区が半スラム化しはじめた地区（クアドリラテロ・ロマーノ、ヴィットリオ広場＋ムラッツィ・デル・ポー、サン・サルヴァリオ）では、一九九〇年代末以降、店舗の総量規制と規制撤廃（出店の自由化）が繰り返された。経済活性化ゾーニングである。三地区は、いずれも旧市街の中心商業地に近接している。それらの衰退地区を活性化することができれば、中心商業地と空間的な一体性を強調することができる。地区の更新を、都市全体の再編に結び付けることができる。都市戦略プランⅠは「空間の創造」を目指していたため、衰退地区の経済活性化ゾーニングは好都合だった。

以下のように説明し直すことができる。消費都市づくりを目指した都市戦略プランⅠでは、ツーリストに受けのよいトリノを再構築することが戦略的領域の一つになった。絵画鑑賞や観劇をするツーリスト（文化、芸術派）や博物館めぐりをするツーリスト（歴史派）が市内をもっと広く回遊するように、ナイトライフ、映画、味覚、ショッピングを楽しめる空間を豊富に提供することを目指す――その目標を達成するために、（1）新規投資を期待でき、（2）旧市街に近接して立地に恵まれた地区のうち、（3）衰退している地区を選び、店舗の総量規制を緩和した。商業開発投資資金の誘い込みを狙ったのである。

全市域で店舗の総量規制が行われていた時代に、上記の考え方に沿ってトリノで最初に規制が緩和され、新規店舗の開業が自由になったのは、クアドリラテロ・ロマーノ。一九九八年のことである。（1）ツーリストの来訪先を露天市場の外の街区まで広げる、（2）それを呼び水に、衰退した界隈の活性化を目指す――政策介入だった。クアドリラテロ・ロマーノでは、ヨーロッパ最大規模の露天市（Porta Palazzo）が開催されている。今も昔も、市場は集客力の強い観光スポットになっている。しかも、トリノで歩行者天国一号になった賑やかなガリバルディ通りまでは、徒歩五分である。クアドリラテロ・ロマーノは立地条件に素晴らしく恵まれている。

しかし、それまで以前は、市場から一街区外に出ると界隈は様変わりした。トリノが縮小都市に転落した時期に、界隈の治安が急速に悪化した。貧しい移民が荒廃した集合住宅に過密に暮らし、住宅環境・インフラの劣化が深刻だった。アウトロー活動も頻繁だった。そのためEUの都市再生プログラム（URBAN Ⅰ・Ⅱ）の対象地区になった。モロッコなどイスラム系移民が集住し、エスニックタウン化も進行した。

市域全体が店舗の総量規制の網を被され、お陰で行き場を失っていた資本が規制の壁に穴が開けられたのをきっかけに、一気にクアドリラテロ・ロマーノに流れ込むようになった。トリノ工科大学准教授のジアンカルロ・コテラ（都市計画）によると、不動産投資で銀行が猛烈な融資活動を展開した[10]。地区では、減価していた住宅の修復が行われ、ディナーの客単価が四〇〜五〇ユーロに達する、中間階層相手のレストランやバール、それに土産物店、アパレルショップが相次いで新規開店した。たちまちジェントリフィケーションを、可視的に確認できるようになった。

同じ時期にヴィットリオ広場＋ムラッツィ・デル・ポーでも、店舗の総量規制が撤廃された。店開きを、自由にできるようになった。ヴィットリオ広場は、マダマ宮殿のあるカステッロ広場に発する回廊造りの商店街ポー通りがポー川と鉢合わせするところにある。両方の広場とも、トリノっ子に人気の広場である。そこからポー川沿いに連なっている街区がムラッツィ・デル・ポーである。その意味では、この界隈も地理的な立地条件に恵まれている。

しかし、河川物流の倉庫などが集積し、トリノが衰退した時期に、この界隈も空洞化した。総量規制の撤廃は、衰退地区をポスト工業化風に活性化し、その活力を中心部の活性化に結び付ける政策介入だった。トリノ市はゾーニングを緩和すると同時に、公共所有のビルを売却したり、賃貸したりする施策を推進した。[11] そこがバールやカフェになった。市とデベロッパーが連携する、官民パートナーシップ方式の再開発プロジェクトが行われたのである。ここでは、都市政府は空間開発の規制者ではなく、ジェントリフィケーションのエージェントになった。

政策の思惑通り、両地区にはライブハウス、カラオケバー、バール、クラブなどが短期間に開店した。週末には、喧騒が午前三時、四時まで続くようになった。若者の間で、「トリノでもっとも恰好いい場所」といわれるようになった。トリノ市とトリノ+トリノ都市圏コンヴェンション・観光局が発行している「トリノ旅行者マップ」は、クアドリラテロ・ロマーノとヴィットリオ広場+ムラッツィ・デル・ポー地区を、旅行者にご推奨の「ナイトライフ」スポットとして紹介している。

その後、内外で新自由主義的な風潮が強まり、イタリアでも店舗の総量規制が二〇〇八年に廃止された。ところが国の方針とは逆に、トリノ市は二〇〇七年、市中心地区で新規開店を凍結する決定をし、二〇一〇年以降、都市計画に反映させた。この施策は訴訟されたが、二〇一三年まで継続された。クアドリラテロ・ロマーノとヴィットリオ広場+ムラッツィ・デル・ポーでも、新規開店が規制された。公共所有のビルをバールなどに賃貸する契約も破棄された。両地区では、新たにバールやレストランを開店することが難しくなった。

地区単位で店舗の総量規制を復活させ、新規開店を制限した理由は、表向き、歴史的な街区・街路景観を保全するためというものだった。しかし、両地区では競争が激しさを増したことに加え、特にムラッツィ・デル・ポーでは麻薬、売春などアウトロー活動が常態化し、風紀が乱れ、深夜まで騒がしく、強請などの軽犯罪が増え――そうしたことが市民の厳しい批判を浴びるようになっていた。実際は、それを理由に、店舗の総量を再規制することになったのである。

一方、サン・サルヴァリオでは、店舗の総量規制・自由化をめぐって両地区とはタイムラグがあった。商業に関する規制法の適用から外れ、自由に新規開店できるようになったのは、上記二地区に遅れ、二〇〇六年以降である。そして二〇〇七年の、市の新規開店規制の決定では、総量規制の対象外になった。サン・サルヴァリオでは、店舗の総量規制から外れ、新規開店の自由が継続した。旧市街の外にあるが、地理的な立地条件に恵まれている。新駅に隣接し、高級ブティック街のローマ通りと隣合わせである。今度は、ヴィットリオ広場＋ムラッツィ・デル・ポーの両地区で店舗の総量規制が導入され、行き場を失った資本がサン・サルヴァリオに奔流の如く流れ込むようになった。それは資本の動態としては、当然の理である。以降、サン・サルヴァリオで激しいジェントリフィケーションがおきた。その結果、サン・サルヴァリオでも、二〇一三年に、再度、一年間に限定して新規開店が規制されるようになった。

三　バールナイゼーション

1　気取った飲食街区化

サン・サルヴァリオのジェントリフィケーションは、バールナイゼーション（Barnization）として進行している。バールやレストラン、カフェが雨後の竹の子の如く、あちらの横丁、こちらの小径、あるいは広場の角にオープンし、界隈がたちまち少々気取った飲食店街区化して「新しい中間階層」が来訪するようになった。ここでは、それをバールナイゼーションと呼ぶことにする。

これまでしばしば「バール」と書いてきたが、路上観察した限りでは、バール、レストラン、カフェを業態区分するのは難しい。法律的に業態区分されているのか、寡聞にして知らないが、一般的にバールは、軽いスナックや惣菜を肴にアルコールを立ち飲みする酒場を連想する。しかし、実際は、テーブル席を置き、レストラン並みの立派な料理メニューを用意しているバールがある。早朝開店し、エスプレッソやサンドイッチを提供しているところもある。一方、カフェの看板を掲げていてもアルコールを出し、つまみに惣菜を並べているところがある。イタリアの知人によると、バールは伝統的なイメージが強く、その使われ方には界隈性（「コミュニティ空間」を共有する場的なもの）があるのに対し、カフェには少々気取ったイメージがある。フランスかぶれの響きがあるようである。保守的な南イタリアでは、バールがごく一般的とのことだった。

サン・サルヴァリオでバールナイゼーションがはじまったのは、新規開店規制が撤廃された二〇〇六年以降である。特にクアドリラテロ・ロマーノとヴィットリオ広場＋ムラッツィ・デル・ポーで政策介入が再転換（新規開店の自由化→規制）し、それまで急展開していたバールナイゼーションに歯止めが掛かった。それ以降、サン・サルヴァリオでバールナイゼーションが一気に加速した。政策介入が変更され、資本の流れが変転したのである。

サン・サルヴァリオでバールナイゼーションの起点になったのは、ベルトレー通りとゴイト通りが交差する界隈である。ボルゾーニによると、界隈に最初のフレンチレストランが開店したのは二〇〇二年である。周辺は、当時、まだ荒れ果てていた。あちらこちらがアウトロー状態だった。ツーリストが来るような場所ではなかった。現在も同じ屋号でフレンチレストランの経営が継承されているが、オーナーは二代目。「先代は時代を先読みする感性に恵まれていました。でも、早すぎましたね。それで事業を手放すことになりました」とボルゾーニは話していた。

筆者が調査のためにトリノに通いはじめたのは、二〇一〇年ころである。その後、サン・サルヴァリオを訪ねる度に、まちの「かたち」が変わっているのに驚いた。今度の滞在では、地区のバールナイゼーションの実態を把握するためにバール、レストラン、カフェを数えて歩いた。バールナイゼーションが最も顕著におきているヴィットリオ・エマヌエーレ二世大通り、マダマ・クリスティーナ通り、グリエルモ・マルコーニ大通り、ニッツァ通りに囲まれた街区（四〇〇m×六〇〇m）に、トルコ系のケバブレストラン、ジェラートカフェを含めて一九〇店の飲食店があった。

関係機関を訪ねて統計データを探したが見つからず、したがって「一九〇店」をどのように評価できるのか、その明確な基準はないが、ここではその手掛かりを一件紹介する。サン・サルヴァリオのコミュニティ団体San Salvario Local Development Agency（SSLDA）でもらったパワーポイント（二〇一四年一月制作）に、「地区内にはレストランが五二店、バール・クラブが二三店ある」と記されている。合計七五店である。パワーポイントの制作年月を考えると、直近でも二〇一三年のデータである。SSLDAがサン・サルヴァリオとして地図に示している街区は、筆者が歩いて飲食店を数えた街区に比べてほぼ二倍の広さである。おおざっぱな計算だが、二年前後の間に飲食店が二五〇％以上増えたことになる。


件のフレンチレストランの隣で二〇一二年以来、バール兼クラブを経営している中年のM氏は、「（地下階はライブハウスになっている大きな店の）経営権を得て店を改修するための資金繰りに苦労することはなかった」と話していた。銀行は融資に積極的だった。サン・サルヴァリオでも、政府の介入（規制緩和が地代差額を顕在化させ）と金融機関の結託（＝集合的推進力）がバールナイゼーションを先導していた。M氏は、飲食店経営のライセンス（金額は店舗規模に応じて決まる）を取得するために、市に四万五〇〇〇ユーロを支払った。この資金の調達でも苦労しなかった、という。

M氏は、バールナイゼーションの上昇気流に乗っかってビジネスチャンスを得た、新しいタイプの起業家である。トリノ大学（経済学）を中退し、幾度か起業を繰り返してきた。大学で映画を勉強した同居人が商売を助けている。二人共、こちらの聴き取り調査が不便することがないほど流暢な英語を話した。

バールナイゼーションの客層はだれか。伝統的な——クロチェッタやポー川の丘陵地に住む——中間階層ではない。ガイドブックに誘われて来るツーリストも多いが、それ以外は「新しい中間階層」と呼ぶのに相応しい客層である。以下に紹介する話は、「新しい中間階層」を具体的にイメージするのに助けになる。

件のバール兼クラブを経営しているM氏には、兼業ビジネスがある。二〇一三年以来、仲間五人（PR会社広報マン、グラフィックデザイナーなど）とイベント「サン・サルヴァリオ・エンポリューム」を、毎年六回開催している。サン・サルヴァリオにスタジオを持っているアーティストに呼びかけ、「サン・サルヴァリオでデザインされた製品」を即売するイベントである。「お客はだれですか？」と尋ねたところ、「衣料品を買うのに、H&MやZARAには行かない、ローマ通りの高級ブランド店にも関心がない、というタイプです。個性的なデザイナーの、そうですね、しばしば地元デザイナーが縫製した服を着たり、しつらえたりするのが恰好いい、と考える人たちです。大卒以上です」という返事が返ってきた。バールナイゼーションの需要サイドを支えているのは、この集団に属する人々である。パリやミラノの高額なブランド品には関心が薄い。でも量産量販品は買いたくない、というタイプのファッションピープルである。

大方、決してリッチではない。グローバルマネーによる都市経済の再編は、スーパーリッチに属するヤッピーを生み出したが、一方で高学歴にもかかわらず、一時契約の専門職などに就いている不完全就業者もつくりだした。サン・サルヴァリオのバールナイゼーションの客層は、後者の階層と重なっている。サン・サルヴァリオのバールナイゼーションがリーマンショックと前後して急速に進行したことは、客層のタイプを考えると、そこには興味深い同時代性がある。

実際、最近のサン・サルヴァリオでは、一九五〇年代のアメリカンを彷彿とさせる店構えだったり、黒を基調にしたシックな内装だったり——その差別化した店構えが若者の間で評判のバールやレストランが相次いで開店している。店の雰囲気や接客などの業態は、コミュニティ客に支えられた伝統的なバールや、ソムリエのいる高級レストランとは違う。セルフサービスを基本に、カウンターで飲み物・食べ物を注文してから席取りをする場合がふつうである。気取った店構えだが、飲食代は旧市街やクアドリラテロ・ロマーノ、ヴィットリオ広場＋ムラッツィ・デル・ポーにあるレストランに比べて安い。

最近、トリノやミラノのバールでは、アペリティーヴォ（夜のハッピーアワーのメニュー。アルコール一杯＋惣菜の食べ放題＝しばしば二〇皿前後並ぶ、カフェテリア方式で皿に盛る）が評判である。アペリティーヴォを注文し、日没の遅い夏の夜を、あるいは秋の夜長をのんびりおしゃべりしながら楽しむことが「新しい中間階層」のナイトライフになっている。サン・サルヴァリオでは、七、八ユーロでアペリティーヴォを注文できる（市内にあるトレンディな飲食街では、一〇ユーロ以上取られる。高級レストランには、このメニューはない）。ここで紹介している「新しい中間階層」は、高級レストランの得意先客ではない。サン・サルヴァリオのバールナイゼーションは、そうしたライフスタイルの人々に絶好の場所と機会を提供している。そしてサン・サルヴァリオの「かたち」を激しく変容させてきた。

イタリアの集合住宅では、一階の扉に居住者・オフィスの名前を並べた名札が張り付けてある。それを調べると、入居率を大方、推定できる。名前を伏せて出していない世帯もある。それを加算すると、調べた入居率よりも、実際の入居率は高くなる。サン・サルヴァリオにある二〇棟前後の集合住宅の名札を調べ、その入居平均を出したところ、入居率は八〇％を超えていた。入居・退去時の摩擦、及び名前を伏せている入居者を考慮すると、ほぼ満室状態である。

しかし、リーマンショック後（サン・サルヴァリオでバールナイゼーションが急展開しはじめた時期と重なる）、二階以上の上層階にある住宅・オフィス家賃は、むしろ値下がり傾向である。グリエルモ・マルコーニ大通りに近いプリンチペ通りの二階にスタジオを構えている建築家は、「家賃の値下げ交渉をはじめるところです」と話していた。また、先に紹介したバール兼クラブの経営者カップルは、最近、サン・サルヴァリオの一等地にあたるマダマ・クリスティーナ市場を眼下に眺める住宅ビルの最上階に転居した。「地区の他のところから引っ越しましたが、お買い得値段でした」と笑顔で話していた。サン・サルヴァリオの住宅市況に関しては、イタリアのマクロ経済、及びトリノの経済事情を考慮して評価する必要がある。それにしても、バールナイゼーションの激しいサン・サルヴァリオで住宅は値上がりしていない、という事実は重要である。住宅をめぐっては、それほど酷いジェントリフィケーションが起きていない。一方、一階の店舗の家賃は急激ではないが、這い上がるように右肩上がりで高くなっている。これは明らかにバールナイゼーションの影響である。

2　路上駐車場・歩道の飲食店化

空きフロアや衰退した店舗をバールやカフェ、レストランに転換するバールナイゼーションに対し、サン・サルヴァリオで急展開している別のバールナイゼーションについて紹介する。店の前の路上駐車場や歩道の一部を潰し、そこにテーブル、椅子を並べ飲食をできるようにする形態の、簡易型路上店舗が出現している。路上駐車場・歩道のバールナイゼーションである。「簡易型」と書いたが、パラソルを並べただけのお手軽タイプから、鉄パイプでしっかり骨組みして屋根を掛け、そこにガラス壁を貼り合わせ、照明や暖房機器まで備えた立派なものまである。全天候型で冬季もOKの、常設タイプの路上店舗もある。路上駐車場・歩道のバールナイゼーションは、バールナイゼーション全体を加速する第二のエンジンになっている。

路上駐車場・歩道のバールナイゼーションは、イタリアの他の都市、特に北イタリアの都市で見かけるが、特

写真8–1　週末は深夜午前までナイトライフを楽しむ人々で賑わう一方、住民にはその喧噪が安眠妨害になっている

に最近のトリノで際立っている現象である。ミラノやトリノ都市圏の中小都市の旧市街でも見かけたが、トリノに比べるとはるかに控えめである。路上駐車場・歩道のバールナイゼーションは、トリノ発の現象、という説もある。

　路上駐車場・歩道をバールナイゼーションするためには、業者はその広さに相応した利用料をトリノ市に支払う。市にとっては貴重な新財源になっている。先述のバール兼クラブの場合、店先の歩道をバールナイゼーションし、テーブル九卓、椅子二四脚を並べている。六〜一一月の利用料が八〇〇ユーロである。一月当たり一五〇ユーロ。建物のフロアを借りた時の店の家賃と比べ、相応の利用料である。歩道に比べ、車道を路上駐車場スペースに転用する方が利用料は高い。歩道はそのままでは市の収入源にならない。一方、駐車料が発生する路上駐車場を潰して飲食店利用を認めるのだから、路上駐車場のバールナイゼーションの利用料を高く設定する、という理屈である。

　筆者が初めてトリノに調査に来たときの印象は、「道路も広場も駐車場化している」という驚きだった。三車線道路の両側に駐車している、アヴェニューの中央分離帯が駐車場になっている、イタリア都市の魅力になっている広場が駐車でいっぱいだった。何処もかしこも駐車する車で溢れている、という印象だった。都市空間が酷いパーキングナイゼーション（parkingnization）している状態だった。ニーチェはトリノのまち歩きをこよなく愛し、トリノ滞在中に『この人を見よ』を執筆したが、彼が暮らしたアルベルト通りに近いサン・カルロ広場――「トリノの居間」と呼ばれているトリノっ子自慢の歴史的な広場が、駐車する車に埋まっている写真を見たことがある。「路上駐車はイタリアの文化です」という話を聞いた。イタリアでは、路上駐車に課金することを禁止していた時代があった。

英国のアーバンルネサンス政策を主唱した建築家のリチャード・ロジャースが、「都市が車で溢れる傾向は、自動車産業を支える人々や組織によって助長されている」と指摘している。街区や広場が駐車場化している風景を眺め、「なるほどね、トリノはフィアットの町なのでこの風景になるのは当然」と大いに納得した。そしてその時の筆者の判断は、トリノでは都市空間が車によって占拠され、人間は隅に追いやられ、「生活の質」が車に阻害されている、という否定的ものだった。

写真8–2　パーキングナイゼーションとバールナイゼーションのせめぎ合い風景。中央分離帯がガソリンスタンドと駐車場化 vs. 路上駐車場がバールに転用

ところがトリノ通いをしている間に、そのトリノ評を変える風景を散見するようになった。そして訪ねる都　度、そうした風景に出合う機会が増えて行った。車道の一部を路上駐車場にしていたところから車を排除し、今度はそこを飲食の場に転用する動きである。テーブルを二卓並べた小さなバールナイゼーション、六〇脚以上の椅子を並べた大規模なバールナイゼーションまで様々である。店内の椅子の数に比べてはるかに多くの椅子を並べている路上駐車場のバールナイゼーションも見受ける。

この路上駐車場・歩道のバールナイゼーションは、トリノ市内全域でおきているが、サン・サルヴァリオで特に顕著である。バールナイゼーションが最も進行しているヴィットリオ・エマヌエーレ二世大通り、マダマ・クリスティーナ通り、グリエルモ・マルコーニ大通り、ニッツァ通りに囲まれた街区（四〇〇m×六〇〇m）で路上駐車場・歩道のバールナイゼーションについて路上観察した。カフェ、レストランの業態を問わず、店先の路上駐車場・歩道をバールナイゼーションする動きが広がっている。上記の地区では、九六店が路上駐車場・歩道をバールナイゼーションしていた。この地区には、一九〇店の飲食店がある。したがって六〇%の飲食店が路上駐車場・歩道をバールナイゼーションしていることになる。路上駐車場・歩道のバールナイゼーションの結果、サン・サルヴァリオのバールナイゼーションは全体として一・五倍に広がっていることになる。

路上駐車場のバールナイゼーションは、反パーキングナイゼーションである。反パーキングナイゼーションが凄まじいスピードで進展している。サン・カルロ広場から駐車する車が消え、後にパラソルが並ぶようになった。ツーリストがパラソルの下でエスプレッソを注文し、談笑するのはいい風景である。また、路幅が一二mと狭い通りに路上店舗を押し込むと、車に占拠されていた時に比べて界隈性が高くなる。可視的には、空間の質が「改善」する。イタリアの飲食店では、蒸し暑い夏の日でも冷房を使うところは稀である。そのため、夕刻、夜風を求めて路上のテーブルから席が埋まる。客が店内から路上に溢れ出て飲み食いしているという賑わいの風景は、「アウトローのサン・サルヴァリオ」から「ナイトライフのサン・サルヴァリオ」に地区イメージを更新するのに貢献している。当然、それは「ナイトライフのトリノ」という、都市トリノの全体イメージを再構成する重要な部分になっている。

四　ジェントリフィケーション

1　〈……化すること〉について

〈-zation〉〈-fication〉は、日本語では〈……化すること〉と訳される。あることが転換したり、生じたりし、それが経済的、あるいは社会的、文化的に圧倒的、支配的な環境・トレンドになることを意味する。これまで述べてきたジェントリフィケーション、パーキングナイゼーション、バールナイゼーションも同じである。

市内のごく一部の道路が路上駐車場に転用されたとしても、都市地理学がそれを直ちにパーキングナイゼーションとして研究対象にすることはない。一、二カ所の路上駐車場がバールに用途転換されても、それをバールナイゼーションとして俎上に上げて議論をすることはない。いずれの場合も、より広い範囲に常態化し、社会にインパクトを与える段階の社会現象になったときに、〈-zation〉として研究対象になる。半面、過剰に〈……化すること〉がおきると、コミュニティから都市レベルまでいろいろな問題を引きおこす。そこでは、だれが〈……化〉を牽引し、実際のところその受益者、逆に費用の負担者はだれなのか——換言すれば、〈……化すること〉にまつわるステークホルダー間の関係性を明らかにすることが都市地理学の課題の一つになる。

2　公共空間の私有化

パーキングナイゼーションに衝撃を受けた筆者のトリノに対する印象は、その後、バールナイゼーションに遭遇し、「トリノは車から『人間のための空間』を奪還しはじめている」という肯定的なものに転換した。社会には、過度に進展した流れに対応し、そこから復元しようとする対抗力が内在している。この場合、過激なパーキングナイゼーションに対抗し、路上駐車場のバールナイゼーションがおきている、という理解である。

しかし、結局、筆者の思慮が浅かったのだが、聴き取り調査をしているうちに、現実はそう単純な話ではない、ということがわかってきた。路上駐車場・歩道のバールナイゼーションが、コミュニティに深刻な問題を引きおこしている。今度は、路上駐車場・歩道のバールナイゼーションが過度に進行したためである。それに対する対抗と衝突である。

サン・サルヴァリオでは、路上駐車場のバールナイゼーションが短期間に、しかも過激に進展している。そのため住民が駐車スペースを探すのに右往左往している。一九世紀後半に開発されたサン・サルヴァリオは、車社会を想定して開発されてはいない。元来、駐車するスペースに事欠いている。五階建ての住宅に住む住民の大方が車を所有していれば、駐車スペースを確保するのは至難である。以前、中庭だったコートヤードは、いまは駐車場になっている。しかし、それでは足らない。路上駐車場が激しくバールナイゼーションされるようになってからは、帰宅時に駐車スペースを探すのに三〇分以上も地区内を走行し、自宅から二〇分も歩かなければならないところにようやく駐車できた、という話が当たり前になっている。

ボルゾーニは"What Tourists Ignore; Ambivalences, Conflicts and Compromises in a Changing Neighbourhood" (presented at the International RC21 Conference 2013) という興味深い表題の論文を執筆し、博士論文の一部にしている（本書第9章）。そこでは、サン・サルヴァリオで進行する路上駐車場・歩道のバールナイゼーションを取り上げ、「公共空間の私有化である」と批判している。路上駐車場・歩道のバールナイゼーションは、だれにでも平等に認められた権利ではない。対面でバールかカフェ、レストランを経営している場合に限られる。道路は公共空間である。しかし、そこをバールナイゼーションする権利は、第三者には認められていない。排他的な権利である。したがって、公共空間の私的利用をめぐって不公平がある。

しかし、そうした批判にも「但し書き」を付け加えなければならない。道路を市から借りて利用料を払って路上駐車することも、「公共空間の私的利用」である。バールナイゼーションは、もっぱら金儲けのためだが、一方、営業車両を路上駐車しているパーキングナイゼーションもある。したがって、両ナイゼーションの違いを言い立てることにはあまり意味がない。

もう少し原則的な話に立ち返れば、マイカーに依存せずに公共交通機関をもっと積極的に利用するようにモーダルシフトを促し、過ぎたるパーキングナイゼーションを是正すべきである。実際、トリノは地下鉄、路面電車、バス、それに都市圏鉄道など公共交通網がよく整備されている。そうなるとバールナイゼーションとパーキングナイゼーションを天秤に掛け、どちらがより深刻な「公共性の侵害」か、その判断は難しい。

3　公共空間利用をめぐる社会的不公平

バールナイゼーションとパーキングナイゼーションを比較する議論から離れ、バールナイゼーションが過剰化して「公共空間の私有化」をばく進させているという現実に注目すれば、ステークホルダー間に公共空間の利用をめぐって社会的不公平が生じている、という別の問題が見えて来る。

サン・サルヴァリオでは、商業的ジェントリフィケーションがバールナイゼーションという姿を介在して進行し、空間利用が昼間から夜間にシフトしている。その結果、夜間は地区が「活性化」し、逆に昼間は空間利用が空洞化している。「夜間がジェントリファイされ、昼間が社会的に排除されている」と言い換えることができる。街区をめぐる繁忙時間のシフトは、空間利用の濃淡が一日のどの時間帯に再配分されるかの違いである。昼間の活動量が減少し、活動量の少なかった夜間で増大している。したがって一日の空間利用の総量（＝活動の総量）は同じである。総量が変わらない限りは、昼間の空間利用が減っても、直ちに都市空間が空洞化しているとは断定できない、という考え方がある。しかし、そうした考え方は誤った客観主義、無責任な不可知論に陥る。

そうではなく、地区の「改善」「活性化」などという抽象的な言葉に誤魔化されることなく、空間利用のシフトで実際に進行している現実を、眼を見開いて観察し、ステークホルダーの語ることに耳を傾ける。そうしてステークホルダー間の受益と負担の関係を賢察することが大切である。それぞれのステークホルダーが地区でどのように暮らし／働いているかに注目するのである。空間利用が昼間から夜間にシフトしていることに対する評価は、ステークホルダーの立ち位置によって真逆になる。ステークホルダーの間に、空間利用をめぐって社会的不公平が生じている。

ジェントリフィケーションが引きおこす「改善」「活性化」は、夜間の空間利用（ナイトライフ）をめぐっておきている。荒廃していた建築環境・ランドスケープは、修繕、改装投資が行われ、おしゃれなバールやカフェ街区に可視的に「改善」している。また、夜間の通行人や飲食客は、〈eyes on the street──路上に注がれる目〉を増やし、夜間のアウトロー活動をしづらくしている。それは地区の治安の「改善」である。

一階の空きフロアには、新しいテナントが入居している。店舗の改修、新規開店は、トリノ市にとっては不動産税収のアップにつながる。飲食店を新たに開業するためには、市にライセンス料を払う。それもトリノ市の貴重な財源になる。新しい飲食ビジネスの開業は、不安定で低賃金労働だが、それでも新しい雇用機会を生み出している。いずれも地区の経済的な「活性化」である。トリノ市は、二一世紀のトリノを表現するキーワードとして「ナイトライフ」を挙げている。こうした「改善」「活性化」につながるジェントリフィケーションは、トリノの都市戦略に合致している。

しかし、バールナイゼーションが過剰化しているために、地区の「改善」「活性化」とカッコ付きで語らなければならない矛盾が発生している。矛盾は、地区のステークホルダー間の軋轢・衝突になっている。

トリノに滞在中、午前中、昼過ぎから夕方、夜半から深夜、そしてウイークデー、週末にサン・サルヴァリオの路上観察を繰り返した。そこでは、「改善」「活性化」する夜間の相貌とは対照的な風景に出合う。午前中から午後五時過ぎまでは、人影が疎らである。特にウイークデーの昼間が酷い。地元客相手の伝統的なカフェやバールの場合、早朝から開店し、通勤する人や散歩客が立ち寄り、界隈に賑わいをつくり出している。しかし、サン・サルヴァリオでは、昼間の人通りが減り、伝統的なバールに店仕舞いするところが出ている。一方、バールナイゼーションを引きおこしている新参のバール、カフェ、レストランの多くは、ナイトライフ客を相手にしている。一九時、二〇時まで店を開けない。ウイークデーは閉店し、「週末も二一時以降、午前四時まで限定して営業」という特殊な業態のバールも珍しくない。

写真8–3　昼間はシャッター通りに変貌する

昼間の街区がシャッター街に急速に変容している。バールナイゼーションによって人々の活動の重心が昼間から夜間にシフトすると、その影響は他の業種業態に及ぶ。夜客相手のバールが集積している界隈にある書店は、夜の賑わいをつくるアーティストや学生の好みの本や雑誌を並べ、営業時間を「一八時開店、深夜まで」に変更した。ベーカリーも、朝の開店時間を遅らせ、夜まで営業しているところがある。午後から開店という理髪店がある。昼間の人通りが激減し、空き店舗が発生すると、そこがさらにバールナイゼーションされる。「夜間がジェントリファイされ、昼間が社会的に排除される」ことに対し、従前からの住民の間に

	利用者	需 要	客のタイプ
昼 間	住民 零細事業者	暮らしの必需	常住
夜 間	来街者 企業家、飲食企業	快楽的消費	一時滞在

住民：高齢者、子供を含む全年齢層、中／中の下の住民（国内外移民労働者）、学生
零細事業者：商店、職人、小規模工場経営者
来街者：旅行者、地区外からの飲食客／学生
企業家：新しい飲食店経営者
暮らしの必需：買い物（食料品、日用雑貨）、通勤通学、散歩
快楽的消費：外食、レジャー

図8–3　バールナイゼーションの実相

「暮らしが不便になった」と不満が鬱積している（Bolzoni 2013）。

サン・サルヴァリオを路上観察していると、窓辺に掛けられたオレンジ色のバナーが目に付く。そこには「Sleeping to work」「Sleeping to dream」「Sleeping is a need」などと書かれている。バールナイゼーションの結果、深夜から早朝まで続くようになった喧騒に対し異議申し立てするバナーである。「静かに寝る権利」を訴えている。確かに路上駐車場・歩道がバールナイゼーションされ、そこに六〇脚も椅子が並び、気分の高揚した飲み客が大声でおしゃべりするから騒々しい。大声が石壁造りの建物に反響し、上層階でも煩い。店内で大きな音響でジャズを掛けているバールもある。その音が街路に漏れて来る。イタリアでは、蒸し暑い夏でも冷房を使うことは稀である。したがって「騒々しければ窓を閉めて寝ればいいでしょう」という反論は理解を得難い。

ところがオレンジバナーが掛けられてからしばらくし、今度は近隣の窓辺にブルーのバナーが掛けられた。そこには「I love San Salvario, its youth, its voices and its music」と書かれている。「サン・サルヴァリオのバールナイゼーションは大いに結構じゃないですか」とアピールするバナーである。おそらくサン・サルヴァリオのバールナイゼーションで経済的な利益を得ているステークホルダーがオレンジバナーに反発して窓辺に掛けたバナーである。

図8—3は、昼間と夜間の空間の利用者がだれで、どのような使い方をし、地区とのかかわりの深さがどうなっているかを整理したものである。夜間の空間利用がジェントリフィケーションをおこし、昼間の空間利用が空洞

化している――その実相は、（1）地区の一時滞在者が常住者を、（2）快楽的消費需要が暮らしの必需を、それぞれ排除しているという構図である。その構図には、公共空間の利用をめぐって社会的不公平を読み取ることができる。一時滞在の、夜間空間の利用者は、「新しい中間階層」に属する人々である。そして夜間空間の利用者は、「暮らしの必需」、あるいは「静かに寝る権利」をサン・サルヴァリオとは別の、彼らが常住しているところで充足させている。逆に、常住者が「暮らしの必需」を満たす機会、「静かに寝る権利」を奪われている。

五　見えてきたこと

工業化社会では、都市地理学は距離に関心があった。工場と港湾、鉄道などとの近接性、消費地までの距離、原料産地に近いことの優位性、あるいは労働力の供給地への遠近――などが検討された（工業立地論）。フォーディズム的な資本主義的生産の効率性に関心があった。また、都市の中心性の意味、そして経済的諸活動と都市的機能・施設が中心とどのような距離関係にあるかなどが議論された（中心地システム論）。都市の競争有利性は、そうした距離との関係性を通して考察された。

それに対してポスト工業化社会の都市地理学では、「空間の生産」「空間の消費」「空間の創造」などが中心議題になる。創造階級の台頭を論じたリチャード・フロリダの都市論は、「空間の消費」「空間の創造」につながる議論である。フロリダの考える創造階級は、ジェントリフィケーションを先導する「新しい中間階層」と一部ダブっている。そして彼らを引きつける魅力に満ちたＱＯＬ（生活の質）＋ＱＯＷ（仕事の質）を備えた都市が都市間競争を制する、という考え方である（Florida 2008）。都市マーケティング、都市ブランディング、あるいはプレイス・メイキング（場所をつくる）などの考え方も、同じ文脈で語られている。就業者、居住者のＱＯＬだけではなく、旅行者や買い物客なども呼び込める、高いＱＯＬを備えた「空間の創造」である。そこでは、（社会的排除などを見据えながらも）ジェントリフィケーションによる地区の改善・再活性化、美化、浄化などを前向きに評価する傾向がある。

ジェントリフィケーションに関しては、当初、北アメリカ、及び英国の都市研究で主に話題になってきた。それが一九八〇年代末期ごろからは、世界の先進諸国都市で共通して観察されるゆえに、グローバリズムを思考する枠組みの中で考えなければならない現象である、と主張されるようになった。[12]ジェントリフィケーションの点描写に傾注する、それまでの問題意識を更新することの必要性が提起された（Smith 1996）。その際、研究のアプローチをめぐり、「空間の生産」――経済的、政治的側面――を重視するマルクス主義の分析手法、逆に「空間の消費」――ポスト工業化社会が創出する新しい職種階層の台頭（「新しい中間階層」）、そのライフスタイルの変化を反映した居住選好――を重視する新古典派経済学の分析手法、その間で論争がおきた。長い論争を通じてジェントリフィケーションをめぐる分析手法が深耕されてきた。

「空間の生産」としてジェントリフィケーションを解読しようとした主唱者のスミスは、ジェントリフィケーションは不動産（土地、及び家屋）市場の変容が引きおこす空間の再生産である、したがっていわゆる「都心回帰運動」の主役はアーバンパイオニアと呼ばれる一群の人々ではない、そうではなく資本の回帰運動こそが「都心回帰運動」の立役者であると主張した。そして、そうした立役者は、金融資本、デベロッパー、政府などの「集合的推進力」（矢作の造語）として立ち現れると論じた。

サン・サルヴァリオのジェントリフィケーションの現場で〈集合的推進力〉になっている都市政府、そして金融資本は、ジェントリフィケーションの受益者になっている。スミスは、ジェントリフィケーションを通じて進む衰退地区の「改善」と都市更新プロジェクトとして取り組まれる大規模都市再開発を、別物として取り扱う理由は何処にもなく、同じ事情を背景に、同じアクターが躍動している、と述べている（Smith 1996）。双方をめぐる都市空間の変容をめぐっては、ポスト工業化（＝資本の引き上げ）をきっかけに、そしてグローバル化を背景にして放出された空間に、政府が介入し、金融機関がカネを貸し込む「集合的推進力」が稼働して進行する。製造業の衰退した都市の都市政府は、新しい都市型産業を育成し、ポスト煤煙型産業の都市イメージを構築することに躍起になっている。それに伴走して金融機関は、「都市再生」を謳う空間開発・産業開発に余った資金を貸し込むことに必死である。

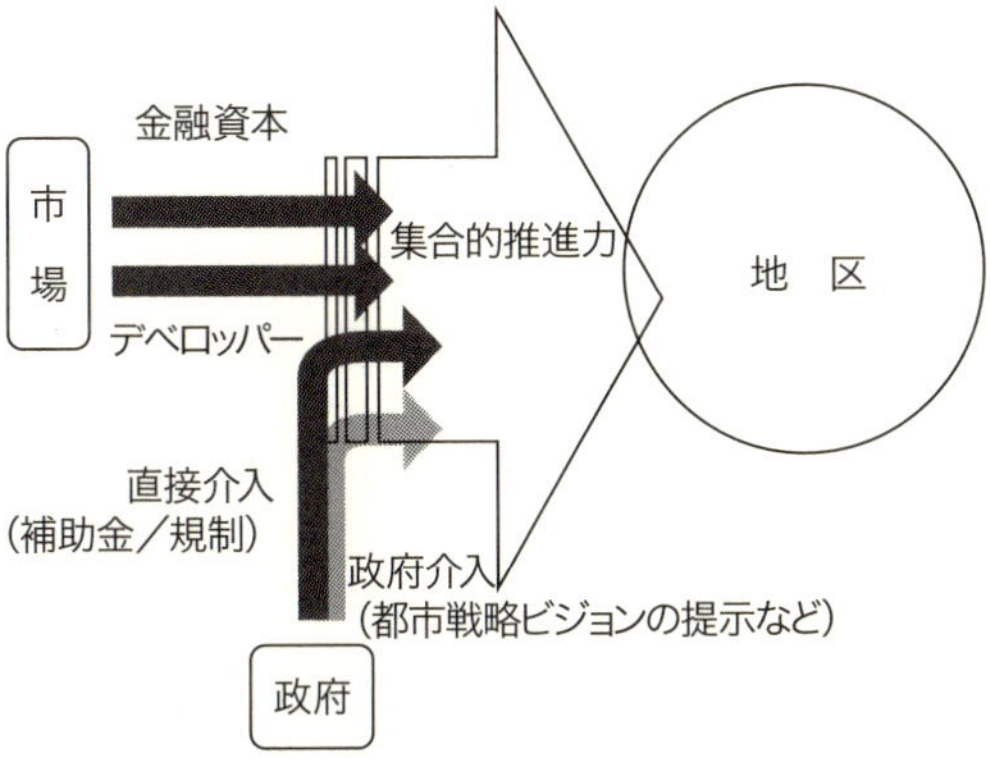

図8–4　ジェントリフィケーションをおこす集合的推進力（（Smith 1996）を参考に筆者が作成した）

トリノでは、二〇世紀末以降、市域を分断して走っていた鉄道を全長一六kmに渡って地下化し、その跡をプロムナード化する大規模都市再開発が進展している（スピナ・セントラル・プロジェクト）。鉄道沿いにあった工場を、劇場を併設したショッピングセンターやトリノ工科大学の学舎、イベント会場に転換する一方、工場跡地に研究開発施設（映像系、環境系、IT系など）や集合住宅を建てる都市更新プロジェクトである。産業構造の転換で不要になったフィアットや、その関連企業の建物を撤去や衣替えし、その跡に知識集約型都市＋買い物などの消費産業都市を実現する。その都市更新プロジェクトは、トリノの新しい「かたち」創りを謳った都市戦略プランの具現化である。空港にあった広告板が挙げていたキーワードのうち、「文化、革新、歴史、芸術、映画、買い物」を体現している。

サン・サルヴァリオとスピナ・セントラルをめぐるトリノの都市空間の変容は、その意味でまさにスミスの理論仮説に沿っている。産業構造の転換によって引きおこされる都市地理全体の変容を構成する一部になっている。スミスは、ジェントリフィケーションをめぐって地代差額を論じている。資本の引き上げによって建築環境が劣化したまま放置された地区が相当程度衰退し、衰退した状況を反映する「実際の地代」、及び界隈の「潜在的可能性を映ずる地代」――その間に格差が生じる。そして地代格差が十分に拡大した時に、建築環境を改善する再活性化（ジェントリフィケーション）投資がはじまる、と説いたのである。同時にそこでは、労働者階級や零細商工業者の立ち退きがおきると指摘し、ジェントリフィケーションの階級的、人種的な性向に注目した。

「空間の消費」サイドを注視してジェントリフィケーションを読み解こうとする研究グループ（新古典派経済学の系譜＝Smith 1996）は、ジェントリファイヤーの〈ライフスタイル・消費選好の変化〉が都市空間をどのように変容させるか――に関心がある（Ley 1996）。ジェントリファイヤーは、ポスト工業化社会に躍り出た「新しい中間階層」――金融、サービス業、文化産業などに従事する高学歴層――である。あるいは子育てを終えた後、平凡で刺激の乏しい郊外暮らし（Riesman 1964）を唾棄し、都心や都心周縁部に暮らすことを選択した人々（DINKS＝Double Income no Kids 共稼ぎ世帯、Empty-nester＝子育てが終わって巣が空になった世帯）である。

アメリカ、英国のアングロサクソン系都市に比べてヨーロッパ都市では、ジェントリフィケーションが一般的に「穏やか」である、という指摘がある。その違いには、①ヨーロッパでは、社会民主的な政府の関与が大きい／持ち家率が高い／人々が旧市街居住に対して強いこだわりを持っているのに対し、②移民社会の「アメリカの精神」は、「場の移動」によって経済的、社会的な成功（アメリカの夢）が実現すると考える性向が強い（斎藤 1981）――ことなどが影響している。アメリカでは、「場の移動」を繰り返す傾向が居住の郊外化を促進し、都心／都心周縁部の衰退を引きおこし、半面、居住空間のジェントリフィケーションの強力な起爆剤になっている。

今般のトリノのジェントリフィケーションをめぐる調査は、商業ジェントリフィケーション――衰退地区(サン・サルヴァリオ)にある界隈がおしゃれな飲食店街に転換されることによっておきる地区の変容についてだった。サン・サルヴァリオの場合、建物一階の商業フロアをめぐっては、家賃格差(旧市街などに比べて安い)が生じ、商業フロアをめぐってジェントリフィケーションがおきている。そこでは、確かにスミスが説く、ジェントリフィケーションを主導する「集合的推進力」を読み取ることができる。半面、二階以上にある住宅フロアでは、ジェントリフィケーションはおきていない。

一方、サン・サルヴァリオのジェントリフィケーションで語られている「新しい中間階層」は、アメリカのジェントリフィケーションで語られている経済的に恵まれた高学歴層とは違っている。高学歴だがそれほどリッチ(金持ち)ではない。むしろ不安定雇用に就いている風情の若い世代が目立つ。サン・サルヴァリオで観察される「新しい中間階層」については、「大学は卒業したけれど……」というヨーロッパ的な若者労働市場の状況、特に不活発なイタリア経済との関係性をもう少し深掘りすることが必要になると思う。

(『龍谷大学社会科学研究所年報　第46号』への投稿論文に加筆した)

注

(1) ジェントリフィケーションは、英国の社会学者ルース・グラスが考案した表現である(Glass 1964)。そこでは、ロンドンのそれまでの労働者居住区に中間階層が流入し、ふるびたアパートが賃貸契約の更新期を迎えるとその後、しゃれた高級住宅に改築され、安宿なども宿泊料を引き上げ、その結果、元々そこに暮らしていた労働者が立ち退きを迫られるようになる、と記述していた。使われはじめた当初からジェントリフィケーションという言葉には、階級的な意味が含まれていた。

(2) N・スミスは、ジェントリフィケーションは「都市中心部の景観の階級的改造」であり、「より広大な都市再編」に深く関わる地区の変容である、グローバリズムの枠組みの中で理解すべきであると指摘している。したがって「かつての古き袋小路や路地がもっていた優雅な歴史の回復に限定して解釈したりすることは、いまとなっては時代錯誤だといえるだろう」と述べている(Smith 1996)。

(3) ボルゾーニはその個人的な体験の記憶として、二〇〇七年当時のサン・サルヴァリオには、廃車や空き瓶が路上に放置され、清掃されず、危なっかしいという印象を持ったという(Bolzoni 2013)。

(4) そこに佇む人々を衰退地区の荒廃、粗野な建築的な風景と同列に並べてしまい、物的な風景の一部、「社会的」と呼ぶに値しない存在、としか見ないという傲慢さがある(Smith1 996)。同様に「アーバンルネサンス」という言い方には、「暗黒の中世」から抜け出し「地中海の陽光が差すルネサンス」というイメージがあるが、中世が丸ごと暗黒だったわけではない。J・ジェイコブズは救い難いスラムと見做されスラムクリアランスの対象になるところには、実際は濃密な、豊かな人間関係があると説いている(Jacobs 1961)。

(5) 新しい中間階層(new middle)は、アメリカや英国では、金融革命とグローバリズムが生み出す高学歴で高所得を稼ぐ専門職の就業者——しばしば「ヤッピー」——の意味で使われるが、トリノ、特にサン・サルヴァリオのジェントリフィケーションを牽引する新しい中間階層は、高学歴だが、不安的な就業の、しかし、一方で暮らし方に新しい感性を持った——その意味で伝統的な中間階層と区別される人々である。

(6) ボルゾーニは、トリノ大学学部生時代には旧市街でシェアハウスし、サン・サルヴァリオに足を踏み入れたこともなかったと書き、二一世紀に入って間もなくのころには、studentification がおきていなかったことを示唆している(Bolzoni 2013)。

(7) 政府の地域開発の方針に沿ってフィアットは、イタリア南部に生産基地を開発し、グローバル化の時代を迎えると途上国、ロシアに工場投資をするようになった。その結果、トリノの地盤沈下が進行した。一九八〇年代には、フィアットはトリノでの生産を縮退し、工場閉鎖に向い、下請け工場なども閉鎖された。

(8) イタリアは持ち家率が高く、世帯ベースで七二・一%が持ち家居住、一八%が賃貸住宅居住である(二〇一一年)(Bolzoni 2013)。

(9) 都市周縁部(インナーシティ)が衰退し、荒廃する状況をアメリカでは、「都市がフロンティア化する」としばしば表現する。アメリカの「西部開拓」になぞられての言い方であり、ヨーロッパでは使われることがない。

(10) だれがジェントリフィケーションを始動させるのかをめぐって個々人(アーバンパイオニア)の消費選好

を重視する新古典派経済学的な解釈を批判し、N・スミスは「土地市場の規制の撤廃」（地代差額を生み出す政府の介入）と金融資本の結託――〈集合的資源〉がジェントリフィケーションを先導する、と主張している（Smith1 996）。

（11）「国家や自治体は、不動産を「公正市場価格」でかき集め、より低額の査定価格でデベロッパーに差し戻すことで、資本の価値摩損の最終段階にかかる費用を負担し、仕上げをほどこした」――そうした「政府の介入」がなければ再生も再開発もおきなかったようなエリアでジェントリフィケーションがはじまる（Smith 1996）。ムラッツィでは、政府が市場価格以下で公共施設の売却や貸し出しを行い活性化がおきたが、「それがなければ再生がおきなかった」地区である。

（12）「（ジェントリフィケーションに対して）共感的な人々の多くは、『ジェントリフィケーション』という階級的でもあり人種的でもあるコノテーションをはぐらかすために――『近隣の再活用』や『格上げ』『ルネッサンス』といった――より柔和な用語に訴えかけたが、『ジェントリフィケーション』という用語が見た目にもつ楽観主義、すなわち白人のミドルクラスによる近代化、再開発、都市の浄化といった語感に魅惑された人々もたくさんいた。というのも、戦後の中心市街地に対しては、資本の引揚げ、荒廃、崩壊、病根、『社会的病理学』といった修辞学が、先進資本主義社会のいたるところで増幅されていたからだ。この『衰退の言説』（Beauregard 1993）は、おそらく衰退とゲットー化という現実の経験にあてはまるものであったがゆえに合衆国でもっとも深刻なものであったけれど、一方では「先進資本主義国のいたるところで通じる」幅広い適用性と訴求力をもっていたのである」（Smith 1996）。

参考文献

B. Beauregard, *Voice of Decline: The Postuar Fate of US Cities*, Oxford: Basil Blackwell 1993（The Second Edition, Routledge 2003）

M. Bolzoni, “A Neighbourhood on the Move; Commercial Gentrification, Social Inclusion, and Urban Change in Turin, Italy,” Doctor Thesis, University of Turin 2013

M. Bolzoni, “What Tourists Ignore; Ambivalences, Conflicts and Compromises in a Changing Neighbourhood”（presented at the International RC21 Conference 2013）

M. Brizzi/M. Sabini（edited）, *The New Turin*, Kent State University 2011

R. Florida, *Who's Your City?*, Basic Books 2008（井口典夫訳『クリエイティブ都市論――創造性は居心地のよい場所を求

める』ダイヤモンド社、二〇〇九年）

R. Glass, "Aspects of Change, London": Centre for Urban Studies (ed.), McGibbon and Kee 1964

J. Jacobs, *The Death and Life of Great American Cities*, The Randam House Publishing Group 1961（山形浩生『アメリカ大都市の死と生』鹿島出版会、二〇一〇年）

D. Ley, *The New Middle Class and the Remaking of Central City*, *Oxford*, Oxford University Press 1996

M. Massari, *Ecstasy in the City: Systhetic Drug Markets in Europe*, Law and Social Change, August 2005

R. Richard/A. Power, *Cities for a Small Country*, Fber and Faber Limited 2000（太田浩史他『都市　この小さな国の』鹿島出版会、二〇〇四年）

D. Riesman, *Abundance for What?*, Doubleday & Company 1964（加藤秀俊訳『何のための豊かさ』みすず書房、一九六八年）

N. Smith, *The New Urban Frontier: Gentrification and the Revanchist City*, Routledge 1996（原口剛訳『ジェントリフィケーションと報復都市——新たな都市のフロンティア』ミネルヴァ書房、二〇一四年）

斎藤眞『アメリカ史の文脈』岩波書店、一九八一年

宗田好史『イタリアのまちづくり——歴史的景観の再生と商業政策』学芸出版社、二〇〇〇年

矢作弘『縮小都市の挑戦』岩波新書、二〇一四年

第9章　旅行者が無視しているもの
——地区(サン・サルヴァリオ)の変容をめぐる愛憎、衝突、そして折り合い

マグダ・ボルゾーニ

はじめに

本章では、都市空間が娯楽や消費の場に変容することに対し、人々がどのような反応を示すか——それを利害関係者の言説と彼らの実際の行動を通して明らかにする。最近は、都市文化を商品化することや、旅行者に歓迎される経済基盤づくりを推進することが、都市再開発の重要な戦略になっている。しかし、こうした都市空間の変容は、それまで都市機能がなにもなかった空き地で起きているのではない。既に、なにかほかの都市機能が存在している都市地域で起きている。したがってしばしば、従前のものと新しいものが衝突する。

都市空間の利用の仕方に対しては、常々、ひとそれぞれに好き嫌いがあるし、異論もある——都市空間の利用をめぐってはあれこれ議論が続くし、違ったビジョンが併存している。また、常に別の解釈や考え直しがある。空間利用をめぐる好き嫌いの対立は、コミュニティに緊張を生む。時には、物理的な反抗・衝突につながる。

本章では、都市空間が変容するダイナミズムを考察しながら、普段の、ごく普通の日常生活に表出する諸現象に注目し、その意味解釈を試みる。空間の変容を人々が如何に評価し、それに対しどのように行動するかをフォローする。日々の暮らしのレベルから事柄を観察する方法は、都市空間の、微妙な変容（動態）、その具体的な影響を理解するのに役に立つ。

研究対象としてサン・サルヴァリオ（San Salvario）を取り上げる。同地区の変容をめぐっては、これまでもいろいろな言説、あるいは研究がある。しかし、時間の経過に伴って通俗的な見方が形成されるようになった。これまでは、多様な所得階層、多様な文化環境の地区だったが、最近は「娯楽」「ナイトライフ」「旅行者のための消費の場」に構造転換している。当然、地区の利害関係者の間では、その変容は重要な関心ごとになっている。その意味でサン・サルヴァリオの事例は、都市空間の変容をめぐって地区の利害関係者の間に立ち現れる「抵抗・反抗の言説」、あるいは実際の行動を調べるのに都合がよい。

考察の基本的な枠組みは、以下の通りである。

（1）考察の手法について記述する。

（2）研究の背景について触れる――典型的なフォーディズム都市だったトリノが、都市ツーリズムや消費活動に結び付く再開発パターンを、どのように取り入れるようになったのか。

（3）都市地理全体が構造変化する中で、サン・サルヴァリオの変容は、どのような位置を占めているのか。

（4）最後に、反抗・衝突の出所に注目しながら、その旗振り役たち、あるいは彼らの間でどのようなやり取りが継続的に行われているか――を浮き彫りにする。

一　娯楽、及びツーリストの「消費の場」としての都市、及び近隣地区

都市は、政治・経済パワーの重要な結節点である。希少な資源――有為な才能や革新的な企業――を引き付けるために、グローバルレベルの競争にさらされている（Ache 等 2008, Brenner 2000, Harvey 1998）。最近は、グローバル競争をめぐる都市理論は、社会的結束を如何に強化するか、あるいは共同体の福利をどのように増大させるかよりは、むしろ経済成長や経済開発に関する議論やアプローチの方法に傾注するようになっている（Boudreau 2003）。工業化モデルは継続して退化し、都市の経済開発をめぐる新しい議論は、シンボリック経済（Zukin 1995）、実験的経済（Pine & Gilmore 1998）、文化経済（Scott 2006）など多様に表現されるようになった。「新しい経済秩序」の出現である。

この新しい都市モデルでは、レジャー、娯楽、消費が重要な役割を担っている。そこでは、「もっと消費する／消費を刺激する」ということが、ますます重要になっている。そこでの消費活動は、日々の暮らしの基礎的な必要を満足させると同時に、ある種の倒錯した消費も含むようになっている。あらゆることが消費の対象になる。財やサービスに止まらず、文化や体験、あるいは場所それ自体が消費の対象になる。また、ツーリズムが消費の重要な一形態としてバージョンアップされ、取り扱われるようになる（Dodson 2000, Urry 1995）。ツーリズムと文化・消費を結び付けることが、都市計画の再構築で一般的な戦略になる（Aytar & Rath 2012, Fainstein 2007, Zukin 1995）。すなわち、しばしば都市が「娯楽マシーン」になる。

最近、都市ブランディング（Clark et al. 2002）に対する関心が高まっていることには、こうした背景がある。グローバル競争を強いられながらツーリズム、投資、有為な人々を呼び込むために、快活な、魅力的な都市イメージを

構築することが基本な都市戦略になってきた。生産と消費（「消費空間を生産する」という表現がある）、仕事とレジャー、経済と文化の境界が不透明になる時代を迎えている。

そのため〈内側の眼〉、〈外側の眼〉、そのどちら側から都市を眺めるのか、その区別もしばしば無意味になっている（Dodson 2000）。こうした枠組みでは、都市の内側の人々（市民）、あるいは外側の人々、あるいはその両方に対し、ある特定の地区が新たに訪れるのにふさわしい場所として選び出され、そこが再開発されるようになる。そしてマーケティングされる（売り出される）。また、ツーリスト都市にもいろいろなタイプがあるし（Fainstein 2007）、同じ都市の中でさえ、違った理由で、違った人々によって、違った場所が楽しみの対象になる。

旅行の仕方・旅の関心の多様化と個性化、本当の都市らしさ（urban authenticity）に対する関心の高まり（Zukin 2008）、そして消費を社会的な差別化を達成するための手段として肯定的に受け止める傾向（Bourdieu 1984）——そうした志向は、最近のツーリズム開発が、「お決まりの観光コースを外した（beyond the beaten path）」ところ（Huning & Novy 2006）——すなわち、日常的な暮らしのある、近隣住区で活発になっていることを、うまく説明することができる。そした近隣住区は、時々、厄介者が混じっていて多様性がある。そしてしばしば、その都市の、中心の周縁部に位置しており、アクセスしやすい。同時に、治安もよい。昔から暮らしている地元の人々に比べ、一般的には経済的に豊かな来訪者に対し、地区の魅力を訴える傾向がある（Shaw et al. 2004）。そうしたところでは、ナイトライフの、都会的な遊び空間が発展している——そうした空間では、ナイトライフの生産・規制・消費の間に、相互に影響し合う関係が生じている（Chatterton & Hollands 2002）。そのことを理解しておくことが大切である。

にぎやかな、元気な、生き生きとしたナイトライフは、主要なツーリスト都市の広告で頻繁に紹介されるようになった。上昇気流に乗っている都市は、どこでもそうしたナイトライフの空間が必須になっている。実際、都市を売り出し、人々の新たな流れを作り出すためには、都市政府がアピールしなければならない多様なライフスタイルの中でも、ナイトライフは中心的な要素になる、と考えられている（Florida 2002, Vanola 2008）。

また、ナイトライフは、それまで荒れていた地区を再開発し、地区の経済を活性化させる重要な道具になる、と考えられている（Hae 2011）。しかし、研究者の評価は割れている。レジャーとか、娯楽ビジネスは、そこに長く暮らしている人々や地元ビジネスの負担の上でのみ、荒廃地区の再活性化に寄与することができる、と考える学者がいる（Zukin 1995, Shaw et.al. 2004）。一方、ほかの学者は、ナイトライフの来街者が地区経済を活性化されることは間違いないし、そこに暮らす人々やビジネスにも利益がある、と強調している（Rath 2007）。この場合、地区の状況がどちらに向かうかは、ナイトライフをどのように誘導するか、その制度的枠組み、あるいは規制システムが重要になる（Aytar & Rath 2012）。（地区がナイトライフ化するなどの）新しい傾向が、その地区の人々の既存の価値観や、しっかり根付いて日常的になっている事柄と衝突をおこすと、しばしば、そこが反抗・衝突の現場になる（Cooper & Mele2002, Deener2007, Dredge 2007）。

近隣地区が娯楽・消費のための空間として開発される際には、こうした開発に賛同する特別な議論や言説が構築される。その種の言説は、他の都市とは違った、その都市のあるタイプの機能や用途、あるいはイメージを選び出し、それらを強調するきらいがある。その都市にとって望ましいアイデンティティを創出するために、その都市の過去・現在から幾つかの優れた要素や特徴を選び出し、議論を組み立てる。こうして作られるアイデンティティでは、文化的、社会的、経済的、そして政治的な特徴が強調される一方、他の不都合な事柄を隠したり、扱わなかったりする傾向がある。

カフェ、レストラン、クラブなどの新規開店を通して具現する都市の変容は、しばしばある人々に利益をもたらし、同時にほかの人々を排除することにつながる——すなわち、そこでは、従前から地区にいた人々を押しのけてもっと豊かな住民や来街者の、その消費活動が受け入れるようになる。その結果、従前からの人々の消費活動が不便になる（Zukin et al. 2009）。排除されるのである。都市に娯楽ビジネス地区を設定すると、その近隣地区は、特殊なタイプの文化的消費の、夜行性をおびた遊び場に変容する。そしてツーリストや他地区からの市民が流入し、今度は彼らが、以前からいた人々を押しのけて地区の使い方やそこでの活動を決定するようになる（Crivello 2011, Hae 2011, Ocejo 2011）。地区の使い方やそこでの活動に違いが生じれば、今度は人々の間にぶつかりが生まれ、反抗・衝突に発展する。

二　研究手法

この論文の考察、及び分析は、トリノのサン・サルヴァリオで行ったエスノグラフィックな研究を基にしている。二〇一一年二月—二〇一二年八月の一年半の間、博士論文を執筆するために、サン・サルヴァリオの変容とその社会的影響を観察し、その実状を読み解く調査を重ねた。特に注目したのは、商業ジェントリフィケーションの過程で観察される、地区の動態変化、及び利害関係者の行動、及び彼らの言説についてである。日常生活で観察される営み、及び生活習慣を注視する研究方法は、複眼的に物事を読み解くことにつながった。地区の経済的、社会的な動態変化をより広い視野から観察し、ある状況下では、それぞれの動態変化が如何に交差するかに注目することにした。

いろいろなデータ取集の方法を取った。会議やワークショップなどに参加し、街をあるがままに観察し、利害関係者に対して徹底インタビューし……。そして資料探しをした。参加型の観察は、多様な場所でおこなった——地区のいろいろなところ（街路、店舗、クラブ、カフェ）で繰り広げられる人々の日常的な営為の場、あるいはモスクに来る外国人女性のためのイタリア語コース、そして「サン・サルヴァリオの家（The Casa del Quartiere di San Salvario）」――文化・社会活動のための集会所（サン・サルヴァリオ開発委員会＝the Agency for the Development of San Salvario が活動を支援し、マネジメントしている）――などである。「サン・サルヴァリオの家」のプログラムに毎週参加し、そこで活動している連携二団体では、ボランティア活動もした。

研究対象としてサン・サルヴァリオを選び、地区内に住処を探し、二〇一一年六月には引っ越した。二〇一二年八月までそこに暮らした。地区に暮らしたことは、日々、あるは季節ごと違った局面で地区を理解する貴重な機会になった。毎日、「歩道のバレエ（いろいろな人々の姿態――立ち話をする中年の男たち、ボール遊びをする子供、ベンチで新聞を読む老人……）」（Jacobs 1961）を観察し、ほかの住民と接触し、連携団体の役員や、店員、そして来街者など多様な人々と接触する機会になった。その結果、七〇人前後の人々に、三〇分から長いときには二時間もインタビューするなど、豊富なインタビューのチャンスを持てた。政治家、起業家（店舗、カフェ、スタジオ）に対するインタビューも行った。

資料収集は、地区の歴史を含めてインタビューで得られない重要な情報を発見するのに役立った。地区の市民団体や小売業者のブログを訪ね、地元のブックレットや冊子、出版物を集め、そして読み下した。地元紙『ラ・スタンパ（La Stampa）』、『ラ・レプッブリカ（La Repubblica）』の記事を、二〇一一年六月から二〇一二年一〇月まで切り抜きをした。その前後の記事集めにも尽力した。

現場調査が二段階目を迎えたころには、サン・サルヴァリオの変容――商業ジェントリフィケーションのペースが一気に速くなった。ナイトライフ関連のビジネスが雨後のタケノコのように続き、サン・サルヴァリオを新たに特徴付けし、際立たせるようになった。それまでのサン・サルヴァリオでは起きたことがなかったような、新しい問題が起き、緊張する場面が頻繁になった。

三　ポストフォーディズム都市に向かう？

トリノはイタリアの北西部に位置し、ピエモンテ州都である。人口規模では、イタリア第四の都市である。二〇一一年の人口はおよそ九〇万人。工業都市のイメージが強く、フィアットの本拠地として世界的に知られ、一八九九年にフィアットが本社を構えて以降、イタリア最大のモーターシティになった。ほぼ一〇〇年の間、トリノ全体が自動車産業と強く結びつき、そのアイデンティティを維持してきたが、外から眺めた時の都市イメージもそれと同じ。トリノの経済活動、トリノの変動、そしてトリノの社会的、文化的生活、人口動態――そのすべてがフィアット、及びフィアットを取り巻く企業活動を通じて創生されてきた。そしてトリノを、典型的なワン・カンパニー・タウンに育て上げ、製造業がトリノの社会的なアイデンティティの中心に位置するようになった。

一九八〇年代末から一九九〇年代初めに、フォーディズムの生産様式、及び製造業主体の経済が全般的危機に直面し、トリノに大変な衝撃になった。ワン・カンパニー・タウン様式の危機は、地域の政治的なパワーバランスを変容させた。ちょうど汚職政治が蔓延し、政治の正当性が失われ、政治的危機がイタリア全体に広がっていた時代――そうした特殊な政治的状況の下、トリノの都市政治の危機が進行した。

そうした事態に直面し、①トリノを前進させるために、②経済基盤を転換するために、③新たな開発の方向性をイメージするために、「なにが大切か」ということが中心的に議論されるようになった。有能な人材、及び開発資源を引き付けながら他の都市とグローバルレベルで競争するために、上記の①②③が問われ、トリノの新しい、魅力的なイメージを形成する努力がはじまった。トリノの都市ブランディングは、フィアットの束縛から解き放されることに傾注されるようになった（Vanolo 2008: 374）。

都市政府、県政府、ビジネスコミュニティ、市民活動家が、どのような成長優先戦略に転換するかを模索するために結集した。そして異なる三戦略が打ち出された――①インフラ、及び建築環境の再開発、②研究／知識センターの形成、③レジャー、娯楽、ツーリズムのための消費空間の開発である（Belligni & Ravazzi 2013）。成長優先のレトリックに対する信奉は、政治家、経済人だけではなく、知識階層や労働組合などでも共有されていた。再開発に関するこの三戦略は、過去二〇年間、いろいろな成果、及び今日的な課題を体現して来たが、特に目立ったのはレジャー、消費、創造的な活動の分野でのことだった（Belligni & Ravazzi 2013）。

この新しい開発戦略は、都市戦略プランⅠ（二〇〇〇年）で提起され、第二次プラン（二〇〇六年）に引き継がれた（Crivello 2011; Vanolo 2008）。都市政府と地元経済界は、①トリノの文化、創造性、ツーリズムの魅力に関して新しいイメージを構築すること、②レジャー、娯楽を提供する空間を開発し、サービス業を育成すること――で協働するようになった（Belligni & Ravazzi 2013）。二〇〇六年開催の冬季オリンピック、二〇〇八年の世界デザイン首都祭、二〇一一年のイタリア統一一五〇年祭などのメガイベントは、①②を具現する、おそらくもっとも可視的なイベントになった。それでも、メガイベントは、都市戦略プランが目指したものの一部に過ぎない。

これらのメガイベントは、国内外の人々に改めてトリノを注目させる上で大いに意味があった。トリノを訪れるツーリストは、二〇〇〇年の年間二二〇万人から二〇一二年には三八〇万人に増えた[1]。この努力は、明らかに海外でも成果を上げた。二〇一二年六月には、『ニューヨーク・タイムズ』の旅行ページがトリノを取り上げ、「トリノは成長のエンジンを再起動している」と書いていた[2]。それまでお蔵入りしていた歴史的資産や地域資源が再び威力を発揮し、ツーリストや都市ユーザーに向けてマーケティングされるようになった（Vanolo 2008）。それらの中には、豊富な歴史的遺産、博物館・美術館の集積、そして卓越した食べ物とワインがあった。

こうした流れに沿ってナイトライフに対する関心が高まった（Crivello 2011）。創造性の育成を促進すると同時に、トリノを活力ある、エキサイティングな都市として謳歌するためには、都市の文化、あるいはまちの賑わいが都市ブランディング戦略で重要な位置を占めるようになった(Vanolo 2008)。元気なナイトライフ、ダイナミックな文化・芸術シーン、そして何処か違った、それでいて垢抜けた都会性——そうしたものが一体になって演出されるようになった。過去一五年余の間、この開発モデルは政治空間でも話題に上るようになったし、しばしば地元政治家の口端にものぼるようになった。実際に行動をおこす政治家もいる。トリノは「ポストフォーディズムに果敢に移行することができる」「危機的状況を克服できる」——そうした見方がトリノ全体で広く受け入れられるようになった。

しかし、移行には、社会的コストが避けがたい。そのことが十分理解されていたわけではない(Belligni & Ravazzi 2013)。トリノが広範囲の、ダイナミックな変化を経験した過程でサン・サルヴァリオが辿った道程を分析することは、地区の人々がこうした言説(「トリノはナイトライフの活性化などでポストフォーディズムに円滑に移行できる」)を受け入れて行った状況、逆にそれに反発した状況、そして実際に地区でおきた変容——それらが日々の暮らしに及ぼした影響を考える機会になる。また、地区の変容に対する愛憎、そこから生まれた緊張を明らかにしながら、地区のイメージ形成をめぐるいろいろな議論について考える機会になる。

四　サン・サルヴァリオの変容をめぐる議論、それに対する示威行動

サン・サルヴァリオは城壁が取り壊された直後の、一九世紀半ばから世紀末にかけて開発された。歴史的な旧市街の縁に位置し、「新駅」とポー川沿いの大きな都市公園の間に押し込まれるように位置している。街路は狭い。大方、一方通行である。建物が建て詰まっている。当初の都市計画のお蔭で、地区は商業と住宅の混合用途になっ

ている。建物の一階は商業、二階以上は住宅である。商業フロアは、以前は日用品店、あるいは職人仕事の工房になっていた。しかし、最近は、カフェ、レストラン、クラブが主役になっている。上層階は、依然、住宅である。ここでは昔も今も、住宅用途と商業用途が都市空間を共有している。

一八四八年の信仰の自由宣言以来、サン・サルヴァリオには、カソリック、プロテスタント、ユダヤ、最近はイスラム教の祈りの場がある。サン・サルヴァリオは、常々、社会的な混在が高度に進展しているところに特長があった。新駅に近い界隈に移民労働者が暮らし、ポー川沿いや、川沿いの都市公園に近いところに中間階層、上層階層が集住し、お互いに都市空間を配分しあっている。サヴォイア家の歴史的遺産であるヴァレンチノ城は、現在、トリノ工科大学のキャンパスの一部になっている（Ire Piemonte 1995）。中央駅である新駅に隣接した立地は、常々、トリノの周辺から、そして後年はイタリア南部から、一九八〇年代以降は海外から、トリノに働きにやってくる人々の、最初の到達地になった。それが地区の特徴を決定付けてきた。

一九九〇年代半ばには、サン・サルヴァリオは、エスニックの対立（増える海外からの移民といかに共生するか）、建築環境の劣化（修復されずに建物の荒廃が進展した）、零細小売業の危機（地区が衰退し、閉店に追い込まれる商店が増えた）、そしてフィアットの衰退（失業者の増加など）に直面し、社会的な緊張、軋轢を経験するようになった。特に、当時のサン・サルヴァリオは、海外からの移民が急増した時代だった。それ以前から地区に暮らしていたステークホルダーとの間で厳しい対立が生じ、その緊張が爆発寸前のレベルに達した。その際立った都市危機の状況は、イタリア全土で知られるようになった。

対立と緊張は、突然、示威行動として具体的な形をとって噴出するようになった（Allasion et al. 2000）。サン・サルヴァリオでは、移民がそこで暮らし、働くことに対し、あるいは地区内の街角などに屯していることに対し、従前からの地区住民は拒絶反応を示し、いろいろなタイプの示威行動をするようになった。海外からの移民に反対する住民たちは、「サン・サルヴァリオが、日々、危なくなる」「海外移民が屯しているので、サン・サルヴァリオの評判が悪くなる、地区の魅力が失われる」と苦情を訴えた。

危機が顕在化し、状況が深刻になったために、都市政府、あるいは市民社会が介入し、事態の改善に動くようになった。都市政府の政策介入では、治安改善の取り組み、建築環境の改善策などが行われた。一方、市民社会側からは、住民委員会や地区の社会的協同などの団体が対立の緩和を目指し、平和的な共存を誘導するイニシアチブやプロジェクトを提案するようになった。それらが一定の成果を上げ、サン・サルヴァリオは、多民族統合の成功モデル・コミュニティと評価されるようになった。

その後、多くの学生、若いアーティスト、建築家、デザイナーが移り住み、地区内で働くようになった。家賃が安い、空き店舗がある、旧市街に近い、トリノ工科大学（デザイン系の学科がある）に近接している——ことが、彼らをサン・サルヴァリオに引き付けた。伝統的に職人が暮らしていたので工房があること、少々荒れた感じがすることなどに加え、エスニックタウンとしての異風や都会らしさがあることが、若いアーティストやデザイナー、学生には魅力的だった。ふるくからの店舗やエスニック系の店舗に並び、新しいしゃれた店舗、レストラン、クラブが広がっていった。これら新参の商業者、娯楽ビジネスの経営者は、大半が同じような志向とニーズを持っている。

実際、これまでの数年間に、サン・サルヴァリオでは、インディー系の音楽イベント、美術展示会などが連催されるようになり、そしたトレンディーなイベントがサン・サルヴァリオをトリノの新しい魅力地区に格上げするようになった。その結果、サン・サルヴァリオの人気は急上昇している。

ニュービジネスが右肩上がりで増え続け、サン・サルヴァリオでは、ナイトライフの娯楽ビジネスが圧倒的な存在感を示すようになった。新しいタイプのレストラン、カフェ、クラブが地区の商業景観の形成で主役を担うようになった。こうしたニュービジネスの経営者は、しばしばトリノ市内の何処かほかのところで商売をしており、サン・サルヴァリオが複数店目の場合が多い。地区の経済活動の重心は、昼間から夜にシフトし、ふるくからの小売店や、一九九〇年代に登場したエスニック系ビジネスが閉店に追い込まれるようになった。サン・サルヴァリオは、一九九〇年代に衰退を経験し、その後は急上昇するなど、過去二〇年余、大きく変容して来た。メディアや都市政府は、一九九〇年代半ばのサン・サルヴァリオでは、エスニック間の対立が極点まで達し、その危機的状況はイタリア全土に知れわたっている、と考えていた(Allasino et al. 2000)。しかし、その一〇年後のサン・サルヴァリオは、エスニックの統合が進展し、いろいろな皮膚の色の人々が共生する、なにかエキゾチックな雰囲気に満ち満ちた楽しい地区、という前向きなイメージを持ったモデル地区として評価されるようになった。そして商業、娯楽ビジネスの開発が強調され、地区のイメージチェンジに拍車がかかっている。

過去数年、変容の過程で浮き沈みを経験し、それをめぐるいろいろな議論がステークホルダーの間に緊張、衝突を生み、そして話し合いの場を作り出してきた。例えば、レストラン、カフェ、クラブの増加は、まずは歓迎され、サン・サルヴァリオがナイトライフ関係の娯楽産業、来訪者相手のツーリスト経済にシフトすることは、肯定的に受け止められた。

しかし、その後は、地区の変容が集積し、継続し、常々、同じ場所・時間に様々なことがおき、それをめぐって言い争い、愛憎が生じるようになった(Deener 2007)。昨今は、別の視点から地区の多様な特色に注目し、その重要性を強調する議論が広く流布するようになっている。それ自体は驚くようなことではない。都市空間の変容をめぐって矛盾が生まれ、いろいろな議論がなされるようになるのは、よくあることである(Novy 2012)。サン・サルヴァリオでは、ナイトライフをめぐる議論が、現在、最も際立ち、重要な話題になっている。サン・サルヴァリオは、「ナイトライフに必須のものは一切合財が揃っている」場所と看做され、実際、そうした地区になって

きている。(3)

サン・サルヴァリオは、シティガイド・ブックに紹介され、国内の主要な新聞の旅行欄で取り上げられるようになった。たくさんの大学生や、いわゆる新しい都市中間層の若者を引き付け、彼らが地区の内外からサン・サルヴァリオのカフェ、レストラン、クラブにやって来る。その結果、都市ユーザー——一時的な居住者、あるいは旅行者など——の間で、その境界が曖昧になってきている。例えば、学生の場合も、学生時代の数年間トリノにいる大学生、トリノの他のところか、サン・サルヴァリオに暮らしている者、エラスムスプログラム(ヨーロッパ内の交換留学制度)の学生、あるいは数日だけトリノにいる海外からの学生……それを見分けるのは難しい。

しゃれたクラブやカフェがこれらの若者を引き付ける一方、アペリティーヴォ(aperitivo)(4)——バッフェスタイルで食べる安い、簡単、かつ温かなメニューを揃え、それでいて立派な夕食にもなる——が特に大学生や若者の間で人気があり、夕方の早い時間帯から賑わいをつくることにつながっている。そして彼らは、夜遅くまで道端やテラスに留まっている。こうしてサン・サルヴァリオは、急速にトリノの新しい娯楽ビジネス地区として知られるようになった。

五　緊張の発信源、及び抵抗の形態

既に指摘してきたように、緊張、及び抵抗は、主にある特別の都市空間に対するイメージ、あるいは用途をめぐっておきている。商業活動、及び居住環境の変容が普段の人々の暮らし、あるいは人々の帰属意識に及ぼす影響、そして地区のアイデンティティの形成をめぐる影響——その重要性についてはよく理解されている(Chapple & Jacobus 2009, Deener 2007, Jacobs 1961, Mele & Cooper 2002, Zukin et al. 2009)。景観の変容は、場所感覚や帰属意識に変化を呼び起こす。他方では、日常生活の現場で実際的なトラブルを引き起こす。この二つの問題は必ずしも併発するわけではないが、こうした地区の変容の影響を実際に受け入れない人々は、地区への帰属意識を削がれる経験をすることがある。

半面、地区の変容を受け入れ、それを楽しむ人々でさえ、日常生活で実際的なトラブルを経験していることがある。この研究を通じ、日々の暮らし、ささやかな普段の活動の変化、それらを読み解くことの重要性が浮かび上がってきた。すなわち、場の感覚や地区の特徴が問われ、それをめぐって広く議論がなされている時でさえ、地区の変容が引き起こす緊張や変容に対する抵抗は、通常、個別の、具体的なトラブルとして表出して来る。

サン・サルヴァリオの場合、緊張の発生は、公共空間をめぐる利用の正当性に関してである。公共空間利用の正当性をめぐる問題は、一九九〇年代に戻ってその緊張があった（Allasino et al. 2000）。当時、海外移民が麻薬売人や売春婦といっしょになって街路に屯すようになり、治安問題をおこしている、と批判された。最近の議論は、新しいレストラン、クラブ、カフェの出現が引き起こす空間の変容とその影響に関するトラブルに、主題がシフトしている。しかし、それでも海外移民をめぐる当時のトラブルは、いまでも引きずっている。

飲食店のオーナー、あるいは飲食店に呼び寄せられてくる人々は、街路を我が物顔で、まるで私有財産のごとくに扱っている、と非難されるようになった（Zukin et al. 2009）。特に公共空間利用の正当性をめぐる疑問は、次のような、実際的な問題を引き起こしている。「利用できる駐車場の不足」「夜間、人々がおこす迷惑」である。

すでに観察してきたように、サン・サルヴァリオの建築環境は一九世紀にさかのぼる。建物には駐車スペースがなく、住民は街路に沿って駐車しなければならない。しかし、特別税の支払いを条件に市当局は、カフェやレストラン、クラブが店の前にテーブルと椅子を並べ、駐車場を占拠することを認めている。サン・サルヴァリオでは、こうしたテラスがごく当たり前になっている。テラスはしばしば、一年中使える本格的な構造になっている。ある場合には、屋根があり、暖房システムを備えている。カフェ、レストラン、クラブはうなぎのぼりで増加し、歩道に張り出すテラスが増えている。駐車場の不足が深刻になっている。さらに、多くの人々が車でやって来る。そのため駐車スペースを探す風景が常態化している。

もうひとつの問題は、夜間にやって来る人々が増え続けていることに関係している。実際、夜間の騒音問題を引き起こしている——クラブから流れ出る音楽、深夜まで路上やカフェなどのテラスに屯す多くの人々の喧騒、公共の場での喫煙……。しばしば店内の収容能力に比べて客の数が多過ぎる。大半のクラブやレストラン、カフェは、飲み物に加えてアペリティーヴォの類の食べ物を提供している。このタイプの飲食をする客は、店内のテーブルを使うようなメニューを注文することが少なく、結果的に夕方から、時計が回って午前四時ごろまで歩道に座り込んだり、歩道にはみ出したテラスに居座り続けたりする。

こうした現状の諸問題を描き出すために、住民にインタビューし、その言説に注目するのはおもしろい。

> クラブやカフェなどが増えるのは、まぁ、いい話でしょ。確かに前向きに考えなきゃ。でも、反面、ご存知のように、たくさんの人が路上に屯すようになった、それも夜遅くまでね。麻薬取引とか、窃盗とか、軽犯罪などは少なくなったかもしれない。でもね、うちの主人は職場が離れているので通勤に車を使うの。夕方、仕事から戻ると、駐車スペースを探すのに少なくとも二〇分はかかっている。それを考えると、それほどいい話じゃないわ。(5)

この場合、地区の過去に対する言及は、危ないとか、麻薬取引、売春、治安の悪さなどとして表現され、変容に関する実際的な問題を極小化するために使われている。それ故に、実際におきている問題／変容は軽視されがちである――変容がおこす幾つかの実際の問題について言及してはいるけれど、しかし変容それ自体については、それほど問題視していない。

しかし、ほかの事例では、影響についてもっと否定的である。過去と比較して現在のトラブルを眺めようとしている。

> うーん、麻薬取引があちこちでおこなわれていたころに戻って考えればね。結局、あのころはそれほど酷くなかったのよ。というのは、少なくとも夜は安眠できたし。麻薬売人も娼婦も静かでしたからね、静かじゃなきゃ、商売やれなかったでしょ。世間の注意をひかないようにね。それがいまは夜、しっかり寝られなくなっている。[6]

これまで観察してきたように、実際のトラブルの表出もいろいろ、トラブルに対する反抗の仕方もいろいろである。実際、トラブルを経験している人々、進行する変容を嫌っている人々、そのだれもがその不愉快さを、可視的な抗議の形態で表現しているわけではない。人々が抗議のためにどれだけ熱心になるかは、失われている利益の程度や、あるは抗議して得られる成功の可能性、それとのバランスで決まる（Hirschman 1970）。サン・サルヴァリオの場合、個人レベルから集団レベルまで、抗議についていろいろな形態を確認することが出来る。インフォーマルなものからフォーマルな抗議形態をまとめると、**表9―1**のようになる。

表 9–1　抗議の形態

	インフォーマル	フォーマル
個人	窓辺からタマゴ／水を投げる	政府に告知／苦情の伝達
集団	個々の苦情を汲み上げまとめる	協会やグループ行動を創設する

個人から集団へ、インフォーマルからフォーマルへ――その道筋は、たびたび、示威行動を起

こすことの戦略的な価値がアップすること、あるいは法律や政府に対する信頼のレベルの違いを示唆している。道路で夜中までおしゃべりしている人々に窓からタマゴや水をかけるのは、おそらくインフォーマルな、個人レベルの抗議形態の典型的な事例である。こうした抗議がしょっちゅう起きるわけではないが、結構な反響を呼ぶことになる。最終的な問題解決を目指した戦略的な行動というよりは、この種の抗議は、怒りや辛抱が切れ、感情的な憤慨、衝動的な行動である。もっとフォーマルな抗議の表現は、市当局、警察、あるいは新聞社に電話をかける、手紙を出すなどのやり方である。

こうした場合には、しばしば起きることだが、個人としてだけではなく集団による抗議の表現になっている。一団の人々が毎晩、人々が迷惑を起こしていると警察に通告電話をする。この場合は、実際に現状の改善を目指した行動になる。現状を改善させるために、強制力を持つ法律や条例の制定をしばしば求める。しかし、市当局は、サン・サルヴァリオの新しいトレンドを好意と興味をもって眺めている――ある面では、そうした変容は、トリノの新しい都市イメージづくりにうまく統合されているし、新店開店や新しい商業活動の成功は、経済成長の兆候である、と考えている。都市のこうした変容は、特に危機に直面する都市では歓迎される。それ故に、トリノ市当局は、地区の変容のペースをストップさせたり、スローダウンさせたりするような、公権力の行使には躊躇があるように見受けられる。

しかし、警察に対し市民からの苦情通告が増え続けているという現状を、警察が無視することは出来ない。状況を把握するために、警察官を派遣しなければならなくなる。警察官の派遣は、しばしば地区が享楽化する動きに対して罰金を科したり、差し止めたりすることになる。その結果に対して完全に満足している人はいないし、だれもが幾分かは、あるいは強く、不満を抱いている。さらに緊張状態は高まるかもしれないし、もっと広がる可能性がある。状況をもっと悪化させるような対立に発展する可能性がある。

こうした状況下、集団的な、もう少し組織化された抗議運動がはじまった。これまで述べてきたように、サン・サルヴァリオは、常々、豊かな社会的、文化的な連携が織りなされるところとして特徴があった。一九九〇年代には、衝突の和解プロセスを仲介し、活性化させた地区の連携団体の役割が高い評価を得た。それゆえ、サン・サルヴァリオが直面する新たな問題に対して新しい連携団体が発足したことは、驚くことではない(「サステイナブルなサン・サルヴァリオ」「敬われるサン・サルヴァリオ」)。

「サステイナブルなサン・サルヴァリオ」は、二〇一一年秋に活動をはじめた。地区のサステイナビリティの促進、及び地区の問題を具体的な行動を通し、人々にもっと周知することを最終目標に掲げている。ここでサステイナビリティは、環境から社会、経済的な側面を含めて思い切って広い意味を込めて使われている。「生活の質」の向上、あるいは騒音の管理といっしょに、資源ごみの循環利用、歩道の利用の仕方、有機食料品などの問題も取り扱っている。(7)「サステイナブルなサン・サルヴァリオ」の誕生は、都会暮らしに強いこだわりを持ち、環境の持続可能性に関心を持っている新住民、特に若い都会暮らしの中間層の価値観や選好、それまでとは違う消費行動を反映している。

地区のそうした連携団体は、サン・サルヴァリオの変容それ自体よりは、変容につながる実際の問題をうまく取り扱うことを通じ、地区の「生活の質」を向上させることに関心を持っている。これまでに取り組まれてきた行動は、現場で抗議行動を起こすのではなく、仲裁とか、話し合いによる和解のアプローチに特徴があった。

特に、二つのプロジェクトがおもしろい。まず、ウエッブを利用して、サン・サルヴァリオにやって来る客とこの地区の住民が商業・娯楽活動をめぐって歓迎すべき実践、あるいはトラブルになる事柄について互に意見交換する空間を用意した。そこでは、地区の変容に対する賛同者の中にも、商業者は、もっと見栄えをよくし、肯定的な表出になるように、そしてもっとサステイナブルな行動を取るようにすべきである、という人々がいる。

もうひとつのプロジェクトは、討論会の連載企画である――住民、起業家、市当局が地区の将来ビジョンを共有するためである。しかし、結果、明らかになったことは、なにか具体的な成果を得たということではなかった。しばらくしてから当該連携団体は、サン・サルヴァリオから関心が離れ、その活動の舞台を、主にトリノ全域に広がる最上位レベルのプロジェクトに移すようになった。

もうひとつの連携団体の「敬われるサン・サルヴァリオ」[8]は、二〇一〇年に設立され、地区で進行する変容に反対し、その実際的な影響を非難してきた。取り上げてきた中心的な課題は、夜間の騒音公害、あるいは来訪者が起こす厄介である。当該連携団体の立ち位置は、市当局が問題から距離を置き、必要な介入をしない落ち度を非難し、パブやクラブが増え続けていることを非難するところにあった。

この連携団体は、新しい現象が、駐車場の不足、麻薬取引の増加、地区の総体的な衰退などと同時に、ほかの問題の原因にもなっている、と主張している。連携団体の中核になっているのは、問題の現場に近接している地区、あるいはちょうどその地区の建物の上層階に普段暮らしている――などサン・サルヴァリオの昔からの住民である。市当局に通告したり苦情を伝えたりすると同時に、そうした訴えを論拠付けるために健康被害や、夜間の活動が引き起こす社会的な影響に関する調査を行ない、証拠を集めている。

よい政策、よい実践事例を探索する過程では、当該連携団体は、同じような課題に直面している国内外の連携団体と特別なパートナーシップを組む段階までには至っていない。しかし、連絡は取り合っている。こうしたアプローチは、問題解決の助けになるように事柄を鎮め、和解を模索するよりは、むしろ逆に緊張を増幅するリスクのある主張や要求に傾斜しがちである。

当該連携団体の、もっとも可視的な取り組みの一つは、窓辺にオレンジ色のバナーを掲げることである。バナーには、「睡眠は必要」「働くために寝たい」「夢見るのに寝たい」などの訴えが書かれている。バナーは状況を非難し、夜間の道路利用者に対し、もっと状況を理解してもらうことを目指している。二〇一二年五月にはじまり、現在も継続している。こうした取り組みは、メディアに取り上げられ、全国紙の地域版の記事になった。ポスターやバナーを窓辺やバルコニーに掲げるやり方は、トリノの他の地区でも、反対の意思表示の仕方としてやられたことがある、こうした事柄を支持するにせよ、抗議するにせよ、ごく一般的な意思表示の方法であり、サン・サルヴァリオの置かれた状況下では、決して驚くようなことではない。

六　両義性、仲裁の試み、そして将来に向かっての挑戦

多くの研究者が、ある地区がレジャー・ツーリスト消費に専有されてしまうことに対し、人々がそれをどう考えるか、住民がどう反応するか、そこには多様な態度と理解、そしていろいろな言説があることに注目している（Andriotis & Vaughan 2003, Novy 2012）。しかし、衝突がおきると、それは一般的に、極端な、明らかに特殊な描写をされる。特に、メディアや人々の言説ではそうなる。

ふつう三タイプの違った利害関係者を想定することが出来る——住民、起業家、そして市当局である。住民は、この開発パターンの受け入れに対しては反対か、少なくとも批判的である。起業家は好意的である。一方、市当局は、世論の理解を失わないようにしながら、この現象を受け入れるか、むしろ促進しながら両者の間でそのバランスを取ろうとする。

この方程式では、当然、都市ユーザーとツーリストが大切になる。というのは、彼らの消費活動が公共空間を形成し、衝突を引き起こす問題を構造化させているからである。また、彼らは、衝突それ自体をめぐっては、活発な行動派ではないし、通常、衝突には加わらない。衝突を企てたりもしない。

しかし、分析すると、この一般的な違いは、実際は鮮明でも明白でもない。そこには、ある種の多様性がある。例えばサン・サルヴァリオの二つの違った連携団体が、それぞれ別々のアプローチを取り、違った主張と目的を掲げ、過去数年間、サン・サルヴァリオの変容、その社会的な影響に違った対応をしてきたことについては既述した通りである。しかし、異なる利害関係者の間の、進行する地区の変容に対する違った立ち位置を考えたときには、もっと高いレベルで違いが出て来る。

寝る権利を訴えるオレンジバナーを使った取り組みを例示し、前のパラグラフを締めくくった。その数カ月後、ほかの住民がまったく対照的な行動に出た。今度は青色バナーを掲げ、そこには「サン・サルヴァリオ、若者、彼らの声、音楽が好き」と書かれていた。同時に地元紙の投書欄に、反対派といっしょに支持派の投書が載った。明らかに一部の住民は、地区の変容を受け入れている、また、変容に反対している人だけではない、と感じている。その意味では、地区の新しい現象をめぐって住民の支持派の間には、(起業家や市当局とは)違った議論がある。住民の支持派の中には、経済危機の中、ビジネスの開業に注目し、その経済的利益を評価する人々がいる。そうした支持派は、地区の変容が経済的影響をめぐって若者の雇用に貢献していることを強調する。実際、地区では、この厳しい経済状況下、教育レベルに見合った仕事を見つけられずにいる若者を雇用する商売が育っている。新しい娯楽ビジネスが出現したおかげで、サン・サルヴァリオはもっと活力が出たし、それゆえに夜間、安全になった、という議論もある。

以前はもっとよかった、という人がいる。信じられない。たぶん、彼らはここにいなかったか、夜、外に出なかったか……。そのどちらかは知らないけれど、私は一五年前からここにいるし、夜、しょっちゅう外出するけれど、以前、界隈はよくなかった。でも、彼らはそれをどうでもいいと思っている、寝たいだけでしょ。

ほんとのところ私がうんざりするのは、あの人たちは関係者全員の考えを代表しているというわけじゃない、ということなの。ただ不満と苦情があるだけでしょ。(9)

こうした言説は、地区の変容に対する住民の認識や意見が同質ではない、ということを示唆している。特に状況が一方に振れ過ぎたりすると、公共空間の正当な使途とはどのようなものかの解釈に違いが表出する。興味深いことだけれども、商業起業家やエンターテイメント関連起業家の間でさえ、地区の変容に対するアプローチは同じではない。この場合、その違いは、業種・業態、あるいはビジネスをはじめることになった理由など、それぞれの複雑な組み合わせの結果である。

昼間のビジネスオーナーの間には、地区が夜間経済にシフトすることに対して相当な関心がある、というのは容易に理解できる。昼間、地区の通行量が減れば、彼らのビジネスは低迷する。このことは伝統的なビジネス、そして新しいビジネスの両方に当てはまる。

しかし、地区が変容することに対するある種の抵抗は、利益が改善している起業家の間にさえある。その意味では、時間の経過を通してものごとを考えることは、興味深い。実際、サン・サルヴァリオの、初期の商業ジェントリファイアーと、後からやって来たジェントリファイアーを対極に置いて考えることが出来る。後からやって来たジェントリファイアーは、大方、変容する地区にビジネスチャンスを嗅ぎ取ってやってきた娯楽ビジネスのプロである。一方、初期のジェントリファイアーは、サン・サルヴァリオの社会的、文化的な再開発、それを部分的に具現化してきた人々である。

地区の性格に対する個々の価値観や認識は、しばしば、そもそもここでビジネスをはじめることになった理由によっても違う。初期の起業家グループは、進行するサン・サルヴァリオの変容に対して複雑な立ち位置にいる。

彼ら自身が進行する夜間化現象の担い手でもあるのだが、半面、彼らの間には、ビジネスが与える社会的影響をもっと理解し、衝突を仲裁したり沈静化させたりを積極的にしようという人々がいる。そうしたビジネスオーナーの中には、掲示やポスター、アート活動などを通じて顧客に対し、近所迷惑などについて理解を求めようとしている人々がいる。状況を監視するために、彼らが現場に警備人を雇う試みは、それらと同じ流れである。それとは反対に、後からやって来た商業ジェントリファイアーは、彼らのビジネスが与える社会的影響について関心が薄く、注意を払わない、という感じがする。

住民がそれほど怒りっぽいと思っていなかった。住民が我々の仕事の邪魔をしようとしている、というのは知っているでしょ。いまはまさに、ちょっとした小さな戦争状態ですね。状況を管理するだけじゃなく、営業時間を制限することに一生懸命になっている住民の連携団体がある、いやいや、実際、しばしば我々のビジネスに危害を加えるのに熱心。クラブやレストランが地区の改善、開発に大いに貢献しているのに、我々はただトラブルメーカーだって彼らは訴えている。(10)

時々、ジェントリファイアーの議論は、抗議するのは少数の住民、重要ではない住民である、と表現し、住民に対し怒りや苦情の口調になる。レジャーや消費地区としての、地区の性格をめぐる議論が中心になる場合は、彼らのしゃべり口調や立ち位置は、もっと敵対的になり、一方的になる。おそらく、市当局が状況を規制するために介入する気配がなく、地区のガバナンスをめぐる立ち位置が不明瞭になると、状況はもっと難しくなる。そして、社会的な影響をできる限り小さく見せよう、という取り組みがおきる。

我々は変容のわるい面ではなく、よい面をもっと考えるようにしている。市民との関係をマネジメントするのに問題があることは否定しないけれど、でも、うーん、おのずと解決する問題でしょ。第一に、日常になるというのか、（状況に）なれてくるし、そして次には、いずれそこに暮らす人々の間に入れ替えもあるでしょう。(11)

市当局レベルでは、実際、開発の手段としてレジャー、娯楽ビジネス、消費の促進に対する支援は強力だし、地区の変容は問題になってはいない。サン・サルヴァリオでなくても、商業・レクリエーションによる再生を支援する特別な政策が、都市の魅力をアップグレードするために取り入れられている。トリノ市当局は、レジャーと消費活動を強調することである地区を活性化することが、一方では、政治的な介入なしには解消しそうもない社会問題を引きおこしている、という事実を知らないようである。

結論

レジャー、及び娯楽ビジネス化に伴って都市環境が変容すると、変化と開発をめぐって衝突や対立が生じ、パワフルな議論を呼び起こし、示威行為につながることがある。変容は、地区に暮らす住民だけではなく、当該スペースを使い、そこで働く人々にもいろいろな影響を及ぼす。変容によって生じる社会的費用、及び変容が生み出す利益は、利害関係者の間に同じように配分されることはない。ある状況下では、緊張と衝突につながる。特に、新しい現象が、それまで地区内で守られ、慣例化していたりする価値観・習慣と衝突する場合は、事態が深刻になる。

本稿は、地区の変容、その変容が日常生活に及ぼす影響に焦点を当てた事例研究である。変容をめぐる抗議と衝突は、個人として、あるいは集団として、インフォーマルに、あるいはフォーマルに多様な形態を取る。この事例分析によれば、変容に対する立ち位置は、利害関係者によってバラバラだし、そこにはいろいろな議論がある。状況に対する考え方も様々である。それ故に事柄は、いろいろな利害関係者の、その行動の相互作用の中で形成され、再形成される。そのため複雑、多次元にわたる。

最後に、以下のことを記述しておきたい——特に、経済危機の時期には、開発や経済成長をめぐる議論は、常々、人々の関心事である。時にはそうした議論は、社会的平等や社会的結束の問題を克服することにもつながる。地区がナイトライフ化する、あるいはツーリストを引き付けるようになれば、都市開発としては利益を生むことになる。しかし、そうした変容は、しばしば、既にそれ以前からそれとは違った都市機能、用途、ニーズがあったところでおきる。したがって衝突がおきる。そこで発生する社会問題（利害関係者間の衝突など）を回避するためには、規制システムを必要とする。経済的のみならず社会的な意味でも、地区の変容によって生じる利益をその地区全体が共有するためには、政府の役割が重要である。

（訳：矢作弘）

〈International RC 21 Conference 2013（Session: Resistance & Protest in the Tourist City）の提出論文〉

注

（1）正確には、トリノ都市圏内で二〇〇〇年には二一九万九四八〇人、二〇一二年には三八四万一三〇六人。出典：Osservation Touristico Regionale Regione Piemonte.

（2）「トリノの三六時間」『ニューヨーク・タイムズ』二〇一二年六月二八日付。

（3）トリノの地図“use-it map”から。“Free map for young travelers made by locals”はヨーロッパの都市について利用可

能である。トリノ版は www.use-it.it。

(4)「むかしはイタリアでは、夕食前の一杯は、ナッツ、ポテトチップス、そして肉厚のグリーンオリーブといっしょに手軽に出される食前酒であった。いまもしばしばそのように出されるが、トリノ、ミラノ、ローマのおしゃれな地区では、この三コースがほとんど過去のものになるほどアペリティーヴォが、贅沢な、夜の無料提供の突き出しメニューになってきている」(旅行案内書『ロンリープラネット』)。「飲み物代を払い、食べ物はセルフサービスです。音楽を聴きながら食べ、交流してください。アペリティーヴォです。ウォー! 高いですか、いいえ、まったく。六ユーロから九ユーロです。食欲が出ます、まずはパスタ、ごはん、クスクス、そしてカナッペ、チーズ、サラダ、野菜、そして果物。時間は、大方、一九時から二一時半まで。場所は、トレンディーなところなら何処でも、そして老舗のカフェなど」(use-it map)。

(5)二〇一一年五月一〇日、筆者インタビュー。

(6)二〇一二年七月一九日、筆者インタビュー。

(7)「サステイナビリティは、無秩序な駐車、公共スペースでの夜間の人々の迷惑ごと、ごみの散らかし――を回避するために関与することを意味している。サステイナビリティに関心ある人々は、そうしたサステイナブルな行動を無視するのではなく、優先してそれを取り入れながら商業活動をするべきである。そうした人々は、よい行動、わるい行為を告知し、よい提案をし、問題を指摘する我々のプロジェクトに参加することができる。目標は、地区全体がよりよい『生活の質』を達成できる、そうしたコミュニティづくりの推進である」(「サステイナブルなサン・サルヴァリオ」ホームページ、二〇一三年五月二六日)。

(8)「敬われるサン・サルヴァリオ」ホームページ。

(9)二〇一二年七月二一日、現場メモ、地区の本屋で住民でもあるM・Tとのおしゃべり。

(10)二〇一二年八月三日、二〇一一年開業のレストランオーナGとのインタビュー。

(11)二〇一二年七月二四日、トリノ市開発局の商業アドバイザーFとのインタビュー。

参考文献

Ache, P., H.T. Andersen, T. Maloutas, M. Raco, T. Tasan-Kok (eds.) (2008), *Cities between competitiveness and cohesion. Discourses, realities and implementation.* Springer, Berlin.

Allasino, E., L. Bobbio, S. Neri (2000), Crisi urbane: che cosa succede dopo? Le politiche per la gestione della conflittualita legata ai problemi dell'immigrazione. *Polis* 3, 431-450.

Andriotis, K., R.D. Vaughan (2003), Urban Residents' Attitudes toward Tourism Development: The Case of Crete. *Journal of Travel Research* 42, 172-185.

Aytar, V., J. Rath (eds.) (2012), *Selling Ethnic Neighborhoods. The Rise of Neighborhoods as Places of Leisure and Consumption.* Routledge, New York.

Bagnasco, A. (1986), Torino. *Un profilo sociologico.* Einaudi, Torino.

Belligni, S., S. Ravazzi (2013), *La politica e la citta. Regime urbano e classe dirigente a Torino.* Il Mulino, Bologna.

Bourdieu, P. (1984), *Distinction. A social critique of the judgment of taste.* Harvard University Press, Cambridge MA.

Bourdreau, J.A. (2003), The politics of territorialization: regionalism, localism and other ism...the case of Montreal. *Journal of Urban Affairs* 25.2, 179-199.

Brenner, N. (2000), The Urban Question as a Scale Question: Reflections on Henri Lefebvre, Urban Theory and the Politics of Scale. *International Journal of Urban and Regional Research* 24.2, 361-376.

Chapple, K., R. Jacobus (2009), Retail Trade as a Route to Neighbourhood Revitalization. *Urban and Regional Policy and Its Effects* 2, 19-68.

Chatterton, P., R. Hollands (2002), Theorising Urban Playscape: Producing, Regulating and Consuming Youthful Nightlife City Spaces. *Urban Studies* 39.1, 95-116.

Clark, T.N., R. Lloyd, K.K. Wong, P. Jain (2002), Amenities Drive Urban Growth. *Journal of Urban Affairs* 24.5, 493-515.

Cooper, C.T., C. Mele (2002), Urban Redevelopment as Contingent Process: Implicating Everyday Practices in Berlin's Renewal. *City & Community* 1.3, 291- 311.

Crivello, S. (2011), Spatial Dynamics in Urban Playscape: Turin by Night. *Town Planning Review* 82.6, 709-731.

Deener, A. (2007), Commerce as the Structure and Symbol of Neighborhood Life: Reshaping the Meaning of Community in Venice, California. *City & Community* 6.4, 291-314.

Dodson, B. (2000), Are we having fun yet? Leisure and consumption in the post-apartheid city. Tijdschrift voor Economische en *Sociale Geografie* 91.4, 412-425.

Dredge, D. (2010), Place change and tourism development conflict: Evaluating public interest. *Tourism Management* 31.2010, 104-

112.

Fainstein, S. (2007), Tourism and the Commodification of Urban Culture. *The Urban Reinventors*, Issue 2, November 2007.

Florida, R. (2002), *The Rise of the Creative Class. And how it's transforming work, leisure, community, and everyday life*. Basic Books, New York.

Hae, L. (2011), Dilemmas of the Nightlife Fix: Post-Industrialisation and the Gentrification of Nightlife in New York City. *Urban Studies*, 48 (16), 3449-3465.

Harvey, D. (1998), From Managerialism to Entrepreneurialism: the transformation in urban governance in late capitalism. *Geografiska Annaler* 71 B, 3-17.

Hirschman, A. (1970), *Exit, Voice, and Loyalty. Responses to Decline in Firms, Organizations and States*. Harvard University Press, Cambridge MA.

Huning, S., J. Novy (2006), Tourism as an Engine of Neighborhood Regeneration? Some Remarks Towards a Better Understanding of Urban tourism beyond the 'Beaten Path'. CMS Working Paper Series 006.2006, Center for Metropolitan Studies, Technical University Berlin.

Ires Piemonte (1995), *Relazione sulla situazione socio-economica del Piemonte 1995*. Ires Piemonte, Torino.

Jacobs, J. (1961), *The Death and Life of Great American Cities*. Random House, New York.

Novy, J. (2012), Kreuzberg's Multi- and Inter-cultural Realities: Are They Assets? In V. Aytar, J. Rath (eds.) *Selling Ethnic Neighborhoods. The Rise of Neighborhoods as Places of Leisure and Consumption*. Routledge, New York, 68-84.

Ocejo, R.E. (2011), The Early Gentrifier: Weaving a Nostalgia Narrative on the Lower East Side. *City & Community* 10.3, 285-310.

Pine, J.B., J.H. Gilmore (1998), Welcome to the Experience Economy. *Harvard Business Review*, July-August 1998, 97-105.

Rath, J. (2007), The Transformation of Ethnic Neighborhoods into Places of Leisure and Consumption. Working Paper 144, The Center for Comparative Immigration Studies, University of California.

Shawn, S., S. Bagwell, J. Karmowska (2004), Ethnoscapes as Spectacle: Reimaging Multicultural Districts as New Destinations for Leisure and Tourism Consumption. *Urban Studies* 41.10, 1983-2000.

Scott, A.J. (2006), Creative Cities: Conceptual Issues and Policy Questions. *Journal of Urban Affairs* 28.1, 1-17.

Urry, J. (1995), *Consuming Places*. Routledge, London.

Vanolo, A. (2008), The image of the creative city. Some reflections on urban branding in Turin. *Cities* 25.6, 370-382.

Zukin, S. (1995), *The Culture of Cities*. Blackwell, Cambridge MA.
Zukin, S. (2008), Consuming Authenticity. *Cultural Studies*, 22 (5), 724-748.
Zukin, S., V. Trujillo, P. Frase, D. Jackson, T. Recuber, A. Walker (2009), New Retail Capital and Neighborhood Change: Boutiques and Gentrification in New York City. *City & Community* 8.1, 47-64.

トリノ関連略年表（一二八〇〜二〇一五年）

西暦	トリノの出来事	日本・世界の出来事
一二八〇	サヴォイア家が領有	
一四〇四	トリノ大学設立	
一五六三	サヴォイア公国の首都になる	
一七二〇	サルデーニャ王国（サヴォイア家）の首都に復帰	
一八五九	トリノ工科大学の前身にあたる工業専門学校の設立	
一八六一	イタリアの統一、トリノが首都になる	
一八六四	フィレンツェが首都になる（トリノは政治的失墜を経験）	一八六九　スエズ運河開通
一八七一	ローマが首都になる トリノ経済が長期的に活況	
一八七八	大学コンソーシアムを設立（産学の連携）	
一八八四	大規模な産業見本市を開催	
一八九五	日刊紙『ラ・スタンパ』創刊	
一八九六	映画ビジネスがスタート	
一八九九	フィアットが創業	一八九八　米西戦争
一九〇六	一日一〇時間労働を要求し、労働者がストライキ トリノ工業同盟結成 トリノ工科大学設立	一九〇四　日露戦争 一九〇五　ロシア、血の日曜日事件
一九〇八	大規模な労働者ストライキ オリベッティが創業	一九一四　第一次世界大戦。パナマ運河開通

西暦	トリノの出来事
一九二〇	労働者ストライキが頻発
一九二一	フィアットの成長をバネに人口二〇万人に到達（三九年には七〇万人）
一九二二	トリノで週刊誌『自由主義革命』創刊（ピエーロ・ゴベッティ主宰） ムッソリーニが政権奪取
一九二三	ムッソリーニがフィアット工場視察（旗艦工場のリンゴット） フィアットとファシズム政権の蜜月時代 ファシスト政権、ゴベッティ逮捕
一九三〇	経済危機を背景に社会的騒乱頻発
一九三二	フィアットが大衆車「バリッラ」発売
一九三四	フィアットがシムカを設立し、フランス進出
一九三六	フィアットが小型軽量車「トポリーノ」発売
一九三九	フィアットのミラフィオリ工場完成（フォードのディアボーン工場に倣った郊外型大規模工場）
一九四三	フィアット・ミラフィオリ工場で大規模な労働争議、その後も頻発する
一九四五	ゼネスト、トリノで都市機能麻痺 フィアットの総帥ジャンニ・アニェッリ死去
一九五〇	チェーザレ・パヴェーゼ、トリノで自殺 フィアットがスペイン進出
一九五七	フィアットが新車種「フィアット500」発売
一九六一	イタリア統一一〇〇周年記念式典 六万人のパルチザン行進 人口が一〇〇万人に達する 「イタリア経済の奇跡」と呼ばれる経済成長期 イタリア南部から国内移民が押し寄せる（一九五〇～六〇年代）

日本・世界の出来事	
一九一七	ロシア革命
一九三六	スペイン内戦
一九三九	第二次世界大戦
一九四五	ヤルタ会談。太平洋戦争終結。国際連合発足。
一九四八	第一次中東戦争
一九四九	NATO結成
一九五五	バンドン会議（アジア・アフリカ会議）。ワルシャワ条約機構
一九五六	スエズ戦争（第二次中東戦争）
一九六〇	OPEC結成

一九六二	労働者デモ——都市インフラの整備が遅れ、劣悪な住環境
一九六三	フィアット、トリノ市内で一〇〇万台超を生産
一九六七	学生運動——トリノ大学人文学部本部を学生が占拠 フィアットがトルコ進出、その後、東欧・南米で生産開始
一九六九	刑務所で暴動勃発 フィアットがランチアを買収
一九七四	フィアットのジャンニ・アニェッリが工業総連盟の会長になる
一九七五	人口がピークに達し（一二〇万人強）、以降、減少に転じる（縮小都市化）
一九七六	サッカーのユヴェントスがイタリアチャンピオンになる
一九七七	トリノでも「赤い旅団」のテロルが活発化、その後も事件続発 市内の治安が急速に悪化する 州政府が設立される
一九八〇	四万人の行進——フィアットの中間管理職が反ストライキのデモ行進
一九八二	フィアットが旗艦工場リンゴットの操業を停止 フィアットの大規模人員整理（以降、頻繁にレイオフを繰り返す） 都市経済が衰退 経済社会環境が悪化 都市政治の汚職スキャンダルが蔓延しはじめる
一九八六	フィアットがアルファ・ロメオを買収
一九八八	トリノ国際ブックフェア、スタート
一九八九	欧州地域開発資金（ＥＲＤＦ）の投資開始、以降、毎年度拡大
一九九二	イタリア全土で汚職スキャンダル、都市政治混乱
一九九三	市長を直接選挙で選出へ（トリノ工科大学教授のヴァレンティノ・カステラーニを市長に選ぶ）

一九六二	キューバ危機
一九六五	米、ベトナム北爆開始
	一九六八年の世界革命
一九七一	ニクソン・ショック
一九七二	国連環境計画（ＵＮＥＰ）設立
一九七三	オイルショック
一九七五	ベトナム戦争終結
一九七九	イラン革命。英サッチャー政権発足。ソ連、アフガニスタン侵攻
一九八〇	イラン・イラク戦争開始
一九八二	フォークランド紛争
一九八三	米、グレナダ侵攻
一九八六	チェルノブイリ原発事故
一九八七	ブラック・マンデー
一九八九	中国、天安門事件
一九九一	ソ連解体
一九九二	リオ地球サミット
一九九三	マーストリヒト条約発効

西暦	トリノの出来事
一九九五	都市マスタープラン（ＰＲＧ）の策定（都市再生の指針） スピナ・セントラル・プロジェクト推進へ 地下鉄計画
一九九六	スローフード祭（サローネ・デル・グスト）スタート
一九九七	特別衰退地区活性化プロジェクト 「サヴォイア王家の王宮群」が世界遺産に
一九九八	都市戦略プランⅠが発表される トリノ映画祭スタート
一九九九	冬季オリンピック開催都市に決定 Ｉ３Ｐ（大学連携インキュベーター）スタート イタリアがユーロ導入
二〇〇〇	フィアットが経営再建を目指してＧＭと提携（〇五年提携解消） 海外からの移民が流入し、人口が増加に転じる
二〇〇一	トリノワイヤレス基金設立
二〇〇三	フィアットのジャンニ・アニェッリが死去
二〇〇六	トリノ冬季オリンピックの開催（荒川静香が金メダル獲得） 地下鉄開業 「世界の本の首都（The World Book Capital）」（ユネスコ）になる
二〇〇八	都市戦略プランⅡが承認される 「世界デザイン首都（The World Design Capital）」（ユネスコ）になる
二〇〇九	フィアットがクライスラーと資本提携、傘下に収める（一四年、完全子会社化）
二〇一一	イタリア統一一五〇周年記念
二〇一五	都市戦略プランⅢ

日本・世界の出来事	
一九九五	世界貿易機構（ＷＴＯ）発足
一九九七	地球温暖化防止京都会議
一九九八	ヨーロッパ中央銀行発足
一九九九	欧州連合（ＥＵ）、統一通貨ユーロ導入へ
二〇〇一	9・11事件（米同時多発テロ）
二〇〇七	サブプイム・ローン問題
二〇〇八	リーマンショック
二〇一一	アラブの春。東日本大震災、福島第一原発事故

矢作弘（やはぎ・ひろし）

1947年生まれ。龍谷大学特任教授。都市政策。主な著作に、矢作弘『縮小都市の挑戦』（岩波新書、2014年）、同『大型店とまちづくり――規制進むアメリカ、模索する日本』（岩波新書、2005年）、同『ロサンゼルス――多民族社会の実験都市』（中公新書、1995年）、福川裕一・矢作弘・岡部明子著『持続可能な都市――欧米の試みから何を学ぶか』（岩波書店、2005年）。

和田夏子（わだ・なつこ）

1975年生まれ。UDS株式会社、日本大学生産工学部非常勤講師、東京大学客員共同研究員。環境学。主な著作に、日本建築学会編『まち建築――まちを生かす36のモノづくりコトづくり』（共著、彰国社、2014年）、和田夏子・大野秀敏「都市のコンパクト化の CO_2 排出量評価――長岡市を事例とした都市のコンパクト化の評価に関する研究その1」（『日本建築学会環境系論文集』第76巻第668号、p.935-941、2011年10月）、和田夏子・大野秀敏「都市のコンパクト化の費用評価――長岡市を事例とした都市のコンパクト化の評価に関する研究その2」（『日本建築学会環境系論文集』第78巻第687号、p.419-425、2013年5月）。

マグダ・ボルゾーニ（Magda Bolzoni）

1984年生まれ。日本学術振興会外国人特別研究員（在龍谷大学）。都市社会学。主な著作に、Granaglia, E. and Bolzoni M., *Il Reddito di base* [Basic Income] (Roma, Ediesse, 2016); Granaglia, E. and Bolzoni M., *Il reddito minimo di inserimento, Analisi e valutazioni di alcune esperienze locali* [Guaranteed Minimum Income, Analyses and evaluation of Italian local experiences] (Quademo CIES, n.3, Roma, Ministero del Lavoro e delle Politiche Sociali, 2010).

執筆者紹介（五十音順）

大石尚子（おおいし・なおこ）

1973年生まれ。龍谷大学准教授。ソーシャル・イノベーション。主な著作に、大石尚子「『人間サイズの暮らし』を実現する都市のかたち――戦略的地方都市ネットワーク『スロー・シティ』の試み」（『世界』2016年8月号）、「欧州における職業教育訓練と資格制度の展開」（白石克孝・石田徹編『持続可能な地域実現と大学の役割』日本評論社、2014年、第7章）、「スロー・クローズによるソーシャル・イノベーションの意義と可能性」（『同志社政策科学研究』第11巻、2009年12月）。

岡部明子（おかべ・あきこ）

1963年生まれ。東京大学大学院新領域創成科学研究科教授。建築学・環境学。主な著作に、岡部明子『バルセロナ――地中海都市の歴史と文化』（中公新書、2010年）、同『サステイナブルシティ――EUの地域・環境戦略』（学芸出版社、2003年）、福川裕一・矢作弘・岡部明子著『持続可能な都市――欧米の試みから何を学ぶか』（岩波書店、2005年）。

尾野寛明（おの・ひろあき）

1982年生まれ。有限会社エコカレッジ代表取締役、島根県中山間地域研究センター客員研究員。過疎地における障害者就労支援、地方の担い手不足と中間支援。主な著作に、松永桂子・尾野寛明編著『ローカルに生きる　ソーシャルに働く――新しい仕事を創る若者たち』（農文協、2016年）。

清水裕之（しみず・ひろゆき）

1952年生まれ。名古屋大学大学院環境学研究科教授。都市環境学。主な著作に、Hiroyuki Shimizu, Chika Takatori and Nobuko Kawaguchi (eds.), *Labor Forces and Landscape Management - Japanese Case Studies* (Springer, 2016), Hiroyuki Shimizu and Akito Murayama (eds.), *Basic and Clinical Environmental Approach in Landscape Planning* (Springer, 2014), 清水裕之・檜山哲哉・河村則行編『水の環境学――人との関わりから考える』（名古屋大学出版会、2011年）。

白石克孝（しらいし・かつたか）

1957年生まれ。龍谷大学政策学部教授。公共政策学。主な著作に、白石克孝・石田徹編『持続可能な地域実現と大学の役割』（日本評論社、2014年）、Katsutaka Shiraishi, "Decentralization and local governance for sustainable development," in Ueta, Kazuhiro & Yukio Adachi (eds.), *Transition Management for Sustainable Development* (United Nations University, 2014), 白石克孝「地域再生可能エネルギー基本条例制定による地域貢献型発電事業への展望」（日本エネルギー学会編『日本エネルギー学会誌』第92巻7号、2013年）。

松永桂子（まつなが・けいこ）

1975年生まれ。大阪市立大学大学院創造都市研究科准教授。地域経済論。主な著作に、松永桂子『ローカル志向の時代――働き方、産業、経済を考えるヒント』（光文社新書、2015年）、同『創造的地域社会――中国山地に学ぶ超高齢社会の自立』（新評論、2012年）。

トリノの奇跡《きせき》 ——「縮小《しゅくしょう》都市《とし》」の産業構造転換《さんぎょうこうぞうてんかん》と再生《さいせい》

2017年2月28日　初版第1刷発行 ©

編著者　脱工業化都市研究会

発行者　藤　原　良　雄

発行所　株式会社　藤　原　書　店

〒162-0041　東京都新宿区早稲田鶴巻町 523
電　話　03（5272）0301
ＦＡＸ　03（5272）0450
振　替　00160 - 4 - 17013
info@fujiwara-shoten.co.jp

印刷・製本　中央精版印刷

落丁本・乱丁本はお取替えいたします
定価はカバーに表示してあります

Printed in Japan
ISBN978-4-86578-114-4

＊本書は、龍谷大学社会科学研究所叢書第 113 号として刊行される。

レギュラシオンの旗手が、独自な分析

ユーロ危機

（欧州統合の歴史と政策）

R・ボワイエ

山田鋭夫・植村博恭訳

ヨーロッパを代表する経済学者が、ユーロ圏において次々に勃発する諸問題は、根本的な制度的ミスマッチである、と看破。歴史に遡り、真の問題解決を探る。「ユーロ崩壊は唯一のシナリオではない、多様な構図に開かれた未来がある」（ボワイエ）。

四六上製　二〇八頁　二二〇〇円
（二〇一三年二月刊）
◇978-4-89434-900-1

新たな「多様性」の時代

脱グローバリズム宣言

（パクス・アメリカーナを越えて）

R・ボワイエ＋P－F・スイリ編

青木昌彦　榊原英資　他

山田鋭夫・渡辺純子訳

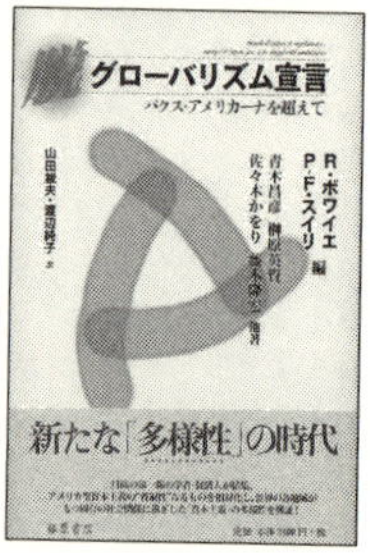

アメリカ型資本主義は本当に勝利したのか？　日・米・欧の第一線の論客が、通説に隠された世界経済の多様性とダイナミズムに迫り、アメリカ化とは異なる21世紀の経済システム像を提示。

四六上製　二六四頁　二四〇〇円
（二〇〇二年九月刊）
◇978-4-89434-300-9

MONDIALISATION ET RÉGULATIONS
sous la direction de
Robert BOYER et Pierre-François SOUYRI

なぜ資本主義を比較するのか

さまざまな資本主義

（比較資本主義分析）

山田鋭夫

資本主義は、政治・労働・教育・社会保障・文化……といった「社会的なもの」と「資本的なもの」との複合的総体であり、各地域で多様である。このような〝複合体〟としての資本主義を、国別・類型別に比較することで、新しい社会＝歴史認識を汲みとり、現代社会の動きを俯瞰することができる。

A5上製　二八〇頁　三八〇〇円
（二〇〇八年九月刊）
◇978-4-89434-649-9

日本経済改革の羅針盤

五つの資本主義

（グローバリズム時代における社会経済システムの多様性）

B・アマーブル

山田鋭夫・原田裕治ほか訳

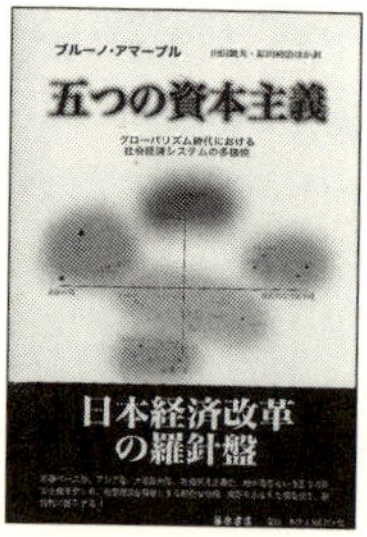

市場ベース型、アジア型、大陸欧州型、社会民主主義型、地中海型――五つの資本主義モデルを、制度理論を背景とする緻密な分類、実証をふまえた類型化で、説得的に提示する。

A5上製　三六八頁　四八〇〇円
（二〇〇五年九月刊）
◇978-4-89434-474-7

THE DIVERSITY OF MODERN CAPITALISM
Bruno AMABLE